Transaktionsanalyse

Jut Meininger

Transaktionsanalyse

2. Auflage

verlag moderne industrie

CIP-Kurztitelaufnahme der Deutschen Bibliothek

Meininger, Jut:
Transaktionsanalyse : d. neue Methode
erfolgreicher Menschenführung / Jut
Meininger. [Aus d. Amerikan. übertr. von
Anita Eichholz]. – 2. Aufl. –
Landsberg am Lech : Verlag Moderne Industrie,
1987.
(mi-Paperbacks)
Einheitssacht.: Success through
transactional analysis ‹dt.›
ISBN 3-478-54202-2

2. Auflage

Titel der Originalausgabe: »Success Through Transactional Analysis«
Aus dem Amerikanischen übertragen von Anita Eichholz

8910 Landsberg
Umschlaggestaltung: Hendrik van Gemert
Gesamtherstellung: Kösel, Kempten
Printed in Germany 540202/387301
ISBN 3-478-54202-2

Inhalt

Vorwort

von Dr. Robert L. Goulding

Obwohl sich viele Therapeuten der Transaktions-Analyse (TA) auf die eine oder andere Weise mit dem Unternehmen befaßt haben, und obwohl viele kurze Artikel geschrieben wurden, ist »Success Through Transactional Analysis« meines Wissens das erste Buch, das die Transaktions-Analyse auf das Unternehmen anwendet. Ich habe es deshalb mit besonderem Interesse gelesen.

In dem vorliegenden Buch erläutert Jut Meininger auf leicht verständliche Weise mit einfachen, klaren Beispielen seine Ansichten. Er definiert Streicheln, Spiele und Drehbücher für den Nicht-Fachmann. Ich schätze besonders Kapitel 7: »Wie man sich dazu verpflichtet, sich zu ändern«, und den letzten Teil davon: »Wie man sich ändern kann.«

Das Wesentliche an meiner Art der TA (und ich glaube, daß der Autor sich zuerst an der TA begeisterte, nachdem er einige meiner Erfahrungen hörte) ist, daß jeder wirklich für sich selbst verantwortlich ist, daß aber die meisten Leute um einen herum einen dazu überreden, man sei es nicht. In unseren Songs, unserer Folklore, unserer Literatur besteht man immer wieder darauf, daß die Welt einen »traurig, gut, böse oder ärgerlich« fühlen macht. Der Autor versucht, dem Leser zu sagen, daß das nicht wirklich so ist. Er betont mehrmals, daß man sorgfältig darüber nachdenken soll, wie man selbst – und nur man selbst – für seine Gefühle und sein Verhalten verantwortlich ist. Freudianer würden hier schaudern und vom Unbewußten reden; ich möchte mein Unbewußtes nicht leugnen, aber letzten Endes, wessen Unbewußtes ist es?

Ich mache einen Rückzieher vor mir selbst, wenn ich sage, ich bin nicht verantwortlich, weil das Unbewußte in mir mein schlechtes Gefühl verursacht – es ist zwar ein raffinierter Rückzieher, aber trotzdem ein Rückzieher.

Der Autor gibt einige Vorschläge, wie man kontrollieren kann, welchen Standort man in den zwischenmenschlichen Beziehungen einnimmt und wie man vermeiden kann, in Spiele verwickelt zu werden. Es ist naiv, anzunehmen, daß wir, nur weil wir nicht mitspielen, jemand anderen ändern könnten. Gewöhnlich tut er das nicht. Wir können nur hoffen, daß er mit denen, die nicht wollen, kein Spiel mehr spielt und statt dessen jemand anderen findet.

Ich hoffe, der Leser hat Spaß an diesem Buch und fängt gleich damit an, sich bewußt zu werden, wie er seine Zeit strukturiert, wie er Streicheln gibt und bekommt, welche Spiele er spielt, wie er seine schlechten Gefühle beibehält und wie er auf diese Gefühle verzichten und statt dessen Autonomie erlangen kann. Zu Beginn schließen Sie Ihre Augen. Denken Sie über Ihr Leben nach und wie Sie es leben. Wo werden Sie in fünf, zehn, zwanzig Jahren sein, wenn Sie sich nicht ändern? Wenn Sie die Antwort nicht mögen, dann ist es vielleicht besser, Sie ändern sich. Und wenn Sie es tun — bleiben Sie dabei!

Einleitung

Niemand nimmt sich vor, auf dem Weg zum Erfolg zu scheitern. Keiner beginnt jeden Morgen die Arbeit mit den Worten: »Heute mache ich die gleichen Fehler, die ich immer gemacht habe. Und wenn möglich, bleibe ich in den gleichen alten Problemen stecken wie immer«. Im Gegenteil. Viele von uns beginnen jeden Tag von neuem, großartige Dinge zu planen. Wir sagen zu uns selbst: »Heute lerne ich aus den Fehlern der Vergangenheit. Keine Zweifel mehr. Kein Zögern. Kein Herumfummeln.« Und dann beginnt, wie ein Uhrwerk, das Telefon zu läuten, die Leute tun nicht, was sie sollen, und die Ereignisse geraten außer Kontrolle. Die alten Probleme tauchen wieder auf. Plötzlich sind wir, trotz unserer guten Absichten, wieder dort, wo wir angefangen haben. Wir wissen nicht, was schiefgelaufen ist und was wir dagegen tun können.

Es ist nicht schwer, von diesem Karussell des täglichen Einerlei erfaßt zu werden. Die meisten von uns kommen nie wieder runter, sosehr sie es auch versuchen. Keiner mag das. Oft würden wir viel drum geben, uns zu ändern. Aber es ist nicht einfach, wenn einem die Ideen ausgegangen sind und man nicht weiß, wohin man sich wenden soll.

Zum Glück wurden uns in jüngster Zeit durch die klinische Forschung die Mittel in die Hand gegeben, um aus diesem starren Schema auszubrechen. Neue Theorien und Techniken, nicht kompliziert durch den technischen Fachjargon der Vergangenheit, werden bereits von Nicht-Fachleuten auf vielfältige Weise benutzt. Die Resultate waren beeindruckend. Die Theorien bahnten sich ihren Weg durch viele Schichten komplizierter Freudscher Begriffe. Die Techniken, zu denen sie führten, sind von bemerkenswerter Wirksamkeit und können von jedem normalen Durchschnittsbürger in normalen Alltagssituationen benutzt werden.

Das Buch handelt von der praktischen Anwendung einer besonderen, neuen Theorie – der Theorie der Transaktions-Analyse. Es will die Menschen in Organisationen auf die außerordentlichen Möglichkeiten hinweisen, die ihnen die Transaktions-Analyse für die Lösung ihrer Grundprobleme bietet. Obwohl viele Führungskräfte der Wirtschaft zugeben, daß der Großteil ihrer Probleme aus dem Umgang mit Menschen resultiert, geben die meisten von ihnen auch zu, daß sie kein System haben, um mit solchen Problemen fertig zu werden, abgesehen von Faustregeln, die sie sich im Laufe der Jahre angeeignet haben. Dieses Buch bereitet solchen Schwierigkeiten ein Ende. Es enthält nicht nur Material über die Theorie der Transaktions-Analyse, sondern bietet auch Dutzende von konkreten Beispielen, wie man die TA-Techniken zur Auflösung vieler menschlicher Probleme und komplizierter Situationen im betrieblichen Alltag anwendet. Es kann dem Nachwuchsverkäufer ebenso wie der leitenden Führungskraft helfen, eine Vielzahl von schwierigen, täglichen Aufgaben geschickt und wirkungsvoll zu lösen.

Danksagungen

Aufrichtigen Dank schulde ich Dr. Gene Kerfoot, einem ausgezeichneten Therapeuten, der mich mehrere Jahre lang freundlicherweise bei sich zuschauen und lernen ließ; Dr. Boyd Lester, der mich lehrte, daß die Fähigkeit, Leuten zu helfen, keine magische Kraft von Psychiatern ist, sondern etwas was ich durch harte Arbeit an meinem Bewußtsein mir selbst und anderen gegenüber erlernen konnte; Dr. Jim Allen, der mich in wichtigen Augenblicken ermutigte; Jerry Marshall, Präsident an der Liberty National Bank, der den Mut hatte, mich mit seinem Seniormanagement arbeiten zu lassen, während ich noch lernte; Larry Savage, Vizepräsident bei der Standard Life and Accident Insurance Company, für seine großzügige und andauernde Mitarbeit; Dan Batchelor, Berater der Oklahoma City Urban Renewal Authority, für seine Freundschaft, seine Einsicht und sein Vertrauen; Karen Adams, Mary Ann Coates, Barbara Collins, Dolores Cornelison, Kathy Cornelison, Lois Fagin, Andy Haswell, Marthy Haswell, Bill Stephens und meiner Frau Elissa, die mich alle unterstützten; und vor allem denen, die die TA anwenden und damit direkt oder indirekt zu den Ideen dieses Buchs beigetragen haben.

KAPITEL 1

Das Geheimnis der Transaktions-Analyse

Der richtige Ratschlag – immer zur Hand

Die Techniken der Transaktions-Analyse kann fast jeder meistern, der wirklich daran interessiert ist. Wer diese Techniken beherrscht, scheint oft über magische Kräfte zu verfügen. Es ist, als ob er einen gewissen Trick beherrschte, um zum Kern eines Problems vorzudringen, wobei er komplizierte Fragen oft mit ein paar einfachen Sätzen klärt und auflöst.

Berthold Braun, Verkaufsleiter einer großen Versicherungsgesellschaft, saß eines Morgens in der Espressobar des Büros und machte ein verzweifeltes Gesicht. »Ich weiß einfach nicht mehr weiter«, sagte er niedergeschlagen zu seinem Freund, Gerhard Neumann, einem anderen Verkaufsleiter. »Meine Leute machen mit mir, was sie wollen. Aber ich traue mich nicht, hart durchzugreifen, aus Angst, sie könnten zu einer anderen Firma gehen.«

Gerhard, der sofort spürte, daß sein Freund Sorgen hatte, begann, ihm alle möglichen Ratschläge zu geben – aber ohne Erfolg. Keiner seiner Ratschläge schien zu helfen. Allmählich fiel ihm nichts mehr ein, und Berthold bemerkte resignierend: »Die Sache wird wirklich immer schlimmer. Es ist soweit, daß ich nicht mehr weiß, was ich noch tun könnte!« In diesem Moment kam Erich Fuchs, der Verkaufsdirektor, hinzu, der zufällig ihre Unterhaltung mit angehört hatte.

»Berthold«, sagte Erich ruhig, »möchtest du wirklich wissen, was du in so einer Situation tun sollst?« Berthold blickte erstaunt auf. »Ja, natürlich.« »Also«, Erich zögerte unmerklich, bevor er fortfuhr, »was *willst* du denn tun?«

Berthold war überrascht. Diese Frage hatte er nicht erwartet. Er dachte einen Augenblick nach und sagte dann mit Nachdurck: »Ich will, daß meine Leute wissen, daß, wenn sie so weitermachen, wir *alle* bald keinen Job mehr haben.«

»Gut«, antwortete Erich. »Wie könntest du das bewerkstelligen?« Berthold schwieg und dachte angestrengt nach. »Ich glaube, das beste wäre, es ihnen einfach zu *sagen*«, antwortete er zögernd.

»Gut«, antwortete Erich. Er wartete noch einen Augenblick. Dann fragte er ernst, aber in ganz beiläufigem Ton: »Kannst du ihnen das genau so sagen, wie du es mir gesagt hast?«

Beide Verkaufsleiter schwiegen für eine Weile. Schließlich schien Berthold die Frage für sich gelöst zu haben. Er atmete tief durch und antwortete: »Ja, das kann ich.«

»Prima«, antwortete Erich, zufrieden, daß Berthold offensichtlich meinte, was er sagte.

Erst als Erich gegangen war, fiel es Berthold oder Gerhard auf, daß Erich nicht einen einzigen Ratschlag gegeben hatte. Er hatte nur Fragen gestellt. Trotzdem war es ihm irgendwie gelungen, innerhalb von wenigen Minuten Berthold zu helfen, seine Schwierigkeiten zu erkennen und selbst zu einem Entschluß für eine Lösung des Problems zu kommen.

Diese Geschichte verdeutlicht eine zwar einfache, aber weitreichende Erkenntnis: Eingefahrene Verhaltensmuster beim Ratgeben, nach der Devise »Du fragst – ich antworte« sind in ihrer Wirksamkeit oft sehr begrenzt. Manchmal nützen sie überhaupt nichts. (Meistens dann, wenn wir den Rat am dringendsten brauchen.) Merkwürdigerweise sind die besten Antworten auf viele komplizierte Fragen bereits irgendwo in unserem Gehirn gespeichert. Aber manchmal können wir beim besten Willen nicht drauf kommen und fragen dann andere um Hilfe. Sehr oft benötigen wir keinen Rat (selbst wenn wir das nicht so ausführlich erklären können), sondern bitten um Hilfe, wie wir ein Problem für uns selbst durchdenken können. Bekommt man nur einen Ratschlag, wird ein eigener Denkvorgang oft unterbunden.

Bevor man irgend jemandem einen Rat gibt, der dann möglicherweise abgelehnt wird (oder angenommen wird, wobei sich dann herausstellt, daß der Rat für einen selbst gut, für den anderen aber schlecht sein kann), sollte man besser versuchen, dem anderen durch Fragen zu helfen, Autonomie zu entwickeln, also die Fähigkeit, eigenständig zu denken. (Das trifft besonders für erfolgreiche Personalführung zu, bei der das wichtigste Ziel die Entwicklung selbständig denkender Leute ist.)

Fragen anstelle der erwarteten Antworten werden jeden zuerst aus der Fassung bringen, ihn erstaunen oder enttäuschen. Fragen jedoch, die jemandem helfen, sein Problem an der Wurzel zu packen, lassen ihn vielleicht schließlich eine Lösung finden. Eine solche Lösung ist dann *seine* Lösung. Das gibt ihm die Möglichkeit, mit der Situation allein fertig zu werden. Er hat festen Boden unter den Füßen, kennt *seine* Wirklichkeit und ist nicht darauf angewiesen, zu tun, was ein anderer an seiner Stelle getan hätte. Vor allem ist es eine Lösung, die er akzeptiert und mit der er leben will.

Wenn man jemandem helfen will, seine Probleme zu durchdenken, gibt es nützliche und weniger nützliche Fragen. Für Berthold mit seinen aufsässigen Verkäufern waren die nützlichsten Fragen diejenigen, die 1. Berthold halfen, herauszufinden, was er wirklich tun *wollte* (er war mittlerweile zu verwirrt und bekümmert, um es selbst zu erkennen), und 2. die ihm überlegen halfen, wie er das bewerkstelligen könnte.

Janette Haumann, eine fleißige und äußerst tüchtige Sekretärin, war immer bereit gewesen, dringende Arbeiten zu übernehmen. In letzter Zeit nutzten die Leute das aus, und die Arbeit häufte sich auf ihrem Schreibtisch. Janette wurde schlecht gelaunt und sie hegte gegen jeden im Büro wachsenden Groll. Schließlich wandte sie sich, vor Wut in Tränen ausbrechend, an ihre Freundin Martha. »Ich weiß wirklich nicht, warum Herr Jancke ausgerechnet mir die ganze Arbeit gibt! Er hat seine eigene Sekretärin, und trotzdem gibt er alles *mir!«*

Martha, die helfen wollte, aber wußte, wie gefährlich es war, hier zu raten, stellte statt dessen Fragen. »Welche Arbeiten gibt er dir?« »Hat seine Sekretärin zuviel zu tun?« »Wie lange geht das schon so?« Aber obwohl Janette die Fragen beantwortete, merkten beide, daß sie dem Problem so nicht näher kamen.

In diesem Augenblick kam zufällig der Personalleiter vorbei. Er sah Janettes Verzweiflung und fragte: »Was ist los, Fräulein Haumann?« »Ach nichts«, antwortete Janette. »Es ist bloß, weil Herr Jancke mir die ganze Extraarbeit gegeben hat.«

»Und wo liegt hier die Schwierigkeit?« fuhr der Personalleiter fort. »Aber ich habe doch schon so viel Arbeit! Mehr schaffe ich wirklich nicht«, antwortete Janette zornig. »Wie wäre es, wenn Sie das Herrn Jancke sagten?« fragte der Personalleiter.

»Ach, das geht nicht«, antwortete Janette. »Er könnte das nicht verstehen.«

Der Personalleiter blickte für einen Moment weg, so, als ob er nachdächte, wandte sich dann wieder an Janette und fragte ganz freundlich: »Können Sie es ihm nicht so sagen, daß er es verstehen *kann?*«

Einen Augenblick war Janette sprachlos. Aber je länger sie darüber nachdachte, desto klarer wurde ihr, daß sie es Herrn Jancke so sagen könnte, daß er es verstehen würde. Sie blickte erleichtert auf und sagte: »Ja, ich glaube, ich kann es. Ich muß bloß ganz ruhig sein. Aber er muß merken, daß ich wirklich meine, was ich sage.«

»Gut«, murmelte der Personalleiter vergnügt, als er ging. »Und sagen Sie mir, wie es klappt.«

Ein paar gelungene Fragen genügen manchmal, damit man ein Problem für sich selbst klar umreißen kann. Die Fragen zeigen einem, wo man festgefahren ist, und helfen, herauszufinden, was einen bedrückt. Das ist die einzig wirksame Methode, ein echtes Bild der Schwierigkeiten zu bekommen und die wirkliche Ursache eines Konflikts zu finden. Meistens ist es weit besser, Fragen zu stellen, als Vermutungen darüber anzustellen, was das Problem sein könnte (was man natürlich den ganzen Tag tun kann), oder einfach anzunehmen, daß das Problem wirklich so ist, wie der Betreffende es darstellt (was es gewöhnlich nicht ist).

Viele Leute machen einen grundlegenden Fehler, wenn sie anderen helfen wollen. Sie glauben, wer sich ärgert, kenne damit auch die Ursachen seines Ärgers. Keineswegs! Tatsächlich ist einer der Gründe, warum viele Leute niemals ihre Probleme lösen können, der, daß sie sie nie genau definieren. Tausend Sachen schwirren ihnen im Kopf herum, und es fällt ihnen schwer, einen klaren Gedanken zu fassen. (Das kann selbst den Besten manchmal passieren.) Der vielleicht wichtigste Schritt beim Versuch, jemanden dazu zu bringen, eine Sache selbst zu durchdenken, ist, daß man ihm hilft, sein Problem zu klären, bevor er es zu lösen versucht. Ist das Problem erst einmal erkannt, können zusätzliche Fragen ihn auf die beste Lösung bringen.*

---

* für äußerst wirkungsvolle Beispiele s. Kap. 10

Was sich wiederholende Verhaltensmuster enthüllen – Der Begriff des »Lebens-Drehbuchs«

Die Transaktions-Analyse hilft uns noch auf eine andere Art, besser mit Leuten umzugehen: Sie vermittelt uns tiefere Einsicht in die Motive, die die Leute eigentlich bewegen. Manchmal genügt ein kurzer Blick in die Vergangenheit eines Menschen oder die Kenntnis seiner Gewohnheiten, um schnell und sicher herauszufinden, was mit ihm los ist.

Rolf Daub und Wolfgang Jung, zwei Direktoren einer großen Produktionsfirma, sprachen über Herrn Otto, einen der Untergebenen von Rolf. »Ich weiß nicht, was mit Herrn Otto los ist«, sagte Rolf. »Er hat gute Ideen, aber führt sie nie aus. Er macht nichts fertig, was er anfängt. Wenn er sich nicht bald bessert, muß ich ihn entlassen.«

Wolfgang, der etwas von der TA verstand, lächelte. »Glaubst du wirklich, er wird sich ändern?« fragte er ruhig. »Aber sicher«, antwortete Rolf. »Das heißt, wenn er seinen Job behalten will! Warum fragst du?« »Na«, fuhr Wolfgang fort, »selbst wenn er ein paar Projekte zu Ende führt, nur um seinen Job zu behalten, glaube ich trotzdem nicht, daß er sich ändert. Es sieht so aus, als ob in seinem ›Lebens-Drehbuch‹* die Vollendung von Sachen nicht vorgesehen wäre.« »Was soll das heißen?« fragte Rolf.

»Nach dem zu schließen, was du mir erzählt hast«, antwortete Wolfgang, »habe ich das Gefühl, als ob für Herrn Otto der unbewußte Nutzeffekt nur darin liegt, eine Sache anzufangen oder kurzfristig daran zu arbeiten – aber nicht, sie zu Ende zu führen. Ich wette sogar, daß er es *vermeidet*, etwas zu Ende zu bringen.«

Rolf dachte einen Augenblick nach. Diese Idee war ihm neu. Plötzlich hellte sich sein Gesicht auf. »Ich glaube, du hast recht!« rief er aus. »Seit zwei Wochen versuche ich, mit Herrn Otto das Projekt, an dem er gerade arbeitet, endgültig abzuwickeln. Aber er denkt sich nur ständig neue Ausreden aus, um mich zu vertrösten!«

»Und er hat gleichzeitig zwei oder drei andere Projekte laufen, so daß, wenn eine Sache wirklich fertig ist, immer noch kein Ende abzusehen ist?« fragte Wolfgang Jung.

---

* mehr über Lebens-Drehbücher oder unbewußte Lebens-Pläne in Kap. 4

»Zwei oder drei!« rief Rolf aus. »Mindestens fünf oder sechs! Immer hat er irgendeine neue Idee. Ich bringe ihn nie dazu, sich auf eine Sache zu konzentrieren!« Er zögerte einen Moment, dann fuhr er fort: »Und was noch schlimmer ist, immer wenn ich einen Abschlußbericht haben will, spielt Herr Otto den schwer Erreichbaren. Entweder ist er nicht im Büro oder nicht in der Stadt. Manchmal muß ich ihn geradezu suchen!«

»Und ich wette, wenn du ihn gefunden hast, mußt du ihn richtig antreiben, den nächsten Teil des Projekts, an dem er gerade sitzt, in Angriff zu nehmen.« »Das darfst du glauben!« antwortete Rolf. »Ich bin mit meiner Weisheit am Ende. Aber meinst du nicht, daß sich Herr Otto noch ändern kann? Gibt es da gar keine Hoffnung?« »Nun, es ist nicht so, daß er sich nicht ändern kann. Ich glaube sogar bestimmt, daß er es kann – wenn er will. Und wenn er weiß, was er in Wirklichkeit sich selbst antut«, antwortete Wolfgang. »Vielleicht weiß er gar nicht, was er eigentlich tut. Selbst wenn man ihn darauf aufmerksam machen würde, letztlich muß er selbst die Entscheidung treffen, sich zu ändern. Und zwar nicht, um seinen Job zu behalten oder um dir zu gefallen, sondern weil es ihm einfach mehr Spaß macht, eine Sache zu *vollenden.* Darin muß er eine Befriedigung sehen und nicht nur in der Arbeit an irgendeiner Sache.«

Rolf verarbeitete langsam, was Wolfgang gesagt hatte. Diese Art, die Dinge zu sehen, verblüffte ihn offensichtlich. Dann hellte sich seine Miene langsam auf. Er sagte: »Ich glaube, da hast du wirklich etwas Wahres rausgefunden! Aber was soll ich jetzt machen?« Wolfgang antwortete: »Also vor allem kannst du Herrn Otto helfen, sich darüber bewußt zu werden, was er eigentlich tut. Dann, nach einer gewissen Zeit, in der du versuchst, ihm zu helfen, kannst du deutlich feststellen, ob er daran interessiert ist, sich wirklich zu ändern oder nicht. Wenn er die Gelegenheit jetzt nicht wahrnimmt, dann kannst du entweder seinen Job so umfunktionieren, daß er den tatsächlichen Gegebenheiten und seiner Art, die Dinge anzupacken, entspricht, oder wenn das nicht möglich ist, kannst du ihm helfen, sich beruflich zu verändern.«

Hier brachen Rolf und Wolfgang das Gespräch ab und trennten sich. Rolf, in Gedanken stark damit beschäftigt, wie er die nächste Unterredung mit Herrn Otto anpacken würde, und Wolfgang, teilnehmend bemüht, seinem Freund bei der Bewältigung des quälenden Problems zu helfen.

Das Geheimnis, wie man schnell Einblick in die Situation eines Menschen gewinnt, liegt unter anderem darin, daß man genau beobachtet, was er wirklich im Leben macht. Besonders was seine sich wiederholenden Verhaltensmuster anbetrifft – wie er mit sich selbst und anderen Leuten zurechtkommt, wie er seine Zeit strukturiert –, kurzum, was er eigentlich tagtäglich tut. Für den Transaktions-Analytiker besteht das Leben eines Menschen aus einer ständigen Folge von Entscheidungen, die der Betreffende jeden Tag von neuem zu treffen hat. Viele seiner heutigen Entscheidungen beruhen auf denen, die er traf, als er noch ganz jung war – Entscheidungen darüber, was ihm wichtig ist, wie er sich selbst sieht, und über seine Beziehungen zur Umwelt. Er *baut* buchstäblich auf seinen früheren Entscheidungen *auf*. Waren seine frühen Entscheidungen realistisch und seinem späteren Leben angemessen, dann hat er nun eine solide Grundlage, auf der er weiterbauen kann. Waren sie es nicht, dann hat er mit Schwierigkeiten zu rechnen. Leider treffen wir viele unserer frühen Entscheidungen unbewußt oder zu einem Zeitpunkt, wo wir noch zu jung sind, um deren Tragweite richtig zu bewerten, oder einfach wenn wir noch zu wenig konkrete Fakten kennen, vernünftige Schlüsse daraus zu ziehen. Die Chancen, daß all die frühen Entscheidungen realistisch oder für das spätere Leben geeignet sind, sind nicht sehr groß. Besonders wenn man bedenkt, wie dramatisch sich die Umwelt und die an einen gestellten Anforderungen ändern können.

Obwohl die Bedingungen, unter denen eine Entscheidung ehemals getroffen wurde, längst vergessen sind, können deren Folgen jederzeit und überall zu sehen sein. Wenn ein scheuer und ungeselliger Mensch andere Leute meidet, kann der Grund hierfür zwar in der Vergangenheit liegen, aber die *Tatsache* seiner Menschenscheu ist täglich zu beobachten. Die Ursachen für das selbstzerstörerische Verhalten eines ewigen Verlierers können zwar unbekannt sein, aber die sich ständig wiederholende Art und Weise seines Versagens ist leicht erkennbar. Wie nun diese frühen Entscheidungen entstehen, wie sie einem bewußt gemacht werden können und wie man sie ändern kann – das sind die Hauptthemen dieses Buches.

Selbstzerstörerische Verhaltensmuster beim Gespräch – Der Begriff der Spiele

Es vergeht kaum ein Tag, an dem wir nicht wünschten, irgendeine Situation besser beherrscht oder eine Schwierigkeit deutlicher erkannt zu haben. Dieses Problem in den Griff zu bekommen, ist jedoch schwieriger, als es auf den ersten Blick erscheint. Wer es einmal versucht, wird bald merken, wie anstrengend das sein kann. Man ist leicht enttäuscht in einer Welt, wo anscheinend so viele Dinge unerklärbar und so viele Probleme unverständlich sind.

Herr Hoffmann, Leiter der Informationsabteilung einer internationalen Ölgesellschaft, hatte stets Schwierigkeiten mit seinem Vorgesetzten, Herrn Franke. Herr Franke hatte die ärgerliche Angewohnheit, unvermittelt und ohne Grund etwas von Herrn Hoffmann zu verlangen. Aus heiterem Himmel pflegte er ihn anzurufen und zu sagen: »Herr Hoffmann, kommen Sie, bitte, gleich in mein Büro und bringen Sie den Bericht Soundso mit!« Herr Hoffmann ging dann gehorsam mit dem Bericht in Herrn Frankes Büro und wurde jedesmal mit einem Schwall von Fragen überschüttet. »Warum ist das nicht fertig?«; »Warum ist das noch nicht rausgeschickt?«; »Nie haben Sie die Sachen fertig, wenn ich sie brauche!« Hier antwortete Herr Hoffmann, der stets so beschäftigt war, daß er vor lauter Arbeit kaum noch aus den Augen blicken konnte, meist: »Ich hatte keine Zeit!«; »Ich habe tausend *andere* Dinge zu tun!«; »Ich kann nicht alles auf einmal machen!« Dann pflegten sich die beiden hoffnungslos in einen Machtkampf zu verwickeln – einen Kampf, den Herr Franke (da er der Boß war) unweigerlich gewann, und der unweigerlich einen noch verbitterteren und übellaunigeren Hoffmann zurückließ. Immer wieder hatten sich diese Szenen abgespielt. Sie waren eine ständige innere Belastung für Herrn Hoffmann, und er fühlte sich sehr unglücklich darüber. Manchmal brauchte er Tage, um sich von einer solchen Szene zu erholen. Schließlich hatte er genug davon und schwor, etwas dagegen zu unternehmen: Er befaßte sich mit der Transaktions-Analyse.

Dabei lernte Herr Hoffmann, wie er und Herr Franke vor langer Zeit ihr erstes, selbstzerstörerisches Verhaltensmuster festgelegt hatten. Er erfuhr, daß Herr Franke sich immer unter Druck gefühlt hatte und daß er selbst darauf immer defensiv reagiert hatte. Immer hatte er auf den scharfen und fordernden Ton von Herrn Franke genauso geantwortet, ohne jemals wirklich zu versuchen, Herrn Franke zu verstehen. Herr Hoffmann lernte auch, wie er solchen selbstzerstörerischen Gesprächen mit Franke aus dem Weg gehen konnte. Er lernte, statt dessen, sich auf das zu konzentrieren, was wirklich zwischen ihnen beiden vorging, und wie er sich ausdrücken mußte, um Herrn Franke wirklich zu verstehen.

Einige Zeit später, nach vielem Üben und Verbessertwerden, fühlte sich Herr Hoffmann schließlich stark genug für eine Unterhaltung mit Herrn Franke. Er wartete auf den unvermeidlichen Telefonanruf. Dieses Mal war er vorbereitet! Plötzlich klingelte das Telefon! »Herr Hoffmann, kommen Sie, bitte, sofort zu mir und bringen Sie den Bericht Soundso mit«, dröhnte Herrn Frankes Stimme am anderen Ende der Leitung.

Als Herr Hoffmann Frankes Büro betrat, schlugen ihm die bekannten Worte entgegen. »Warum ist das nicht fertig?«; »Auf was warten Sie?«; »Ist die Sache immer noch nicht erledigt?« Aber Herr Hoffmann war auf der Hut. Er ließ sich vom herausfordernden Ton in Herrn Frankes Stimme nicht verleiten. Er brachte kein »Ich hatte keine Zeit«; »Ich konnte es mir nicht beschaffen« vor oder irgendeine andere selbstverteidigende Äußerung, die Herr Franke mittlerweile von ihm gewohnt war. (Tatsächlich fiel es ihm ziemlich leicht, diese Art Antwort zu vermeiden!) Statt dessen sah er Herrn Frankes Angst und Befürchtungen. Er sah, wie Herr Franke auf wirklichen und imaginären äußeren Druck reagierte, indem er innerlich Spannungen aufbaute und diese Spannung an andere weitergab. Er *verstand* Herrn Franke. Er antwortete und sagte nichts von alledem, was Herr Franke solange bei ihm gewohnt war. Statt dessen sagte er: »Herr Franke, in diesen Situationen fühle ich mich ziemlich unbehaglich, und das schon eine ganze Weile. Ich habe das Gefühl, auch Ihnen macht das keinen besonderen Spaß. Um ehrlich zu sein, ich wußte nicht, daß es einen Termin für diesen Bericht gab, geschweige denn, daß dieser Termin heute war. Ich kann mich wirklich nicht erinnern, mit Ihnen darüber gesprochen zu haben. In Ermangelung einer solchen Information gab ich der Bearbeitung anderer Dinge den Vorzug.«

Herr Franke war sprachlos. So hatte Herr Hoffmann noch nie mit ihm geredet. Und außerdem klang es noch vernünftig. Er willigte schnell in Herrn Hoffmanns Vorschlag ein, für jedes Projekt einen Fertigstellungstermin festzusetzen. Endlich war es Herrn Hoffmann gelungen, den erniedrigenden Diskussionen mit Herrn Franke ein Ende zu bereiten. Er hatte den Weg geebnet für eine neue und zufriedenstellendere Art der gegenseitigen Beziehungen. Hoffmanns Vorgehen beruhte auf seiner neugewonnenen Einsicht, daß wir in Gesprächen fast automatisch in eingefahrene Verhaltensmuster verfallen. Diese Verhaltensmuster sind uns so sehr zur zweiten Natur geworden, daß wir sie oft anwenden, ohne es auch nur zu ahnen. *Ohne uns darüber bewußt zu sein,* sind wir plötzlich mitten in einem nicht enden wollenden, selbstzerstörerischen Gespräch. Und alles, was wir zum Schluß erreicht haben, ist, daß wir uns gegenseitig verärgert haben. Diese Art von Gesprächen kann sich endlos wiederholen. Wir brauchen dazu nur einen Partner, der die andere Rolle übernimmt. (Unsere Rolle kennen wir merkwürdigerweise immer.) In der Transaktions-Analyse werden diese sich wiederholenden, selbstzerstörerischen Dialoge »Spiele« genannt.

Das Spiel, das Herr Hoffmann unbewußt mit Herrn Franke spielte, begann immer, wenn Herr Franke fragte: »Warum ist das nicht fertig?«; »Auf was warten Sie?« oder »Warum ist das noch nicht draußen?« Herr Franke sagte dasselbe, was seine Eltern immer zu ihm gesagt hatten, als er noch jung war (und was Vorgesetzte immer zu ihren Untergebenen sagen). Übersetzt heißt das: »Was ist los mit dir?« Die erwartete Antwort ist natürlich: »Nichts ist los mit mir.« Jeder lernt als Kind, so zu antworten. Und in Hoffmanns typischer Entgegnung: »Ich hatte keine Zeit« oder »Ich kann nicht alles auf einmal machen!« verbirgt sich diese Antwort. War Hoffmanns Antwort jedoch einmal so ausgefallen, dann war er gefangen. Das Spiel entwickelte sich zum Aufguß des berühmten Machtkampfes: »Was ist los mit dir?« – »Nichts ist los mit mir!« – »Doch!« – »Nein!« – »DOCH!« (Das ist eine Abänderung des häufiger gespielten Spiels »JEHIDES« oder »Jetzt hab' ich dich endlich, du Schweinehund!«, von dem später noch die Rede sein wird.)

Es gibt einen Ausweg aus einer solchen Situation, wie man vermeidet, das Spiel eines anderen mitzuspielen. Man muß (wie auch Herr Hoffmann) versuchen, die eigentliche Absicht, die hinter den Worten steckt, zu analysieren. Man muß die erwartete Transaktions-Reaktion vermeiden (also die automatische Antwort – die, die man immer gibt, und die der andere zu hören erwartet).*

Einer der Gründe, warum es uns oft schwerfällt, mit Situationen oder anderen Leuten fertig zu werden, liegt oft darin, daß wir nicht erkennen, in welchem Umfang wir selbst an den gegenseitigen Transaktionen beteiligt sind. Wir lassen die Möglichkeit außer acht, daß der Verlauf der gegenseitigen Transaktionen durch eine Verhaltensänderung unsererseits beeinflußt werden kann. Wir neigen dazu, hoffnungsvoll darauf zu warten, daß sich beim anderen etwas ändert. Wenn das nicht geschieht, versuchen wir typischerweise, ihn irgendwie zu manipulieren, damit er sich ändert. Und je mehr man zu manipulieren versucht, desto unzugänglicher wird der andere. Manchmal können wir das, was zwischen uns und jemand anderem vorgeht, nur dadurch ändern, daß wir herausfinden, was verkehrt läuft, und dann *unser* Verhalten ändern. Mit Hilfe der TA können wir verstehen lernen, wie unser Verhalten auf andere wirkt und welche Wirkung das Verhalten anderer auf uns hat. Die TA hilft uns, unsere Aktionen und Reaktionen so zu gestalten, daß sie mit unseren bewußten Absichten übereinstimmen.

Das Geheimnis der impulsiven Antworten

Es erfordert Übung, wenn wir Transaktionen zu unseren Mitmenschen analysieren und unsere Antworten ändern wollen. Manchmal fällt es leicht, manchmal nicht. Das größte Problem ist es, die Situation richtig einzuschätzen. Manchmal kommen unsere Antworten so automatisch, sind so Teil unseres Ichs, daß wir gar nicht auf den Gedanken kommen, sie in Frage zu stellen. Und wenn wir sie schließlich in Frage stellen, ist der Schaden meistens schon da. Das passiert immer wieder und in den verschiedensten Situationen. Immer wieder sagen wir rückblickend: »O je, ich hab's schon wieder gemacht! Das ist die vierte Sekretärin, die mir dieses Jahr wegläuft!« (Der dritte Kaufinteressent, den ich in dieser Woche verschrecke; das hundertste Mal, daß

* Was man statt dessen antworten soll, ist in Kap. 5 ausführlich erörtert.

ich unter Druck handle, das tausendste Mal, daß ich mich von meinem Chef einschüchtern lasse.)

Oft werden unsere Worte durch Emotionen ausgelöst – durch die gefühlsmäßige Reaktion auf äußere Umstände. Wenn wir hören: »Was ist los mit dir?«, sind wir sofort verstimmt und haben das Gefühl, uns verteidigen zu müssen. Wir antworten sofort: »Nichts ist los mit mir!« (oder etwas Ähnliches). Bis wir merken, daß »nichts« die erwartete Transaktions-Reaktion war, die Antwort, die der andere von uns hören wollte. Aber dann sind wir bereits gefangen im Spielchen des anderen und mittendrin. Die zermürbende Spirale von Rede und Gegenrede hat begonnen. Hat man erst einmal damit begonnen, kann man nicht wieder aufhören. Wurde man sich früher – ohne TA – einer solchen selbstzerstörerischen, impulsiven Antwort bewußt (»Ich weiß gar nicht, was da in mich gefahren ist!«), dann pflegte man sich auf die Zunge zu beißen und es mit einem Achselzucken zu vergessen. Man war der Ansicht, solche Dinge seien eben unverständlich und unkontrollierbar. Mit der TA hat man jedoch entdeckt, daß man mit solchen Situationen fertig werden kann. Folgendes muß man feststellen:

1. Was man selber fühlt;
2. Worauf man reagiert
3. Was man tut, um so zu fühlen oder ein solches Gefühl aufrechtzuerhalten.

Bei einer impulsiven Reaktion entsprechen unsere Worte oft nur dem, was wir fühlen. Wenn wir eine neue Methode anwenden, um mit diesen Gefühlen fertig zu werden (was die echte Schwierigkeit ist), dann ändern sich unsere Antworten fast von selbst.

Herr Thomas, Assistent des Abteilungsleiters in einer Vertriebsgesellschaft für Arzneimittel, war ein kreativer, junger Mann mit vielen guten Ideen. Sein Problem war, daß Herr Klose, sein Abteilungsleiter, ein egozentrischer, rücksichtsloser Mensch, selten seine Untergebenen anhörte. Wann immer Thomas eine neue Idee vorbrachte oder vorschlug, eine Sache anders zu machen, unterbrach Klose ihn mit den Worten: »Dafür haben wir jetzt keine Zeit!« »Wir müssen erst das hier fertig machen!« »Wir machen es so, wie ich es sage!« Thomas sah keine andere Möglichkeit, als »schon gut« zu sagen und sich widerstrebend mit den Gegebenheiten abzufinden. Aber insgeheim war er wütend. Manchmal beschloß er, aus Trotz die Dinge so zu machen, wie Klose sie haben wollte, nur um zu zeigen »Gut, wir machen es so, wie du willst, aber du wirst sehen, es ist falsch!« Das alles führte jedoch zu nichts, und eines Tages beschloß Thomas, etwas zu unternehmen. Thomas beschloß, die Transaktionen zwischen sich und Klose zu analysieren. Er wollte alle selbstzerstörerischen Worte vermeiden, all die Worte, die ihn immer dazu brachten, nachzugeben und Kloses Meinung zu akzeptieren, ob sie nun richtig war oder nicht. Aber je mehr er es versuchte, desto schwieriger wurde es. Die Worte rutschten ihm immer heraus, bevor er richtig darüber nachgedacht hatte. Nach mehrmaligen Versuchen merkte er, daß er so nicht weiterkam, und er beschloß, dem Problem auf den Grund zu gehen.

Als Thomas das nächste Mal eine neue Idee vorbrachte, die Klose wie gewohnt energisch ablehnte, versuchte er festzustellen, *was er selbst* fühlte. Er zwang sich, während er vor Klose stand, zu ergründen, was innerlich in ihm vorging. Es fiel ihm zwar schwer, aber er konnte feststellen, daß er sich vor Klose irgendwie klein und unbedeutend vorkam. Außerdem wurde er sich plötzlich eines unbehaglichen Gefühls in der Magengrube bewußt — als ob er vor irgend etwas Angst hätte. Thomas war zufrieden mit sich selbst. Er hatte ziemlich genau herausbekommen, was er fühlte. Er fuhr mit seinem Experiment fort, indem er sich fragte, *worauf er reagierte.* Sehr schnell merkte er, daß es irgend etwas mit Kloses Blick und Tonfall zu tun haben mußte. Dann stellte er sich die entscheidende Frage: Wie kam es zu diesem Gefühl? Er beobachtete sich gleichsam wie ein Außenstehender und stellte fest, daß er aus irgendeinem Grund direkt in Kloses Augen starrte. Er bemerkte außerdem, daß er sich besser fühlte, wenn er wegblickte. Wenn er Klose erneut in die Augen blickte, kam das unbehagliche Gefühl wieder. Plötzlich machte Thomas eine überraschende Entdeckung! Er fühlte sich deshalb so unbedeutend, weil er direkt in Kloses Augen schaute! Wann immer er wegblickte, verschwand das unangenehme Gefühl. Er konnte sein Gefühl steuern einfach dadurch, daß er woanders hinsah!

Je mehr sich Thomas in den nächsten Wochen beobachtete, desto überzeugter wurde er, daß er etwas in den Augen der Leute »sah«. Und seine Reaktion auf Leute, die ihn mit der gleichen Autorität anblickten wie Klose, war die, daß er sich klein und unbedeutend fühlte.

Sie brauchten ihn nur genauso anzublicken und schon verlor er den Mut. Er stellte fest, daß er genaugenommen seine Gefühle immer von Leuten wie Klose beherrschen ließ. Sie mußten ihn nur in einer bestimmten Weise ansehen oder in einem bestimmten Tonfall anreden. Er stellte außerdem fest, daß das schon immer so war, jedenfalls, soweit er sich erinnern konnte. (Thomas war entsetzt über die naheliegende Folgerung, daß all seine Hochs und Tiefs im Leben, seine guten und schlechten Stimmungen davon abgehangen haben mochten, wie ihn jemand ansah oder mit ihm sprach.)

Nachdem Thomas diese Dinge über sich erfahren hatte, wurde ihm klar, daß er es war, der den Leuten diese Macht über sich gab. Manche Leute schienen – sei es aus Unsicherheit oder Angst – jemanden zu brauchen, den sie beherrschen konnten. Offensichtlich gehörte auch sein Chef dazu. So wie Thomas reagierte, nämlich indem er den Machtanspruch in den Blicken der anderen akzeptierte, gab er in Wirklichkeit die Macht ab. Niemals *nahm* sich jemand die Macht. Er selbst *gab* sie ihnen. Je mehr er darüber nachdachte, desto dringender war sein Wunsch, dieses Verhaltensmuster zu ändern. Er war es leid, sich klein und unbedeutend zu fühlen.

Schließlich kam Thomas' großer Tag. Er besprach gerade mit Klose ein neues Projekt, als Klose in seiner typischen, dominierenden Art sagte »Wir machen es so, wie ich will.« Thomas war darauf vorbereitet. Er überhörte die Autorität in Kloses Stimme und auch den Tonfall, der anzeigte, daß damit das Gespräch beendet sei. Bei seiner Antwort blickte er direkt in Kloses Augen – ohne daran zu denken, welche Macht er ihnen einst eingeräumt hatte. Er konzentrierte sich auf den Gedanken, daß es für Klose jetzt schwierig sein würde, ihn zu beherrschen – jetzt, wo er wußte, wie die Sache wirklich lief.

Diesmal stellte sich das alte Gefühl der Unbedeutendheit und der unbestimmten Angst nicht ein! (Thomas sagte, er hätte Angst davor gehabt, entlassen zu werden; aber das stimmte nicht. Es war mehr als das. Es war die Angst vor dem, was sich hinter jenen Augen verbarg!) Klose versuchte immer noch, Thomas mit seiner Stimme und seinen Augen zu beherrschen, aber diesmal klappte es nicht. Thomas fühlte sich erleichtert! Er konnte denken! Der unentwirrbare Knoten hatte sich gelöst! Er fühlte sich nicht länger gezwungen, zu sagen: »Schon gut« (die erwartete Transaktions-Reaktion) auf Kloses »Wir machen es so, wie ich will!« Er sah die Falle, die Klose ihnen beiden unbewußt stellte; die Falle, daß Kloses Meinung durch keine andere Meinung zu erschüttern sei. Thomas merkte außerdem, daß Klose die Sache nicht sorgfältig durchdacht hatte, obwohl er, wie üblich, versuchte, sich durchzusetzen. Thomas begann nun nicht, Kloses Verhaltensweise zu erörtern. Er bemühte sich vielmehr darum, Klose auf ihre gemeinsamen Ziele aufmerksam zu machen. Er begann ruhig, darzulegen, wie man diese Ziele am besten erreichen könnte. Wie nie zuvor, gelang es ihm, die Aufmerksamkeit Kloses zu fesseln – und in weniger als fünf Minuten hatte er Klose von seiner Auffassung überzeugt.

Die Geschichte mag zwar ungewöhnlich klingen, aber sie verdeutlicht eine wichtige Entdeckung: Entgegen der generationenlang vorherrschenden Meinung können die Menschen nicht nur ihr Verhalten anpassen (das war immer bekannt), sondern auch ihre Gefühle steuern (was immer bezweifelt wurde). Wir alle haben bestimmte, einzigartige, innere Verhaltensmuster, nach denen wir unbewußt handeln, aus denen sich unsere Gefühle in bestimmten Situationen ableiten. Die sich immer wiederholenden Verhaltensmuster gehen offensichtlich Hand in Hand mit den dazugehörigen Gefühlen.

Es gibt endlose Beispiele für die Verbindung zwischen dem, was wir *tun*, und dem, was wir *fühlen*. Die Art und Weise, wie sich Thomas unbedeutend machte, ist nur eine davon. Manche Leute lösen Ärger oder Angst in sich aus, indem sie den Atem anhalten oder bestimmte Muskeln anspannen. Andere entwickeln Angst- oder Schuldgefühle, indem sie sich die katastrophalen (nie eintretenden) Folgen vergangener Handlungen ausmalen.*

Bei allem, was wir tun, lösen die Gefühle in uns gewisse Antworten aus, und das führt häufig zu einer Art Spiel. Manchmal kann man dieses Spiel vermeiden, indem man einfach etwas anderes sagt als sonst üblich. Oder, wenn uns die Antwort zu schnell herausgerutscht ist, können wir das Spiel immer noch abbrechen, indem wir uns auf unser eigentliches Gefühl besinnen. Bevor wir das Opfer unseres Gefühls werden, könnten wir lernen, es zu beherrschen – ohne komplizierte Selbstbeobachtung oder Selbstanalyse. Wenn wir erkannt haben, was

---

* Die Funktionsweise dieser Verhaltensmuster und was man dagegen tun kann, ist in Kap. 6 ausführlich erläutert.

wir fühlen, worauf wir reagieren und was wir tun, um so zu fühlen, dann haben wir das Problem oft schon an der Wurzel gepackt.

Bevor wir die TA systematisch anwenden und alle Möglichkeiten ausschöpfen können – d. h., sie nicht nur als Hilfe verwenden, wie man besser mit Leuten auskommt, sondern auch wie man Informationen erhält, Prioritäten setzt und wirklich sinnvolle Entscheidungen trifft – vorher empfiehlt es sich, die zugrundeliegende Theorie etwas näher anzusehen. Auch wenn man nur die Grundzüge dieser Theorie kennt, kann es einem helfen, unzählige Probleme des täglichen Lebens richtig einzuordnen und auf verständnisvollere Art und Weise zu lösen.

KAPITEL 2

Wie man Menschenkenntnis erwirbt

Wenn wir von der Transaktions-Analyse sprechen, meinen wir gewöhnlich zwei Dinge. Erstens den *Vorgang* der Analyse der Transaktionen zwischen Leuten (er sagte das, ich sagte jenes, und was das alles bedeutet). Zweitens die *Theorie** der Transaktions-Analyse, die sich, wie bereits in Kapitel 1 angedeutet, noch auf viele andere Themen erstreckt. In den folgenden Kapiteln werden diejenigen Aspekte der Theorie behandelt, die sich auf Transaktionen und Beziehungen im Geschäftsleben und in großen Unternehmen beziehen. Wer die Theorie kennt, kann später besser die im Buch beschriebenen Techniken anwenden.

Wie unser Gehirn Erfahrungen speichert – Das Tonbandprinzip

Das Wichtigste an der TA sind zunächst einmal die neurologischen Tatsachen, auf denen sie beruht. In diesem Zusammenhang sind die von Dr. Wilder Penfield, einem kanadischen Neurochirurgen, durchgeführten faszinierenden Experimente von besonderer Bedeutung. Diese Experimente, die Anfang der 50er Jahre stattfanden, hatten mit Psychologie zunächst gar nichts zu tun. Dr. Penfield behandelte Patienten mit Epilepsie. Im Verlauf seiner Experimente wurden bestimmte Stellen des Gehirns eines unter örtlicher Betäubung stehenden Patienten mit Schwachstrom gereizt. Der Schwachstrom wurde mittels kleiner Sonden übertragen. Der Patient war bei vollem Bewußtsein und konnte sprechen.

Bei dieser Gelegenheit machte Penfield die unerwartete und bemerkenswerte Entdeckung, daß die elektrische Sonde den Patienten *zwang*,

---

* Die TA entstand Ende der 50er und Anfang der 60er Jahre. Geistiger Urheber war Dr. Eric Berne. Tausende von Fachleuten haben sich seitdem Bernes Ansichten angeschlossen. Viele erweiterten seine ursprüngliche Theorie um neue Ideen – ein Vorgang, der heute noch andauert.

sich an Dinge zu erinnern, die er früher einmal wahrgenommen, mittlerweile aber längst vergessen hatte! Berührte Penfield eine andere Stelle des Gehirns, dann wurde eine andere Erinnerung hervorgerufen. Es wurden ausführliche Experimente durchgeführt. Wiederholte Reizung der gleichen Stellen rief die gleichen Erinnerungen hervor. Um seine Ergebnisse zu überprüfen, sagte Penfield seinen Patienten gelegentlich, ihr Gehirn würde jetzt gereizt – ohne jedoch die Elektrode anzusetzen. In diesen Fällen erinnerten sich die Patienten an nichts. Setzte er die Elektrode wieder an, war die Erinnerung bis ins kleinste Detail wieder vorhanden. Die Patienten erinnerten sich nicht nur an die Einzelheiten eines Ereignisses, sondern hatten auch die gleichen Empfindungen wie damals. Es war, als ob sie das Geschehen noch einmal erlebten! Penfield sagt hierzu: »Erinnerung, die im Schläfenlappen wachgerufen wird behält den detaillierten Charakter des ursprünglichen Erlebnisses. Wenn sie auf diese Weise dem Patienten ins Bewußtsein gebracht wird, scheint das Erlebnis in der Gegenwart stattzufinden, vielleicht weil es sich so unwiderstehlich seiner Aufmerksamkeit bemächtigt. Erst wenn es vorbei ist, kann der Patient es als eine lebhafte Erinnerung der Vergangenheit erkennen.«[1]

Manchmal erleben wir unbeabsichtigt eine einmal gemachte Erfahrung noch einmal – ohne Anwendung einer Elektrosonde. Gewöhnlich tritt dabei unser Empfindungsvermögen stärker hervor als die Erinnerung an Tatsachen. Barbara, eine junge Sekretärin, die als kleines Kind in einem brennenden Haus eingeschlossen war, erwachte mitten in der Nacht aus einem Traum: Sie träumte, ihr Haus brennt, und erlebte nun die Angst, die sie als kleines Kind empfand, noch einmal. Eine neue Situation (der Traum vom brennenden Haus) hat die alte Angst wieder geweckt. Erst später, als sie darüber nachdachte, konnte sie sich an die mit dem Ereignis verbundenen Tatsachen erinnern.

Wenn wir ein Geschehen noch einmal erleben, können wir uns manchmal an die damit zusammenhängenden Tatsachen nur undeutlich oder überhaupt nicht erinnern. So sind z. B. viele im 2. Weltkrieg in Deutschland geborene Kinder noch heute als Erwachsene so empfindlich, daß sie beim entferntesten Donnergrollen zusammenzucken. Sie erleben bei einem solchen Geräusch erneut die schreckliche Angst ihrer Kindheit. Möglicherweise erinnern sie sich nicht mehr an die Bombenflugzeuge über ihnen oder an den Gesichtsausdruck der anderen Leute – aber sie fühlen noch den Schrecken und die Angst. Sie machen die gleiche Empfindung noch einmal durch, ohne sich genau an das Geschehen zu erinnern. Penfields Arbeiten lassen den gesicherten Rückschluß zu, daß unser Gehirn alles, was unser Bewußtsein jemals registriert, genau aufzeichnet und so speichert, daß es jederzeit abgerufen werden kann. Es ist abrufbereit als eine Kette von klaren Einzelerinnerungen und nicht als verschwommene Mischung vieler Erinnerungen. Ohne daß man es will, kann die Erinnerung wieder wachgerufen werden. Wir erinnern uns nicht nur an einzelne Ereignisse, sondern auch an die damals damit verbundenen Gefühle. Auch die Bedeutung, die wir der Sache damals beigemessen haben, können wir nachempfinden.

Außerdem liegt der Schluß nahe, daß unser Gehirn wie ein doppelspuriges Stereo-Tonband funktioniert, mit einer Tonspur für die Ereignisse und einer anderen für die damit verbundenen Gefühle. Beide Spuren nehmen gleichzeitig auf. Wird das Band unbeabsichtigt noch einmal abgespielt, kann die Spur mit den Empfindungen die Spur mit den Geschehnissen überlagern. Wir können etwas wiedererleben, ohne uns zu erinnern! Anzunehmen ist auch, daß das Tonband vom Tage unserer Geburt an läuft, d. h. sobald wir bewußt Dinge wahrnehmen.

Wie es der Fachmann ausdrückt: Eltern-Ich, Erwachsenen-Ich und Kindheits-Ich

Die Wegbereiter der Transaktions-Analyse klassifizierten die verschiedenen »Bänder«, die man aufnimmt. Sie beobachteten die Art und Weise, wie die Bänder jeden Tag funktionieren, und entwickelten danach neue, vereinfachende Bezeichnungen, um unser Wesen zu beschreiben. Ihrer Ansicht nach besitzen wir drei sich deutlich voneinander unterscheidende Verhaltensweisen. Unser gesamtes Verhalten läßt sich in eine der drei Gruppen einordnen, wobei wir ständig von einer Gruppe in die andere umschalten. In der Transaktions-Analyse nennt man diese Gruppen »Ich-Zustände«. Man unterscheidet zwischen Eltern-Ich, Erwachsenen-Ich und Kindheits-Ich.*

---

* Das ist nicht dasselbe wie das Es, Ich und Über-Ich. Eltern-Ich, Erwachsenen-Ich und Kindheits-Ich sind psychologische Realitäten, die zum Beispiel an Veränderungen in Haltung, Stimmlage und Anschauungsweise erkennbar sind.

Das Eltern-Ich

Das Eltern-Ich, von Dr. Thomas Harris in seinem Bestseller »Ich bin o. k. – Du bist o. k.« geschildert, »ist eine ungeheure Sammlung von Aufzeichnungen im Gehirn über ungeprüft hingenommene oder aufgezwungene äußere Ereignisse, die ein Mensch in seiner frühen Kindheit wahrgenommen hat. Diese Periode umfaßt etwa die ersten fünf oder sechs Lebensjahre.«[2] Die Bezeichnung Eltern-Ich wurde gewählt, weil die wichtigsten »Bänder« entstehen, wenn das Kleinkind Erwachsene beobachtet und ihnen zuhört. Auf diesen Bändern befinden sich all die »tu dieses«, »laß jenes«, alle Lebensregeln, die dem Kind für später beigebracht werden. Sie enthalten, »wie man's macht«, wie man seine Gabel hält, sein Hemd zuknöpft, seine Schnürsenkel bindet.

Das Eltern-Ich hat zwei Hauptfunktionen: Erstens enthält es die Vorstellung der Verhaltensweise von Vater und Mutter und ermöglicht dem Individuum, später selbst als Elternteil der eigenen Kinder wirkungsvoll zu fungieren und sie großzuziehen (und so zum Überleben des Menschengeschlechts beizutragen). Zweitens ermöglicht uns das Eltern-Ich, automatisch auf viele Situationen des täglichen Lebens zu reagieren. Messer sind gewöhnlich scharf. Man faßt sie also *immer* vorsichtig an. Feuer sind gefährlich. *Vorsicht!* Beim Hinfallen kann man sich die Rippen brechen. (Nach mehrmaligem Hinfallen hat man begriffen, daß es weh tut.) Durch das Eltern-Ich bleiben einem zahllose Zeit und Energie kostende Entscheidungen erspart. Man tut die Dinge, »einfach, weil man sie so tut.«

Das Eltern-Ich ist für jeden von lebenswichtiger Bedeutung.

Dabei gibt es nur ein Problem. Viele der im Eltern-Ich gespeicherten Angaben sind »unverarbeitet« aufgenommen worden. Harris erläutert: »Die Situation des kleinen Kindes, seine Abhängigkeit und Unfähigkeit, mit sprachlichen Mitteln Sinnzusammenhänge herzustellen, machen es ihm unmöglich, zu modifizieren, zu korrigieren oder zu erklären. Wenn daher die Eltern feindselig sind und ständig miteinander im Kriegszustand leben, wird ein Kampf aufgezeichnet mitsamt dem Schrecken, der das Kind erfaßt, wenn es sieht, wie zwei Menschen einander fast zerstören, von denen sein Weiterleben abhängt. Es gibt keine Möglichkeit, in diese Aufzeichnung die Tatsache einzublenden, daß der Vater betrunken ist, weil er gerade Pleite gemacht hat, oder daß die Mutter völlig am Ende ist, weil sie gerade entdeckt hat, daß sie doch wieder schwanger ist.«[3]

Erfahrungen des Eltern-Ichs unter extrem emotionalen Begleitumständen halten besonders lange an. So z. B. Ermahnungen, die mit lautstarker Stimme, strengen Blicken und den Imperativen »nie« und »immer« vorgebracht werden. (Schlag nie eine Frau! Trau nie einem Kommunisten! Glaube immer deinen Freunden! Gehorche immer deinem Vater! Laß nie etwas auf dem Teller liegen!)

Harris betont: »Solange die Sicherheit des Kindes tatsächlich von seinen Eltern abhängt, mag diese Sicherheit auch noch so gering sein, wird es wahrscheinlich das Urteil seiner Eltern übernehmen. Für ein kleines Kind ist es manchmal weniger riskant, an eine Lüge zu glauben, als an das, was es selber hört und sieht.«[4]

Ob das Material im Eltern-Ich nun gut ist oder schlecht, wahr oder unwahr, realistisch oder unrealistisch – in jedem Fall wird es als Wahrheit aufgezeichnet, die von der Quelle allen Wissens (den Eltern) kommt. Ob das Material dem Individuum in zukünftigen Situationen hilft oder nicht, hängt von seiner Beschaffenheit ab.

Zwei Individuen (Mann und Frau, Vorgesetzter und Untergebener) können ähnliche Eltern-Ichs haben und trotzdem über viele Dinge verschiedener Auffassung sein. Manche haben z. B. über die Hauptfragen des Lebens wie Liebe, Sex, Religion und Politik fertige Bänder (Küsse nie einen Fremden, gehe nie mit verheirateten Männern aus, glaube nie einem Pfarrer und vor allem traue nie einem Sozialisten.) Auch für weniger wichtige Fragen haben manche Leute fertige Bänder (wer abspült, die Betten macht, den Rasen mäht, einkaufen geht). Haben zwei Individuen sich widersprechende Bänder, dann entwickeln sich daraus manchmal ernste Streitigkeiten und zerstören oft auch gute Beziehungen.

Manche Menschen haben über fast alles, größere und kleinere Fragen, vorgefertigte Bänder, manche haben überhaupt keine. Es kann vorkommen, daß die Eltern in einer Sache verschiedener Meinung waren. Die vom Kind registrierte, sich widersprechende Information hebt sich dann von selbst in ihrer Wirkung auf. Später im Leben fehlt hier möglicherweise eine Information. Alles hängt davon ab, was man uns in unserer Jugend sagte, und was wir selbst beobachten konnten. Dinge, die wir nicht erlebten, wurden nicht aufgezeichnet.

Eine auf Band gespeicherte Information ist eine dauerhafte, jederzeit wieder abspielbereite Aufzeichnung (wie Penfield mit seiner Elektrosonde bewies). Da das Tonbandgerät von Anfang an läuft, nehmen Fachleute an, daß ein Kind die wichtigsten Lebensregeln schon erhalten hat, bevor es in die Schule kommt. Natürlich werden danach noch neue Informationen aufgenommen, aber die meisten davon bestärken entweder bereits bestehende Eindrücke oder werden dazu benutzt, vorangegangene Informationen auf den neuesten Stand zu bringen. Darüber, wie Eltern-Ich-Informationen auf den neuesten Stand gebracht werden, wird noch ausführlich berichtet.*

Obwohl alle Aufzeichnungen dauerhaft und nicht löschbar sind, können alte Bänder abgeschaltet und durch Bänder mit neuen Informationen ersetzt werden.

Das fällt manchen Leuten schwer und manchen leicht. Wer als junger Mensch dazu ermutigt wurde, Entscheidungen zu treffen, dem fällt dies auch als Erwachsener leichter. Wer jedoch in früher Kindheit bei allem, was er tat, nur angsterfüllte Blicke, lautstarke Stimmen und strenge Befehle zu erwarten hatte, wem nicht erlaubt war, Fragen zu stellen, selbst etwas herauszufinden und sich eine Meinung zu bilden, dem fällt es auch als Erwachsener schwerer, überkommene Vorschriften kritisch zu überprüfen. Er bleibt seinen Vorschriften treu, auch wenn sie ihren Sinn längst verloren haben.

Ist jemand in seinem Eltern-Ich-Zustand, bedeutet das: Er reagiert automatisch aufgrund der alten Bänder, genauso wie seine Mutter oder sein Vater (oder ein Eltern-Stellvertreter) reagiert haben würde. Oft sogar mit der gleichen Haltung, den gleichen Gesten, dem gleichen Vokabular.** Jeder trägt sozusagen »in seinem Inneren seine Eltern mit sich herum«.

---

* Jeder Geschäftsmann, mit dem ich dieses Thema erörterte, war über den Umfang seiner nicht auf den neuesten Stand gebrachten Eltern-Ich-Informationen überrascht: selbst die Nachdenklichen und Reflektierenden unter ihnen. Kein Grund zur Aufregung also, wenn man dasselbe bei sich feststellt! Es geht auch anderen so!

** Mehr über die Manifestationen des Eltern-Ichs in Kap. 3

Das Kindheits-Ich

Unser geistiges Tonbandgerät nimmt auf der einen Tonspur Ereignisse auf (Eltern-Ich) und auf der anderen Spur die damit verbundenen Gefühle. Es verzeichnet Freude, Überraschung, Erstaunen und all die wunderbaren Gefühle, die mit den ersten Entdeckungen im Leben verbunden sind. Es verzeichnet auch Schmerz- und Angstgefühle, Schrecken und traurige Empfindungen. Dieser Teil der Aufzeichnungen ist unser Kindheits-Ich. Ihm entspringen unsere emotionalen Reaktionen. Das Kindheits-Ich ist in vieler Hinsicht der wertvollste und vergnüglichste Bestandteil unserer Persönlichkeit. Es kann unserem Leben das gleiche geben, was ein Kind zum Familienleben beisteuern kann: Spontaneität, Offenheit und Anmut. Unser Kindheits-Ich besitzt die Fähigkeit, sich zu freuen. Es manifestiert sich in zwei Formen: dem *natürlichen* Kindheits-Ich und dem *angepaßten* Kindheits-Ich.

Unser natürliches Kindheits-Ich ist der Teil in uns, der sich so verhält, wie wir uns als Kind natürlicherweise verhalten würden. In ihm finden wir die Spontanreaktionen auf all unsere primären, biologischen Bedürfnisse. Wenn Beth, eine siebenunddreißigjährige Hausfrau, ihren heimkehrenden Ehemann mit einem koketten Lächeln begrüßt, dann zeigt sie ihr natürliches Kindheits-Ich. Ebenso Bill, wenn er auf dem Sofa auf- und abhopst, wenn er einem Fußballspiel im Fernsehen zuschaut. Im natürlichen Kindheits-Ich finden sich schöpferischer Impuls, Neugier und der Drang zum Forschen, Fühlen und Betasten. Es ist unser natürliches Kindheits-Ich, das bei Enttäuschungen todtraurig und bei Erfolgen überglücklich ist. Es ist unser natürliches Kindheits-Ich, das liebt.

Das angepaßte Kindheits-Ich erklärt Berne, »modifiziert sein Verhalten unter dem Einfluß des Eltern-Ichs. Es verhält sich so, wie sein Vater (bzw. seine Mutter) es von ihm erwartet haben: z. B. willfährig oder altklug. Oder es paßt sich an, indem es sich zurückzieht oder wimmert.«[5] Es zeigt sich auch in rachsüchtigem, rebellischem Verhalten.

Manche Individuen zeigen im Leben mehr von ihrem Kindheits-Ich, manche weniger. Der Vater, dem es wirklich Spaß macht, mit seinen Kindern zu spielen, ob er nun 35 oder 55 Jahre alt ist, hat wahrscheinlich Bänder mit guten Erfahrungen, auf die er nun zurückkommen kann; Erfahrungen, die er selbst machte, als er jung war. Sie sind Teil seines natürlichen Kindheits-Ichs. Die Ehefrau, die sich wie ein kleines Mädchen benimmt, wenn die Mutter zu Besuch kommt, die ihre Zigaretten versteckt und plötzlich keinen Drink mehr will, hat in ihrem angepaßten Kindheits-Ich Wahrnehmungen aufgezeichnet, die ihr jetzt sagen, wie sie sich benehmen soll. (Das angepaßte Kindheits-Ich ist kaum solcher Freude fähig wie das natürliche Kindheits-Ich.)

Manche Individuen nehmen in ihrer Jugend nur wenig »Vergnügen« auf. Das ist besonders der Fall bei Leuten aus langweiligen Familien (wo nichts Spaß machen darf), in denen viel Spannung herrscht, viel gestritten oder »erwachsenes« Benehmen gelobt wird. Solchen Leuten mangelt es später oft an der Fähigkeit, Freude zu empfinden. Sie können sich nie richtig amüsieren, sich entspannen, oder einfach genießen, daß sie am Leben sind.

Unser Kindheits-Ich bringt uns auch oft in Schwierigkeiten. Es will den Kuchen haben und ihn gleichzeitig essen. Es möchte den ganzen Kuchen für sich allein. Es ist habgierig, eitel und boshaft. Es möchte betören und verführen. Möchte seinen Willen haben, und das sofort. Möchte nach Las Vegas gehen und nie mehr wiederkommen.

Das Erwachsenen-Ich

Josef und Brigitte, ein junges Paar, haben einen Jungen namens Sebastian. Sebastian ist gerade elf Monate alt geworden, und Josef und Brigitte bereitet es großes Vergnügen, ihren Sohn im Bettchen herumturnen zu sehen. Es fasziniert sie, wie Sebastian lernt, sich zu bewegen und seine Umwelt kennenzulernen. Sebastian hat z. B. herausgefunden, daß er nur seine Hand ein paar Zentimeter nach links ausstrecken muß, um ohne weiteres sein Lieblingsspielzeug zu berühren. Darüber freut er sich so, daß er es immer vorführt, wenn ihm jemand zuschaut (offensichtlich ein kleiner Angeber).

Jede Mutter kann das bei ihrem Kind beobachten. Es ist das erste Anzeichen, daß das computerartige Gehirn beim Kleinkind zu arbeiten anfängt. Der Transaktions-Analytiker würde sagen, man hat das

Auftauchen des Erwachsenen-Ichs* beobachtet. (Die Bezeichnung »Erwachsenen-Ich« hat, wie man sieht, nichts mit Erwachsensein im chronologischen Sinn zu tun.)

Das Erwachsenen-Ich ist der computerhafte Teil unserer Persönlichkeit. Seine Funktion ist es, Daten zu verarbeiten. (Wie weit zur nächsten Rassel? Zum Rand des Bettchens?) Nach Verarbeitung der Daten berechnet es die Möglichkeiten und trifft Entscheidungen aufgrund der vorliegenden Tatsachen. (Welche Möglichkeit besteht, aus dem Bettchen zu fallen, wenn man zehn Zentimeter vom Rand entfernt liegt und sich umdrehen will? Wie schnell muß man über die Straße laufen, um nicht überfahren zu werden?) Das Erwachsenen-Ich ist ebenso wie das Eltern-Ich zur Nutzung der Überlebenschancen unerläßlich.

Das Erwachsenen-Ich verarbeitet Daten vom Eltern-Ich, vom Kindheits-Ich und Daten aus seinen eigenen Beobachtungen. Es trifft Entscheidungen, die auf allen verfügbaren Informationen beruhen, wobei es zwischen Eltern-Ich und Kindheits-Ich vermittelt. Josef möchte Marianne verführen (Kindheits-Ich). Josef weiß, daß das unrecht wäre (Eltern-Ich). Er entscheidet, daß es unter den gegebenen Umständen unpassend und riskant wäre, und verschiebt die Angelegenheit bis auf weiteres (Erwachsenen-Ich).

Das Erwachsenen-Ich wertet nicht. Es befaßt sich nur mit Fakten. Es kennt kein Recht oder Unrecht. (Aber es ist sich bewußt, was sein Eltern-Ich als Recht oder Unrecht ansieht.) Es vermittelt zwischen Eltern-Ich und Kindheits-Ich und vergleicht Daten, um festzustellen, was in der Gegenwart zu tun ist. Obwohl es Spaß macht zu spielen, kann es manchmal auch gefährlich sein. Obwohl Strafe notwendig ist, kann sie manchmal auch sinnlos sein.

Bei den meisten Heranwachsenden dauert es lange, bis sich das Erwachsenen-Ich entwickelt. Und oft scheint das Erwachsenen-Ich Schwierigkeiten zu haben, den Vorsprung des früher entwickelten Kindheits-Ichs und Eltern-Ichs einzuholen. Nur wenige werden als Kind wirklich ermutigt, selbständig zu denken. Statt dessen funktioniert bei den meisten, auch wenn sie älter werden, ihr Kindheits-Ich

---

* Es ist das erste sichtbare Anzeichen des Erwachsenen-Ichs. Wann es wirklich zu funktionieren beginnt, weiß man nicht, da sich der Säugling ja noch nicht ausdrücken kann.

und Eltern-Ich mit automatischen Reaktionen. Die aufgezeichneten Bänder werden spontan immer wieder abgespielt. Oft ist der Schaden schon da, bevor man sein Erwachsenen-Ich überhaupt eingeschaltet hat.

Um festzustellen, wie gut oder schlecht das Erwachsenen-Ich funktioniert, muß man den Vorgang der Entscheidungsbildung untersuchen, nicht jedoch die Entscheidung selbst. Die Qualität der menschlichen Datenverarbeitungsanlage kann nicht nach Genauigkeit oder Zweckmäßigkeit der getroffenen Entscheidungen beurteilt werden, sondern nur nach der *Art und Weise, wie der Computer die verfügbaren Informationen nutzt.* Ein junger, an selbständiges Denken gewohnter Mensch kann ein hervorragend funktionierendes Computergehirn entwickeln. Trotzdem können seine Entscheidungen wegen mangelnder Erfahrung (oder, in der Computersprache – wegen mangelnder Dateneingabe) ungeeignet sein. Andererseits ist es durchaus möglich, daß eine ältere, über weit mehr Erfahrung (Daten) verfügende Person zu ebenso ungeeigneten Entscheidungen kommt, weil ihr Computer nicht gut funktioniert oder weil sie ihn überhaupt nicht benutzt. Um festzustellen, ob jemand wirklich denken kann, prüft man nach Möglichkeit nicht die getroffene Entscheidung, sondern die Methode, mit der er zu der Entscheidung gelangte. Derjenige, der die Informationen am besten verarbeitet, hat die besten Voraussetzungen. (Das ist einer der Gründe dafür, daß manche junge Männer ihre um vieles älteren Vorgesetzten in der Firmenhierarchie überflügeln. Obwohl sie jünger sind, haben sie einen gut funktionierenden Computer, der Informationen von Eltern-Ich und Kindheits-Ich besonders gut verarbeitet.) Es ist einfacher, einem bereits wirksam funktionierenden System neue Informationen einzugeben (jemandem, der denkt, neue Fakten zu geben), als einen schlecht funktionierenden Computer neu zu programmieren (jemandem das Denken beizubringen).

Für den Umgang mit Menschen ist es gut, zu wissen, wann sie sich in ihrem Erwachsenen-Ich, Eltern-Ich oder Kindheits-Ich befinden. Es ist zwar manchmal schwierig, zwischen Eltern-Ich und Kindheits-Ich zu unterscheiden (ein ärgerliches Eltern-Ich handelt oft ähnlich wie ein trotziges Kindheits-Ich), aber trotzdem sollte man erkennen können, wenn jemand *nicht* in seinem Erwachsenen-Ich ist. Manche machen den Fehler, zu glauben, daß jemand, der ein College besucht hat oder fünf, zehn, zwanzig oder dreißig Jahre im Berufsleben war, automatisch in seinem Erwachsenen-Ich handelt. Tatsächlich gibt es Leute, die es nie tun. Sie sind im Eltern-Ich gleichsam festgefroren. Viele wohlformulierten, gefällig vorgebrachten Äußerungen des Eltern-Ichs oder Kindheits-Ichs werden irrtümlich dem Erwachsenen-Ich zugeschrieben. Das führt nicht selten zu Komplikationen.* Es haben jedenfalls alle drei Persönlichkeitsaspekte eine große Bedeutung, und alle drei manifestieren sich täglich in unserem Leben. Wer sie bei anderen Menschen richtig einschätzt, kann daraus großen Nutzen ziehen.

Wie wir das Leben sehen – Das Prinzip des Streichelns

Josef und Brigitte, deren kleiner Sohn Sebastian das Beispiel dafür lieferte, wann das Erwachsenen-Ich zu funktionieren beginnt, haben auch einen kleinen Beagle-Hund namens Schnuffi. Immer wenn Schnuffi sich bemerkbar machen will, legt er seine Ohren an, wedelt mit dem Schwanz und schmiegt sich an sein Herrchen oder Frauchen an. Sein Verlangen nach Aufmerksamkeit ist befriedigt, wenn Josef oder Brigitte ihn auf den Schoß nehmen, ihm den Nacken kraulen oder den Rücken streicheln. Er erwartet zumindest, daß man sich hinunterbeugt und ihm liebevoll den Kopf streichelt. Schnuffi gibt immer klar zu erkennen, daß er körperlichen Kontakt sucht, und er gibt sich nicht eher zufrieden, bis er ihn bekommt.

Offenbar haben die Menschen in den ersten Lebensjahren ebenfalls ein sehr starkes Bedürfnis nach physischem Kontakt. Harris sagt: »Wenige Augenblicke (nach der Geburt) begegnet dem Säugling ein Retter, ein anderer Mensch, der ihn hochnimmt, ihn warm einhüllt, ihn hält und mit dem beruhigenden Akt des ›Streichelns‹ beginnt. Das ist der Augenblick der psychologischen Geburt. Das Streicheln ist die erste Information darüber, daß das Leben ›da draußen‹ nicht gar so schrecklich ist. Es ist eine Versöhnung, eine Wiederherstellung der Verbundenheit. Es setzt seinen Lebenswillen in Gang. Streicheln oder ständig wiederholter körperlicher Kontakt ist für den Säugling lebensnotwendig. Ohne das stirbt er, wenn nicht physisch, dann psychisch. Früher traten Todesfälle durch Marasmus (allgemeiner körper-

---

* Wie man erkennt, ob jemand in seinem Erwachsenen-Ich ist, s. Kap. 3.

licher und geistiger Kräfteschwund und Verfall) häufig in Findelhäusern auf, wo die Säuglinge das frühe Streicheln entbehren mußten. Es gab keine körperlichen Ursachen zur Erklärung dieser Todesfälle, außer dem Fehlen der offenbar unentbehrlichen ›belebenden‹ Reizung durch Streicheln.«[6]

Sobald das Kind laufen kann, fehlt ihm der beste Vorwand, physischen Kontakt zu erlangen – es muß nicht mehr auf den Arm genommen werden. Noch Jahre später strecken viele Kinder verlangend ihre Arme aus, weil sie physischen Kontakt suchen. Auch für Erwachsene ist eines der tröstlichsten Dinge, in den Arm genommen zu werden. (Was nicht bedeutet, daß wir jeden umarmen, der uns begegnet.) Die beste Art, jemanden zu trösten und ihm zu zeigen, daß wir ihn wirklich mögen, ist, wenn wir die Arme um ihn legen, ihn an uns drücken und ihn an unserer Schulter weinen lassen.

Streicheln in seiner direktesten Form ist Anerkennung eines Individuums durch ein anderes durch physischen Kontakt. Ohne diese Anerkennung in früher Kindheit sterben wir. Sobald das Kind von seiner Mutter getrennt wird und laufen lernt, kann es nicht länger ständige körperliche Berührung erwarten. Es lernt andere, weniger direkte Formen der Zärtlichkeit zu suchen und sich damit zufriedenzugeben – ein Ersatz, der ihm trotzdem die notwendige Anerkennung und das Gefühl der Geborgenheit und Nähe gibt. Das Verlangen nach physischem Kontakt bleibt zwar bestehen, wird aber nur noch bei besonderen Gelegenheiten erfüllt.

Die Suche des Individuums nach einem annehmbaren Ersatz nimmt am Tag viele Minuten ein. Das warme, tröstliche Gefühl stellt sich nicht so schnell ein. Es ist eines der besten Gefühle, die wir haben können, und das Verlangen, es zu reproduzieren, dauert ständig an. Nichts ist so gut wie der unmittelbare physische Kontakt, das Streicheln. Als Kompromiß bleibt uns nur das psychologische Streicheln in Form verbaler und nicht-verbaler Anerkennung. Welche Art der psychologischen Alternative, das Individuum als Kind als *den* Ersatz akzeptieren lernt, hat später großen Einfluß auf sein Selbstverständnis und Verständnis der Umwelt.*

* Faszinierend ist die Entdeckung, wie sehr Streicheln das »Lebens-Drehbuch« oder den unbewußten Lebens-Plan eines Menschen, dementsprechend er blindlings sein ganzes Leben lang handelt, beeinflussen kann. Das wird in Kap. 4 näher erläutert.

Allgemein übliches Streichelverhalten

Es gibt zwei Hauptkategorien psychologischen Streichelns – positives und negatives Streicheln. Unter positivem Streicheln in seiner einfachsten Form versteht man ein warmes Lächeln, eine liebevolle Stimme oder eine freundliche Geste. Das alles ist ein deutliches Zeichen der Anerkennung. Unter negativem Streicheln versteht man z. B. einen Schlag oder eine ähnliche negative Geste. (Das ist keine Anerkennung im üblichen Sinn. Sie ist trotzdem einem völligen Fehlen von Sozialkontakten vorzuziehen.) Positives Streicheln löst gute, negatives Streicheln schlechte Empfindungen aus.

Bedingungsloses, positives Streicheln

Wer Glück hat, wächst als kleines, zärtlichkeitsbedürftiges Kind in einer liebevollen Atmosphäre auf, in der man ihm freundlich begegnet und es akzeptiert, einfach weil es da ist. Positives Streicheln wird ohne Bedingungen gewährt. In einer solchen Umgebung fühlt sich das kleine Kind wohl, einfach weil es es selbst ist. Keiner sagt: »Ich streichle dich nur, wenn du tust, was ich will«, oder »Ich streichle dich nur, wenn du nett zu mir bist.« Streicheln erfolgt freiwillig ohne Einschränkung. Das Kind muß es sich nicht verdienen – es ist einfach da. Die psychologische Wärme, die es fühlt, ist ähnlich der Körperwärme, die es in den ersten Lebensmonaten spürte.

Positives, bedingungsloses Streicheln ist die uneingeschränkte Anerkennung eines Individuums, einfach weil es ein menschliches Wesen ist – ohne jeden anderen Grund. Das klingt einfach, und trotzdem fällt es manchen Eltern schwer. Entweder sind sie zu sehr mit sich selbst beschäftigt, oder sie wissen nicht, wie sie es anfangen sollen. Manche haben ein starkes Eltern-Ich, das ihnen sagt, sie sollen sich die Menschen (Kinder) anschauen, bevor sie sich mit ihnen abgeben. Andere haben ein Eltern-Ich, das ihnen sagt, sie sollen nur solche Leute respektieren, die bestimmte Charaktereigenschaften besitzen oder bestimmte erstrebenswerte Leistungen vollbracht haben. Für solche Individuen sind manche Leute höher zu bewerten als andere, oder besser gesagt, deren Eigenschaften und Leistungen sind höher bewertet.

Sogar Eltern, die ihre Kinder sehr lieben und die versuchen, ihnen ständig positive Anerkennung zu geben, verwässern oft die Wirkung ihrer Bemühungen, weil sie an das Streicheln Bedingungen knüpfen (»Wir haben dich gern, wenn ...«) Unter bedingungslosem Streicheln versteht man, daß einer Person, ungeachtet ihres Verhaltens, Respekt entgegengebracht wird. Wenn wir nur wertend handeln, dann berauben wir uns dieser Möglichkeit. Kinder wollen geliebt werden und nicht bewertet. Sie müssen die Gewißheit haben, daß sie von ihrer einzigen Streichelquelle nicht zurückgewiesen werden, nur weil sie *menschlich* sind.*

Der kleine Klaus Thomas und Alfred Probst wurden nicht weit von ihrem Elternhaus entfernt beim Äpfelklauen erwischt. Klaus' Eltern war das ziemlich peinlich, und sie machten sich wegen dieser Sache große Sorgen. Klaus wurde ausgiebig geohrfeigt, und man sagte ihm, daß er mit Alfred nicht mehr spielen dürfe, weil er so böse gewesen war. Um weitere Unannehmlichkeiten zu vermeiden, schickte Herr Thomas dem Bauern einen Scheck über den Wert der von Klaus gestohlenen Äpfel.

Alfreds Eltern machten sich nicht so große Sorgen. Sie sagten Alfred, sie würden ihn immer noch lieben, aber das bedeute nicht, daß er die Konsequenzen für sein Verhalten nicht selbst tragen müsse. (Wenn jemandem etwas geklaut wird, möchte er es gewöhnlich wieder zurückhaben!) Die Eltern schlugen Alfred vor, er solle zum Bauern gehen, sich entschuldigen und anbieten, den Wert der gestohlenen Äpfel abzuarbeiten. Seine Eltern betonten, er *müsse* es nicht so machen, aber wenn er es sofort täte, könne er Schlimmeres verhüten.

Das elterliche Verhalten hatte in beiden Fällen unterschiedliche Ergebnisse: Alfred merkte, daß seine Eltern ihn immer noch liebten (und weiterhin eine Streichelquelle blieben), auch wenn er gelegentlich in Schwierigkeiten geriet. Er erkannte außerdem, daß er allein für sein Verhalten verantwortlich war, und er beeilte sich, die Sache beim Bauern ins reine zu bringen. Klaus hingegen war verwirrt. Er kam sich immer noch schlecht vor (nur schlechte Jungen kommen in Schwie-

---

* Das soll nicht heißen, daß Ohrfeigen (negatives Streicheln) hin und wieder schlimm wären. Wichtig ist allein das allgemeine Streichelverhalten. Einem in liebevoller Umgebung aufgewachsenen Kind, wird eine gelegentliche Ohrfeige kaum schaden.

rigkeiten). Er folgerte, daß seine Eltern ihn nicht richtig liebten oder daß sie ihn nur *manchmal* liebten (wenn er brav war). Da ihm jede andere Information fehlte, beschloß er, gleich bei der nächsten Gelegenheit wieder zu beweisen, wie schlecht er war.

Bedingungsloses, positives Streicheln gibt einem jungen Menschen das Gefühl, daß er selbst zählt und daß auch andere zählen (weil sie ihn streicheln). Dieses Gefühl hilft ihm, sich wohl zu fühlen und nicht ambivalent. Es gibt ihm das nötige Selbstvertrauen, um sich in seiner Umwelt erfolgreich zurechtzufinden. So erzogene Menschen können mitunter gute Führungskräfte werden, weil sie instinktiv wissen, wie sie eine Sache anpacken sollen, und keine Angst vor Mißerfolg haben.

Botschaften, die ein junger Mensch bekommt, müssen jedoch laut und deutlich sein, und darüber hinaus relativ beständig. Die Eltern müssen dem Kind das gute Gefühl, das sie für es empfinden auf vielfältige Weise zeigen: durch Blicke, Ton der Stimme, Miteinbeziehen in ihre Aktivitäten und indem sie ihm auf so viele Arten wie möglich sagen, daß sie es gern haben. Das ist für das heranwachsende Kind das Wichtigste auf der Welt. Und es gibt nichts, womit man ihm eine gesündere Anschauungsweise vermitteln oder bessere Ergebnisse erzielen würde.

Bedingtes, positives Streicheln (»Wir streicheln dich, wenn ...«)

Während bedingungsloses Streicheln, wie der Name schon sagt, ohne Bedingungen gegeben wird, müssen für bedingtes Streicheln erst eine Vielzahl von Bedingungen erfüllt werden. In diesem Buch werden drei der häufigsten Bedingungen und die sich daraus ergebenden Folgen erörtert. Je nach Art der Bedingung wird der junge Mensch beeinflußt, so daß er schließlich *glaubt,* das Leben spiele sich nur so und nicht anders ab, unabhängig von den andersartigen Streichel-Erfahrungen seiner Mitmenschen.

1. Leistungsorientiertes Streicheln

Eltern, die Streichelaktionen zurückhalten, bis ein Kind eine bestimmte Sache ausführt, ein bestimmtes (gutes) Ergebnis erzielt oder ein bestimmtes Ziel erreicht, kann man als leistungsorientiert bezeichnen. Ihre Beziehung zu ihren Kindern ist wertend. Sie bestimmen die Lebensregeln für ihre Kinder, und je nachdem wie diese befolgt werden und was das Kind leistet, wird das ihrer Wertung entsprechende Streicheln zurückgehalten oder gegeben.

Der kleine Franz Maier* lernte seine Lektion so gut, daß er sich bereits mit zwölf Jahren wie eine Marionette benahm. Die wirklich großen Momente in Franz' Leben, wenn er sein bestes Streicheln bekommt, sind dann, wenn er etwas Großes geleistet hat (gute Zeugnisse, Gewinnen im Baseball-Spiel, Erster in der Schulmannschaft etc.). Dazwischen gibt es für ihn kaum etwas. Seine Eltern haben für ihn die Lebensregeln sorgfältig festgelegt. Sie heißen in etwa: »Bring gute Zeugnisse mit nach Hause, dann wirst du belohnt. Wenn du keine Einser oder Zweier hast, dann arbeite wenigstens fleißig, um unser Wohlwollen zu erlangen. Wenn du bei allem, was du tust, hart arbeitest, dann wirst du der Beste sein, und wir werden auf dich stolz sein. Beteilige dich nicht an Gemeinschaftsunternehmungen, bei denen du nicht alle ausstechen kannst, denn das beste Streicheln bekommt man, wenn man den ganzen Ruhm für sich allein einheimsen kann. (Warum das Streicheln teilen?) Vergeude keine Zeit. Müßiggang ist aller Laster Anfang. Wenn du dich selbst genügend unter Kontrolle hast, wirst du jedes Problem zufriedenstellend lösen. Notfalls, wenn du wirklich kein Streicheln verdienst, kannst du unser Wohlwollen auch durch Gehorsam und Fleiß erringen.«

Franz ist programmiert fürs Leben. Er hegt keine Zweifel an der Richtigkeit seiner Regeln – das Streichelmuster hat keine Lücken gelassen. Sein inneres Eltern-Ich ist darauf programmiert, wie er sein Streicheln bekommt. Sein Eltern-Ich übernimmt die Stelle seines Vaters und seiner Mutter und wird seine Leistungen noch lange nach dem Tod seiner wirklichen Eltern beeinflussen.** Arbeite fleißig! Leiste et-

* Die Beispiele in diesem Kapitel (Franz Maier u. a.) dienen der Erläuterung von typischen Langzeitfolgen der üblichen Streichelverhalten. Diese Implikationen sind ganz allgemein gehalten. Für jedes Individuum hängt das Verhalten im späteren Leben von seinen eigenen Erfahrungen als Kleinkind ab.

** Eltern fragen sich oft, wie sie ihre Kinder zu Arbeit und Leistung erziehen können, ohne die Nachteile des bedingten Streichelns in Kauf nehmen zu müssen. Die Lösung dafür ist: beständiges, bedingungsloses Streicheln mit zusätzlichem bedingten Streicheln für gute Leistungen.

was! Franz wird sich sein Leben lang gut fühlen, wenn er etwas geleistet hat. Und wenn er nichts geleistet hat, wird er sich schlecht fühlen. Wahrscheinlich hat er später Schwierigkeiten im Umgang mit Leuten, denn sein bestes Streicheln bezieht er aus dem Gefühl seiner eigenen Leistung. Es wird ihm schwerfallen, Leute zu respektieren, die nicht so hart arbeiten wie er. Wahrscheinlich neigt er später dazu, sie zu kritisieren. Im Berufsleben entwickelt er sich unter Umständen zum Tyrannen. Er mag erfolgreich im üblichen Sinne sein; trotzdem wird er das merkwürdig nagende Gefühl behalten, daß er viele Dinge, die um ihn herum geschehen, nicht versteht. Er ist immer sicher, daß seine Art die richtige ist; trifft er irgendwo auf widersprüchliche Ideen, dann benimmt er sich so, als ob alle anderen Leute Unrecht hätten. Er wird von seinem Eltern-Ich beherrscht, auch wenn er es für sein Erwachsenen-Ich hält. Als Geschäftsmann kann ihm das eines Tages zum Verhängnis werden. Dann nämlich, wenn die Lage einmal kritisch ist, wird es ihn daran hindern, wirklich objektive Entscheidungen zu treffen.

2. Anpassungsorientiertes Streicheln

Der kleine Curt Hohmann hat ein anderes Problem. Seine Eltern sind ebenso wie die von Franz davon überzeugt, daß man einem Kind nicht einfach nur bedingungsloses Streicheln geben kann. Sie sind sicher, daß es Regeln geben muß, nach denen er sich richten kann, so daß er sich sein Streicheln manchmal auch »verdienen« kann. Das Problem ist nur, daß sie nicht wissen, wie diese Regeln lauten! Obwohl es ihnen gelingt, ihr Streicheln zurückzuhalten (das fällt wirklich nicht schwer), gelingt es ihnen nicht, Curt bei seiner instinktiven Suche nach Sicherheit etwas mit auf den Weg zu geben. (Sie können nichts dafür, die Armen. Sie fragen stets alle Freunde um Rat. Sie sind eben selbst unsicher.)

Natürlich zerbricht sich der kleine Curt den Kopf, wie er die verdammten Regeln finden kann. Er ist sehr ängstlich geworden. Alles, was er herausfand, ist, daß seine Eltern immer sehr freundlich reagieren, wenn *er sie* streichelt; wenn er Dinge tut, die sie hübsch oder lustig finden. Er ist sehr aufgeschlossen für die Anschauungen und Wünsche seiner Umwelt. Er hat gelernt, seine eigenen Gedanken schnell an die der anderen anzupassen, sich zu fügen, liebenswürdig und gefällig zu sein. Das ist zwar keine große Hilfe für ein heranwachsendes Kind, aber zweifellos besser als nichts. Mehr hat Curt jedenfalls nicht zu erwarten. Auch Curt ist fürs Leben programmiert. Er fühlt sich wohl, wenn er von seiner Umwelt anerkannt wird, und ist deprimiert, wenn man ihn ablehnt. Er hat gelernt, daß es tatsächlich sehr kompliziert ist, bis man von den Leuten akzeptiert wird. (Man muß ein Gefühl dafür entwickeln, was andere denken, was sie von einem erwarten, und sich dann schnell anpassen.) In Gesellschaft spielt er oft den Clown. Er versucht Ablehnung zu vermeiden, indem er die Leute zum Lachen bringt. Oder er versucht unauffällig, sich in eine Unterhaltung einzumischen, wobei er jedem Gesprächspartner in unwichtigen Fragen zustimmt. Fragt man ihn direkt nach seiner Meinung, ist er darauf bedacht, nichts zu sagen, was der Meinung der anderen widerspricht. Immer ist er nervös. Jede neue Situation ist für ihn eine Prüfung. Immer droht ihm die Gefahr, abgelehnt zu werden. Wenn es ihm nicht gelingt, ständig neue Lösungen für die auf ihn einstürmenden Situationen zu finden, dann glaubt er, den Boden unter den Füßen zu verlieren. Man hält ihn wahrscheinlich sein Leben lang für einen netten Kerl; aber er wird nie lernen, jemanden aktiv zu streicheln (es sei denn, er verspricht sich etwas davon), und seine Nettigkeit hat keinen positiven Effekt. Er ist nett und ansonsten harmlos.

3. Kompromißorientiertes Streicheln

Benno Frei ist etwas besser dran als Curt. Obwohl seine Eltern absolut sicher sind, einige gute Regeln zu kennen (die jedenfalls in der Vergangenheit immer gut funktionierten), sind sie nicht sonderlich daran interessiert, sie Benno aufzuzwingen. Sie wissen, wie man positiv streichelt, und sind sorgsam darauf bedacht, kein Streicheln zurückzuhalten. Benno ist überzeugt davon, daß seine Eltern ihn lieben, daß er akzeptiert wird. Sein Leben ist sicher. Merkwürdig an der Erziehung ist nur, daß Bennos Eltern zwar nicht mit Streicheln knausern, aber ihm deutlich zu verstehen geben, daß sie es tun könnten, wenn er ihnen Schande machen würde. Sie haben Benno also keine Regeln dafür gegeben, wie man Streicheln bekommt (sie waren sehr großzügig damit), aber sie haben ihm Regeln gegeben, wie man Streicheln zurückhält. Diese Regeln sind etwas allgemeinerer Natur als die „Leistungs“-Regeln. Benno hat z. B. mehr Spielraum als Franz. Bennos Regeln sind häufig eher Richtlinien, die ihm vor allem sagen, was er *nicht* tun soll.

Sie lauten ungefähr so: »Wir lieben dich, solange du uns keine Schande machst. Aber du wirst sehen, es gibt gar keinen Grund, uns Schande zu bereiten, denn du hast genügend gute Vorbilder um dich herum, die dir bei der Entwicklung deiner Wertvorstellungen helfen. Zu unserer Familientradition gehört eine vorbildliche Moral, nach der du dich ohne weiteres richten kannst. Wenn du im Zweifel bist, schau dir unsere Verhaltensweisen an; sie haben sich etabliert und in der Vergangenheit als äußerst geeignet erwiesen. Richte dich danach, was die Leute tun, die du respektierst. Wenn es einmal heftig zugeht, gibt es immer einen ruhigeren Platz in der Mitte, und es ist immer angebracht, einen Kompromiß zu suchen. Auch wenn Leute verschiedener Meinung sind, kannst du damit rechnen, daß sie bereit sind, sich zu arrangieren. Im übrigen empfiehlt es sich, auf der Seite der Mehrheit zu stehen. Du mußt nur aufpassen, daß du kein Aufsehen erregst und denen Schande bereitest, die dich am meisten lieben.«

Bennos Eltern-Ich ist mit den bestmöglichen, traditionellen Daten ausgestattet. Die einzige Möglichkeit, wie er seine Streichelquelle verlieren könnte, wäre durch einen eigenen originellen Gedanken. Warum sollte er das riskieren? Alles wurde für ihn vorbereitet, und meistens fühlt er sich sehr wohl. Panik ergreift ihn nur, wenn er sich in eine gefährliche Lage begeben soll, aber er hat gelernt, solche Situationen zu vermeiden. Sein Eltern-Ich trägt ihn sicher durch das ganze Leben — solange er kein Risiko eingeht. Er hat alle Richtlinien fürs Leben, die er jemals brauchen wird. Bloß selber denken wird er nie.

Negatives Streicheln

Manche Eltern kümmern sich fast überhaupt nicht um ihre Kinder. Solche Kinder, die nur wenig bedingungsloses und bedingtes Streicheln erhalten, können sehr schwierig werden. Oft strengen sie sich furchtbar an, um irgendeine Art der Anerkennung zu erhalten. Im Extremfall ist ihnen fast *jede* Bestätigung ihrer Existenz recht. Typisch dafür sind Kinder, die Aufmerksamkeit auf sich lenken, indem sie in Schwierigkeiten geraten und etwas wirklich »Schlechtes« tun. Gelingt ihnen das, werden sie bestraft – mit ***negativem Streicheln****. »Anerkennung« in dieser negativen Form sagt dem Kind, daß die Leute wenigstens so viel Interesse haben, daß sie es ausschimpfen. Ein negatives Streicheln sagt dem Individuum, daß es existiert. Es ist besser, als gar nicht gestreichelt zu werden. (Tatsächlich ist negatives Streicheln weit besser als gar kein Streicheln. Das ist auch der Grund dafür, warum viele Kinder solche Mühen auf sich nehmen, es zu erlangen.)

Solche Situationen kommen im Leben eines jeden Kindes vor. Aber für manche Kinder ist es unter Umständen die einzige Möglichkeit, jemals bemerkt zu werden. Für sie gibt es keinen anderen Weg. Die Eltern haben sie merken lassen, daß es für keine Sache positives Streicheln gibt. Wenn Kinder dieses Streichelverhalten als gültig fürs Leben betrachten, dann sind sie bald auf der Suche nach größerem und besserem Streicheln. Es ist nur noch eine Frage der Zeit, bis sie anfangen, Radkappen zu klauen, dann Motorräder, und dann – und schon sitzen sie in der Patsche.

Praktische Folgerungen aus dem Streichelprinzip

Jedes Individuum ist ständig auf der Suche nach dem physischen Streicheln, das ihm kurz nach der Geburt entzogen wurde. Das Bedürfnis nach Anerkennung oder psychologischem Streicheln beherrscht unser Leben als Kind. Die Form des Streichelns, die wir als Ersatz zu akzeptieren lernen, ist vorbestimmt. Trotzdem ist es die gleiche Art, die auch unseren Eltern vertraut ist, die Art, die sie uns geben können.**

---

* Negatives Streicheln kann, ebenso wie positives Streicheln, bedingt sein (ich ohrfeige dich, wenn du das nochmal tust) und bedingungslos (ohne Grund gegebene Ohrfeige, eine Beleidigung, ein Schlag oder ein Arrest). Für das vorliegende Buch ist diese Unterscheidung jedoch ohne Belang, da ein Leben voll negativen Streichelns unweigerlich einen Kriminellen hervorbringt.

** Am häufigsten ist wohl der Fall, daß Eltern verschiedene Streichelformen verwenden, je nachdem wie die Situation ist oder wie sie sich fühlen. (Für bedingungsloses Streicheln muß man sich gut fühlen.) Die meisten heranwachsenden Jugendlichen erhalten in ihrem Leben mehr als nur eine Streichelart, dennoch wird eine Art besonders überwiegen.

Die Streichelart, die wir erhalten, bestimmt die Verhaltensmuster, nach denen wir unser Leben einrichten. Diese Verhaltensmuster gehen uns so in Fleisch und Blut über, daß wir ihr Vorhandensein kaum noch bemerken. Den Aspekt des Lebens, den sie uns vermitteln, halten wir dann für das eigentliche Leben.

Man muß erkennen, daß diese Verhaltensmuster von unseren frühesten, nie in Frage gestellten Eltern-Ich-Informationen stammen. Sie gehören zu unseren ersten Aufzeichnungen darüber, wie das Leben wirklich ist: Ich muß etwas leisten, um anerkannt zu werden. Oder: Ich muß mich anpassen und Streit vermeiden, um (auch weiterhin) akzeptiert zu werden.

Wer einen Blick dafür hat, kann diese Muster tagtäglich im Leben beobachten. Im Berufsleben beherrschen sie viele unserer täglichen Betätigungen. Viele Verhaltensmuster sind offensichtlich unrealistisch und behindern uns nur. Einige sind äußerst trügerisch, wie z. B. die des leistungsorientierten Menschen. Ein solcher Mensch kann zwar im Beruf unter bestimmten Voraussetzungen gute Arbeit leisten (z. B. kann er in einem bestimmten Fachgebiet, in dem er allein arbeiten kann, großes Geschick entwickeln). Er kann ein ausgezeichneter Jurist oder Verkäufer werden; seine Leistungen können seine grundlegende Unfähigkeit, andere Menschen zu verstehen, überdecken (was nicht ausschließt, daß er sie manipulieren kann); er ist jedoch nicht fähig, objektive Entscheidungen zu treffen. Ist er Führungskraft, bleibt seiner Firma sein Unvermögen vielleicht immer verborgen – bis er eines Tages sehr viel Macht hat und plötzlich Riesenirrtümer begeht. Sind diese Verhaltensmuster erst einmal erkannt, fordert uns das geradezu dazu heraus, neue Techniken zu entwickeln, um mit ihnen fertig zu werden. Die aufregendste Erkenntnis war vielleicht, daß der Mensch in der Lage ist, sich zu ändern. Die meisten von uns sind zwar davon überzeugt, daß die archaischen Vorstellungen, die sie in ihrem Eltern-Ich mit sich herumtragen, ihre eigenen wohlüberlegten Ansichten sind, daß die Art, wie wir unser Streicheln bekommen die einzig mögliche ist, aber trotzdem steht fest, daß wir *nicht* unser ganzes Leben hindurch von der Vergangenheit gebrandmarkt sein müssen. Obwohl wir unsere Aufzeichnungen lebenslang behalten, können wir veraltete Aufzeichnungen, die uns nutzlos oder für die Gegenwart ungeeignet erscheinen, einfach abschalten.*

Wir können uns im wahrsten Sinne des Wortes neu programmieren. Wir können lernen, uns selbst zu beobachten und darauf zu achten, was wir tun, um uns selbst zu streicheln. Wir können auch beobachten, was wir tun, um von anderen gestreichelt zu werden. Und wenn wir das Gefühl haben, es könnte unseren neuen Zukunftswünschen entsprechen, können wir bewußt Zeit darauf verwenden, uns auf eine andere Art zu streicheln, als es unserem bisherigen Streichelverhalten entsprach.

Wer z. B. für Aufsicht und Anleitung anderer Menschen verantwortlich ist, kann bewußt lernen, auf positives, bedingungsloses Streicheln zu achten und außerdem bedingtes Streicheln für gute Leistungen zu geben. Wir können bewußt negatives Sttreicheln vermeiden.

---

* Wie man das für sich selbst erreicht, steht in Kap. 6 und 7. Wie man anderen hilft, das zu erreichen, steht in Kap. 9 und 10.

KAPITEL 3

Wie man ein Fachmann wird

Die Entstehung unserer ersten Ansichten über uns selbst – Der Begriff der Lebensanschauung

Von all den Aspekten der frühen Kindheit, die unser späteres Leben beeinflussen, ist keiner so bedeutend wie die erste Meinung, die wir uns von uns selbst und von den anderen um uns herum bilden. Diese Meinung wird weitgehend bestimmt durch die Art des Streichelns, die wir zuerst erhalten und durch die, die wir anderen geben lernen. Sie ist weitaus stärker als die sonstigen Meinungen, die wir uns später bilden. Sie ist ihrer Natur nach eine feste, unreflektierende und nicht veränderbare emotionale Einstellung. Forschungen über das Verhalten von Säuglingen haben ergeben, daß das Verständnis der Zusammenhänge von Ereignissen – von Ursache und Wirkung z. B. – in den ersten Lebensmonaten erwacht und gegen Ende des zweiten Lebensjahres voll entwickelt ist. Harris sagt: »Ich glaube, daß dieser Gleichgewichtszustand, der sich gegen Ende des zweiten oder während des dritten Lebensjahres zeigt, das Ergebnis der Schlußfolgerung ist, die das Kind über sich selbst und andere zieht: seine *Lebensanschauung*.«[1]

Der Transaktions-Analytiker unterscheidet vier solcher Lebensanschauungen:

Ich bin nicht o.k. – Du bist o.k.
Ich bin nicht o.k. – Du bist nicht o.k. (Keiner von uns ist o.k.)
Ich bin o.k. – Du bist nicht o.k.
Ich bin o.k. – Du bist o.k. (wir sind es beide)

Die erste Lebensanschauung »Ich bin nicht o.k. – Du bist o.k.“ scheint die häufigste zu sein. Sie ergibt sich, wenn der junge Mensch all die entmutigenden Sachen, die er über sich hört, als Wahrheit aufzeichnet: »Du bist schlampig«; »Du bist faul«; »Du bist zu langsam«; »Du machst nichts richtig.«*

Diese Äußerungen werden oft noch verstärkt durch die Art und Weise, wie die Leute ihn behandeln. Sind diese Daten einmal aufgezeichnet, dann folgert das Kind: »Ich bin faul«; »Ich bin zu langsam«; »Ich mache nichts richtig.« Und wenn es nicht vorher so gewesen ist, dann wird es bestimmt bald so werden.

Als ob das nicht genug wäre, bestätigt sich für viele Kinder diese depressive Selbsteinschätzung durch ihre eigenen, unabhängigen Beobachtungen der Umwelt. Bis zum zweiten Lebensjahr unterstützen alle Daten, die es über sich aufgenommen hat, die Folgerung, daß es einfach »nicht o.k.« ist. Es ist über die eigenen Füße gestolpert, hat sich überall mit Milch bekleckert, seine Schuhe verkehrt herum angezogen und seine Nase mit dem Löffel angeschlagen. Zu oft gibt es (in seiner Vorstellung) keine Möglichkeit, etwas richtig zu machen. Die Meinung wird noch bestätigt durch all die »Neins« und »Das darfst du nicht«, die es zu hören bekommt, und auch durch den sich selbst zugefügten Schmerz, wenn es über Dinge stolpert, hinfällt und sich verletzt.

Während der junge Mensch all diese »Nicht o.k.«-Daten über sich aufnimmt, registriert er auch die damit verbundenen Gefühle, wie Angst, Enttäuschung und Unzulänglichkeit. Diese Gefühle sind auch in seinem »Nicht-o.k.-Kindheits-Ich« aufgezeichnet. Wenn die gleiche Person später im Leben so handelt, als ob sie einer Sache (welcher auch immer) unfähig sei, können wir sicher sein, daß sie die Aufzeichnungen ihres Nicht-o.k.-Kindheits-Ich abspielt, daß sie *in* ihrem Nicht-o.k.-Kindheits-Ich ist.

Glücklicherweise wird für das Kind im Normalfall die Folgerung, daß es nicht o.k. ist, dadurch gemildert, daß seine Eltern es lieben, trösten und streicheln. Das Kind hält seine Eltern, von deren Gnade es abhängt, und alle anderen Erwachsenen um sich herum, für äußerst fähig, all die Dinge zu tun, die es selbst nicht kann (sie sind diejenigen, die ihn immer verbessern). Es gelangt typischerweise zu der Auffassung, daß sie o.k. sind. So setzt sich bei ihm die Anschauung fest: »Ich bin nicht o.k. – Du bist o.k.«

Diese Lebensanschauung scheint nicht nur die erste zu sein, die die

* Alles negatives Streicheln.

meisten Kinder erlangen, sondern auch die, die die *meisten Leute ihr Leben lang beibehalten.* Für einen Zweijährigen ist es eine vernünftige Anschauung. Für ihn kann eine solche Entscheidung das Ergebnis seiner Lebensbeobachtungen sein. Für einen Dreißigjährigen ist diese Haltung nur noch eine sinnlose Bürde. Das Schlimme daran ist, daß die meisten die erste Selbstbeurteilung nie mehr überdenken. Sie sind zu diesem Ergebnis gekommen und bleiben dabei – ihr Leben lang.

Manche Kinder überdenken jedoch die Sache nochmals und ändern schließlich ihre Aufassung: »Ich bin nicht o.k. – Du bist o.k.« Das geschieht gewöhnlich, wenn die Informationen, die ein Kind beim Heranwachsen erhält, sich wesentlich von den früher erhaltenen Daten unterscheiden. Sie können die Einstellung verbessern, aber auch verschlimmern. Ein schlimmer Moment für das Kind ist, wenn es nicht mehr gestreichelt wird. Das ist gewöhnlich der Fall, wenn es laufen lernt und nicht mehr hochgenommen werden muß. Man überläßt es sich selbst, und seine Mutter, die sich anderen Dingen zuwendet, läßt es im Stich. Oder seine Mutter ist eine gefühlskalte Person, die nicht gern streichelt. Wenn ein solcher Zustand des Verlassenseins unverändert ein Jahr oder länger anhält, folgert das kleine Kind – in seiner Einsamkeit und Verzweiflung –, daß die anderen Leute nicht so o.k. sind, wie es gedacht hatte. Tatsächlich sind sie nicht o.k., denn schließlich streicheln sie nicht. Das kann für ihn dann die zweite Lebensanschauung sein: »Ich bin nicht o.k. – Du bist nicht o.k.« *Niemand* ist o.k. (Und alles, was wir tun, ist sinnlos.) Diese Anschauung kann letzten Endes zum Selbstmord führen, denn unter solchen Umständen ist das Leben kaum lebenswert.

Die dritte Lebensanschauung: »Ich bin o.k. – Du bist nicht o.k.« entsteht durch starke, traumatische Lebenserfahrungen, entweder physischer oder psychischer Art, die den kleinen Menschen dazu bringen, seine vorangehende Haltung ins Gegenteil zu verkehren. Harris sagt: »Ein Kind, das lange genug terrorisiert worden ist von seinen Eltern, die es doch anfänglich für o.k. gehalten hat, wird zu der dritten, der kriminellen Lebensanschauung übergehen: »Ich bin o.k. – du bist nicht o.k. ...« Es ist, als empfände das Kind: »Mit mir kommt alles in Ordnung, wenn ihr mich nur in Ruhe laßt. Allein für mich bin ich o.k. ... Ein solcher Mensch hat Brutalität erfahren, doch hat er auch erfahren, daß er überlebt. Was einmal geschah, kann wieder geschehen.

Ich habe überlebt. Ich werde überleben ... Für dieses Kind ist (seine) Anschauung eine lebensrettende Entscheidung.«[2]

Wenn eine Lebensanschauung unter solchen Umständen, als Resultat des schlimmsten negativen Streichelns, nämlich Tritten und Schlägen, erlangt wurde, dann kann sie (je nach Beschaffenheit der Eltern-Ich-Daten oder dem Interesse der Selbsterhaltung) leicht zur kriminellen Einstellung werden. (Wenn andere Leute nicht o.k. sind, dann kann man sie ruhig bestehlen oder töten.) Es ist außerdem eine schizophrene Anschauung. (Ich habe recht, und die übrige Welt hat unrecht. Ich habe recht, und die übrige Welt ist gegen mich.)

Die vierte Lebensanschauung: »Ich bin o.k. – Du bist o.k.« ist die einzig konstruktive Einstellung. Der Heranwachsende kann sie fast automatisch erlangen, wenn er unter bestimmten idealen Verhältnissen aufwächst: wenn er immer positives, bedingungsloses Streicheln erhält und bedingtes Streicheln, wenn es sich seinem Alter entsprechend entwickelt (wenn er lernt, zu laufen, zu sprechen, Wörter richtig auszusprechen, etc.). Diese Idealverhältnisse gibt es jedoch nur selten für ein Kind. Aber selbst wenn sie nicht vorhanden sind, kann ein junger Mensch zu der Einstellung: »Ich bin o.k. – Du bist o.k." gelangen: als Ergebnis einer *bewußten* Entscheidung, die er nach seiner ersten Entscheidung (»Ich bin nicht o.k. – Du bist o.k.«) trifft. Er kann sein eigenes O.K.-Sein neu beurteilen, z. B. wenn er wiederholt Situationen ausgesetzt ist, in denen er sich beweisen kann, daß er *doch* o.k. ist, daß er etwas richtig macht, daß ihm etwas gelingt. Wenn diese Informationen schwerer wiegen als seine früheren Daten, kann bereits der kleine Mensch seine Lebensanschauung ändern. Er kann sich entschließen: „Ich hatte unrecht. Siehe da! Ich bin o.k.!"

Es gibt eine Art des bedingten Streichelns, die es dem jungen Menschen erleichtert, später im Geschäftsleben erfolgreich zu sein. Er muß das Leben als andauernde Folge von Erfolgen und nicht von Mißerfolgen sehen. Er muß Aufgaben erhalten, die ihn fordern, aber dennoch nicht über den Rahmen seiner Fähigkeiten hinausgehen. Ist eine Aufgabe zu groß, dann läßt er sich vielleicht entmutigen. Es sei denn, sie wird in viele kleinere Aufgaben, mit überschaubaren Ausmaßen, und einem Ziel für jede Teilaufgabe, aufgeteilt. Zu viele Entmutigungen würden nur seine Nicht-o.k.-Gefühle bestätigen.

Für ein Kind kann z. B. Anziehen eine ungeheure Aufgabe sein.

Aber wenn es das Schritt für Schritt lernt – zuerst Schnürsenkel binden, Knöpfe zuknöpfen, Jacke anziehen – jedes einzeln, dann kann Anziehen als Serie von Erfolgen gesehen werden, anstatt als unüberwindbares Problem. Wichtig für das Kind ist, wie es sich selbst und seine Erfolgschancen einschätzt. Die Frage ist, ob man das, was es tut, als erfolgreich bezeichnet. Wenn es von sich glaubt, ziemlich oft Sachen »richtig« zu machen, und wenn die Erwachsenen seiner Umgebung die gleiche Empfindung widerspiegeln, dann wird es überzeugt sein, daß es tatsächlich o.k. ist und etwas zustande bringen kann.

Das sind also die vier grundlegenden Lebensanschauungen. Obwohl wir selbst jede davon schon kennengelernt haben – es gibt Zeiten, in denen wir uns alle nicht o.k. fühlen, und auch von den anderen nicht allzuviel halten –, neigt doch jeder von uns zu einer Grundanschauung, die bei ihm als Lebensanschauung *dominiert.* Zu dieser Anschauung kehren wir immer wieder in unserem Leben zurück. Sie übt eine große Macht über unser Leben aus und beeinflußt zu ungefähr 60 bis 70 Prozent unsere Tätigkeiten.

Es gibt noch eine weitere Möglichkeit. Sie hat zu tun mit der Art und Weise, in der die Mehrheit der Leute, die sich für nicht o.k. halten, typischerweise versucht, sich von der Bürde des Nicht-o.k. zu befreien. Der Prozeß beginnt, wenn das Kleinkind, das sich für nicht o.k. hält, erkennt: »Ich kann o.k. sein, wenn ...« Es lernt, daß es eine Art *bedingten* O.K.-Seins entwickeln kann, indem es auf verschiedenes bedingtes Streicheln reagiert. Es ist eine Formel, die vorübergehend Erleichterung verschafft. Für das leistungsorientierte Kind lautet die Formel: »Ich kann o.k. sein, wenn ich was leiste.« Für das anpassungsorientierte Kind heißt das: »Ich kann o.k. sein, wenn es mir gelingt, mich an meine Umgebung anzupassen« etc. Viele Leute, die sich für »Ich bin nicht o.k. – Du bist o.k.« entschieden haben, halten diese Möglichkeit für die einzige Alternative in ihrem Leben. Der große Nachteil dieser frühen Entscheidung ist jedoch, daß sich die Menschen nie wirklich für o.k. halten.

Eine andere Art, sich von der Bürde des Nicht-o.k. zu befreien, ist es, wenn das Kind ein *relatives* O.K.-Sein entwickelt: indem es beschließt: »Ich kann o.k. sein, wenn ich mehr o.k. bin als du.« (Das ist der Ursprung des beliebten Kinderspiels: »Meins ist besser als deins.«) Hat die kleine Person diese Entscheidung getroffen, dann ändert sie vielleicht ihre Lebensanschauung in eine weniger pathologische Form der (kriminellen) Position: »Ich bin o.k. – Du bist nicht o.k.« Wenn das passiert – mag es ein endgültiger Wechsel sein oder nicht –, scheint die Grundanschauung oft »Ich bin nicht o.k.« zu bleiben. Aber der Wechsel wird immer vorgenommen, wenn sich im späteren Leben eine Gelegenheit bietet, die Bürde des Nicht-o.k. zu erleichtern; und zwar immer wenn die Person denkt, sie habe halbwegs eine Chance, *jemand* anderen zu überzeugen, daß eben dieser *jemand* derjenige ist, der *wirklich* nicht o.k. ist: »Schau dich an, *du bist* nicht o.k.« (und deshalb geht es mir besser). Diese Einstellung ist ihrer Natur nach sehr wertend. Viele Richter, Anwälte, Minister und »Bosse« scheinen davon beherrscht zu werden. Es ist eine ziemlich elternhafte Einstellung. Jemand mit dieser Einstellung wird wahrscheinlich ein strenges Eltern-Ich entwickeln. »Ich bin o.k., *du* bist derjenige, der es nicht ist, deshalb tust du besser, was ich dir sage« (oder »Ich schicke dich ins Gefängnis« oder »Geh zum Teufel« oder »Ich schmeiß dich raus«).

Vor Bekanntwerden der Transaktions-Analyse schien es wenig Hoffnung zu geben, die (Grund-)Lebensanschauung jemals ändern zu können. Das hat sich jedoch in den letzten zehn Jahren grundlegend geändert. Einer der Eckpfeiler der Technik der Transaktions-Analyse ist der Glaube, daß *jede* der frühen Lebensanschauungen geändert werden kann – auf ähnliche Weise, wie wir sie ursprünglich erwarben – durch eine Entscheidung. Dieser Vorgang wird als Neu-Entscheidung bezeichnet: Die in der Originalentscheidung reflektierten Daten werden ins Bewußtsein gebracht, auf den neuesten Stand gebracht und eine neue Entscheidung getroffen! Viele der Techniken, die entwickelt wurden, um Patienten in klinischen Fällen zu helfen, können von jedem vernünftigen Vorgesetzten oder Manager soweit beherrscht werden, daß er in der Lage ist, seinen Angestellten zu helfen, ihr Nicht-o.k.-Gefühl in Geschäftssituationen zu überwinden.*

Kindheits-Ich-Entscheidungen, die unser späteres Leben beeinflussen

Bis jetzt haben wir gesehen, wie unser ganzes Leben von ungeprüft hingenommenen Eltern-Ich-Daten beherrscht werden kann – von Le-

* Mehr Einzelheiten hierüber in den Kapiteln 9 und 10.

bensanschauungen und Folgerungen, die wir uns in frühester Jugend, lange bevor wir wußten, was wir taten, angeeignet haben. Leider sind das nicht die einzigen Ursprünge negativer Kindheitseinflüsse. Oft trifft das Kind, wenn es heranwächst, weiterhin *bewußt* negative Entscheidungen, mit den gleichen verhängnisvollen Folgen für sein späteres Leben. Die bewußt getroffenen Entscheidungen haben manchmal noch direktere Auswirkungen auf seine Karriere im Geschäftsleben als die zuerst genannten.

Tony, sieben Jahre alt, ist äußerst empört über seine Mutter. Jedesmal wenn er selber eine Entscheidung traf – welche Schuhe er anziehen wollte, wie er sein Zimmer einrichten oder sein Taschengeld ausgeben wollte –, seine Mutter war immer anderer Meinung. Sie mischte sich immer ein, und er mußte es so machen, wie sie wollte; sie nahm nie Rücksicht auf ihn. An einem Sonntagmorgen kam Tony ganz stolz die Treppe herunter, fertig angezogen für den Sonntagsgottesdienst in einem neuen Anzug, den er gerade zum Geburtstag geschenkt bekommen hatte. Da stoppte ihn plötzlich seine Mutter.

»Tony!« schnauzte sie ihn an, »geh sofort rauf und zieh dich um! Den Anzug kannst du heute nicht anziehen. Ich habe deinen gewöhnlichen Sonntagsanzug für heute gebügelt. Der neue ist für Ostern!« Tony machte kehrt und rannte in stummer Wut die Treppe hinauf. »Was glaubt die, wer sie ist!« murrte er. »*Der* werd' ich's zeigen!« Er zog hastig seinen neuen Anzug aus und schmiß ihn auf den Boden. »Ich geb' mir *nie* mehr Mühe, selbst zu denken! Es lohnt sich nicht. Von jetzt ab, frag ich sie immer erst nach ihrer Meinung. Zum Teufel damit!« Das war der kritische Augenblick! Tony hatte, aus gutem Grund, beschlossen, nie mehr selbst zu denken. Es war eine Entscheidung, die er lange Zeit beibehalten sollte.

Tonys Fall ist nicht ungewöhnlich. Für Heranwachsende ist es typisch, schnelle und harte Entscheidungen über das Leben zu treffen, kaum daß sie begonnen haben, erwachsen zu werden. Viele dieser Entscheidungen trifft der Jugendliche ganz bewußt. Diesen Vorgang kann man bei Kindern vom sechsten oder siebten Lebensjahr an deutlich beobachten. Wie Berne sagt: »In dieser Zeit beginnt er, gewisse Kompromisse zu schließen, die sein Verhältnis zu anderen Menschen im späteren Leben beeinflussen werden. Das erfordert, daß Entscheidungen getroffen, Anschauungen eingenommen werden, die diese Entscheidungen rechtfertigen, und daß Einflüsse abgewehrt werden, die diese Anschauungen bedrohen könnten.«[3]

Der sechsjährige Christian war ein heller, kleiner Bursche. Er probierte ständig neue Ideen aus. Leider nahmen Christians Eltern und seine drei älteren Schwestern ihn nie richtig ernst. Sie lachten ihn immer aus und neckten ihn. Sie nannten ihn »albern« und »dumm«, und er fühlte sich unbehaglich. Eines Tages ging Christian auf dem Nachhauseweg von der Schule in eine Drogerie und kaufte für den Geburtstag seiner Lehrerin eine Flasche Parfüm. Sie kostete neununddreißig Cents. »Wie gut«, dachte Christian, »keiner wird auf die Idee kommen, ihr Parfüm zu schenken!« Als er mit seinem Geschenk in der Hand nach Hause kam, traf er seine beiden Schwestern draußen auf der Veranda. »Christian«, kicherte eine von ihnen, »was hast du denn da? Sieht aus wie Parfüm.« (Kichert wieder.)

»Das geht dich nichts an!« antwortete Christian und ging geradewegs in die Küche, wo seine Mutter das Abendessen vorbereitete.

Aber die Mädchen ließen sich nicht abschütteln. »Mutter«, rief eine ins Haus, »Christian hat sich Parfüm gekauft.« (Fröhliches Gelächter.) Seine Mutter drehte sich um und erblickte die Parfümflasche. »Christian, was tust du denn damit?« fragte sie. Christian dachte: »Sie lachen, weil sie nicht wissen, daß es für den Geburtstag meiner Lehrerin ist. Wenn ich es ihnen sage, werden sie aufhören zu lachen.« Stolz sagte er seiner Mutter: »Das schenke ich Fräulein Lachmann zum Geburtstag.«

Seine Mutter nahm ihm die Flasche ab, schaute auf das Preisschildchen mit neununddreißig Cents und brach in Gelächter aus. »O, Christian«, rief sie aus und konnte sich kaum halten, »das wird nicht langen!« Peng! Christians Welt schrumpfte zusammen wie ein Luftballon, aus dem man die Luft heraus ließ. Alles, was er hörte, war Gelächter. *Gelächter!* GELÄCHTER! Er rannte schluchzend in sein Zimmer. »Meinetwegen«, sagte er, und es klang endgültig, »sollen sie lachen. Das war das letzte Mal. Ich denke mir nie wieder irgend etwas aus.«

Das war's für Christian. Nie wieder würde er eine originelle Idee haben. Wenn er älter würde und zur Arbeit ginge, wäre er einer von denen, die nie zu etwas beitragen – weil er lange vorher gelernt hatte, daß es sich nicht auszahlt.

Viele Entscheidungen, die wir treffen, beruhen auf den »Nie-wieder«-Erfahrungen in unserer Kindheit. Sie entstehen, wenn die Empfindungen eines jungen Menschen über Gebühr strapaziert werden und er sich verzweifelt sagt: »Das war das letzte Mal!« Eine solche starrsinnig getroffene Entscheidung kann auf sein weiteres Leben ungeheuren Einfluß haben.

Der interessante Aspekt solcher Entscheidungen sind die Umstände, unter denen sie getroffen wurden. Berne sagt: »Wer eine Entscheidung erklärt, sollte gleichzeitig ihren Ursprung klären.«[4]

Für Tony wäre die Erklärung: »Ich treffe nie mehr selbst eine Entscheidung – weil Mami mir zu oft hineingeredet hat.« Für Christian: »Ich denke mir nie mehr etwas Originelles aus – weil ich zu oft ausgelacht wurde.«

Viele andere Erläuterungen sind tagtäglich zu beobachten:

> Ich sage nichts mehr – weil mir zu Hause nie jemand zuhörte.
> Ich bin nie mehr ehrlich – weil ich immer dafür bestraft wurde, wenn ich die Wahrheit sagte.
> Ich bin nicht mehr fleißig – weil ich nie dafür belohnt wurde.
> Ich riskiere keine Gefühle mehr (und statt dessen stecke ich meine ganze Energie in die Arbeit) – weil ich, wenn ich Gefühle riskierte, immer verletzt wurde.

Wenn sich jemand die Mühe macht, kann er gegenwärtige Schwierigkeiten bis zu der genauen Zeit und Stunde zurückverfolgen, als er, viele Jahre vorher, im Zustand der äußersten Verzweiflung, eine sehr wichtige Entscheidung traf. Obwohl man die damaligen Umstände nicht kennt, kann vieles aus dem gegenwärtigen Verhalten geschlossen werden.

Es gibt noch andere wichtige Entscheidungen, die als Kind getroffen werden. Wie die »Nie-wieder«-Entscheidungen werden sie klarer, wenn man sie in Verbindung mit ihrem Ursprung sieht. Wie z. B.:

> Das schaffe ich nicht (im Leben) – weil Mutter nicht will, daß ich sie verlasse.
> oder
> Ich kann nicht ich selbst sein – weil Vater will, daß ich (so wie) er bin.

Oft können solche Entscheidungen einem Menschen ernsthafte Schwierigkeiten bereiten. »Das schaffe ich nicht« ist z. B. eine Entscheidung, die dem jungen Menschen vom ängstlichen Kindheits-Ich in seiner Mutter (die nicht will, daß er sie verläßt, und ihn deshalb von seiner »Unzulänglichkeit« überzeugt) aufgezwungen wird. Diese Entscheidung gerät dann mit den Eltern-Ich-Daten von derselben Mutter, (»arbeite fleißig«) in Konflikt. So ein Mensch arbeitet vielleicht angestrengt sein ganzes Leben und hat doch nie Erfolg, ohne daß er wüßte, warum.

Es gibt noch andere Entscheidungen, die vielleicht weniger pathologisch, aber trotzdem von Bedeutung sind. Jeden Tag können wir Leute beobachten, die so sind:

Ich brauche keine Entscheidungen zu treffen – weil mir immer alles abgenommen wurde.

Die Welt dreht sich um *mich,* nicht um andere Leute – weil Mutter immer da war, wenn ich sie brauchte.

Ich bin für nichts verantwortlich – weil mein älterer Bruder immer schuld war.

Die Leute sollen immer tun, was ich sage – weil Mutter immer die anderen Kinder dazu brachte, mir zu gehorchen.

Wenn ich einmal eine Entscheidung treffe, dann bleibe ich dabei – weil ich nie meine Meinung ändern durfte.

Ich setze meinen Kopf immer durch, wenn ich nur lang genug auf etwas beharre – weil Daddy immer nachgegeben hat.

All diese Entscheidungen und noch viele andere mehr sind die Folgerungen aus der Lebenserfahrung eines jungen Menschen. Man kann sie fast als Verlängerung der Lebensanschauung betrachten. So wird z. B. jemand, der glaubt nicht o.k. zu sein, folgern, daß er nie Entscheidungen treffen kann und nie verantwortlich ist. Er folgert vielleicht *nicht,* daß sich die Welt um ihn dreht oder daß er immer seinen Willen bekommt (dazu ist er nicht o.k. genug).

Wie man die Menschen besser kennenlernt

Es gibt Möglichkeiten, jemanden besser kennenzulernen, und zwar indem man darauf achtet, wie er sein Streicheln bekommt, welches seine dominierende Lebensanschauung ist und welcher Art sein Eltern-Ich, Erwachsenen-Ich und Kindheits-Ich sind.*

Wie die Menschen ihr Streicheln bekommen

Die meisten Menschen suchen sich im Leben ihr Streicheln auf die gleiche Art, wie sie es als Kind taten. Auch ihr Selbststreicheln erfolgt genauso. Eine der nützlichsten Fragen ist also: »Was tut er, um sich selbst wohl zu fühlen?« Manche scheinen sehr wenig zu tun. Andere hingegen verbringen die meiste Zeit ihrer wachen Stunden damit, sich selbst zu beglückwünschen, sich selbst aufzubauen und nach Zustimmung, Aufmerksamkeit und Anerkennung zu suchen.

Herr Gruber, ein guter Verkäufer, pflegt jede Woche die jüngeren, weniger erfahrenen Verkäufer im Büro um sich zu versammeln, um ihnen die Einzelheiten seiner erfolgreichen Verkaufsabschlüsse zu erzählen. Wenn dann die bewundernden »Ohs« und »Ahs« seiner Zuhörerschaft kommen, sammelt er seine Streicheleinheiten. Gruber hat es sich so eingerichtet, daß die Bewunderung der jüngeren Verkäufer im Büro ihn davon überzeugt, daß er, zumindest zeitweise, o.k. ist. Es ist, als ob er noch ein Kind wäre, das glaubt nicht o.k. zu sein und nach Erleichterung dieser unerträglichen Bürde sucht. Für Gruber langt das Streicheln, um eine weitere Woche zufrieden arbeiten zu können. Ohne die Möglichkeit zu sagen: »Schaut, wie gut ich bin« und ohne die Antwort zu hören: »Mensch, du bist wirklich gut« – ohne das würde er in bodenlosen Trübsinn verfallen.

Herr Putz hingegen, der beste Verkäufer im Büro, hat Streicheln von anderen Leuten offenbar überhaupt nicht nötig. Sein Eltern-Ich befiehlt ihm, hart zu arbeiten, und er gehorcht pflichtschuldigst. Er ist nicht gesellig und scheint auch keine Gesellschaft zu benötigen. Er ist sich selbst genug und scheint all sein Streicheln von innen zu bekommen: von seinem eigenen Eltern-Ich. *Solange er hart arbeitet.* Arbeitet er nicht so hart, kann man ihn manchmal mit sich selbst

* Die später im Buch erörterten Mangement-Techniken beruhen hauptsächlich auf diesen Möglichkeiten.

herumnörgeln hören, geradeso als ob sein inneres Eltern-Ich auf sein Kindheits-Ich einschlagen würde. Putz ist ein Mensch, der nicht ruhen und rasten kann.

Auch Fräulein Siegl, die Chefsekretärin, ist leistungsorientiert. Wie Herr Putz braucht sie Streicheln vom Eltern-Ich. Aber ihr Eltern-Ich scheint nicht stark genug zu sein, deshalb ist sie auf Anerkennung von ihrem Chef angewiesen. Immer wenn er ihr ein Kompliment macht, ihre Arbeit lobt oder ihr sagt, wie wundervoll sie sei, dann strahlt sie vor Stolz und fühlt sich bester Laune. Wenn er sie jedoch tadelt, weil sie nicht ihr Bestes getan hat, dann fühlt sie sich beschämt und niedergeschlagen – genauso, als ob sie noch ein kleines Mädchen wäre. Ihre eigenen Gefühle sind die Reproduktion dessen, was ihr Chef von ihr denkt. Wie man sich vorstellen kann, versucht Fräulein Siegl wirklich alles zu tun, um ihn glücklich zu machen.

Fräulein Ebenbeck, eine der Verwaltungsangestellten, ist eine vierzigjährige, nicht verheiratete Frau, die als ständige Nörglerin bekannt ist. Nichts ist ihr »recht« im Leben, und ihre Hauptbeschäftigung ist es, die Leute dies wissen zu lassen. Sie läßt nicht locker, bevor nicht irgend jemand im Büro sagt, »Ach, Fräulein Ebenbeck, hören Sie doch endlich auf zu nörgeln!« Wenn sie ihr negatives Streicheln bekommen hat, ihre »Anerkennung« für diesen Tag, dann gibt sie bis Büroschluß Ruhe. Aber jeden Tag ist es dasselbe mit Fräulein Ebenbeck. Schon morgen fängt sie wieder damit an. Sie ist *sehr* unsicher.

Die anderen Leute im Büro bekommen ihr Streicheln noch auf andere Weise. Herr Springer, der Assistent des Abteilungsleiters, tut den Leuten gern mal einen Gefallen. Danach wartet er darauf, daß man Dankeschön sagt und ihn dafür lobt, daß er an alles denkt. Frau Maier, die Leiterin der Büroverwaltung, führt bei Abteilungsbesprechungen gern das Wort, so daß jeder weiß, sie hat ihre Arbeit getan. Herr Baasner, der neue Verkäufer, erzählt gern Witze, bringt jeden gern in gute Laune und paßt sich soweit wie möglich den anderen an.

Diese und noch viele andere Streichelverhalten kann man fast in jedem Büro beobachten. Sie zu verstehen kann sehr nützlich sein, besonders weil man beginnt, das kleine Kind in den Menschen zu sehen und die Umstände, die möglicherweise das gegenwärtige Verhaltensmuster ausgelöst haben. Die meisten Leute, die auf der Suche nach Streicheln sind, handeln, zumindest zeitweise, aus der Unsicherheit ihres Nicht-o.k.-Kindheits-Ichs heraus. Es ist, als ob sie zu verstehen geben wollten: »Sag mir, daß ich wirklich o.k. bin.«

Anhaltspunkte für die Lebensanschauung eines Menschen

Da die meisten Leute mit jeder der Grundanschauungen zu tun haben, und auch die dominierende Anschauung nicht die ganze Zeit vorherrscht, ist es oft schwierig, die Lebensanschauung exakt zu bestimmen. Trotzdem kann bereits das annähernde Gefühl dafür, »wo« jemand steht, sehr hilfreich sein. Zwei der wichtigsten Anhaltspunkte sind: Wie denkt die Person über sich selbst? (D. h. fühlt sie sich selbst o.k.?) Und wie denkt sie über andere? (Sind sie o.k. für sie?)

Als erstes sollte man fragen: »Kann jemand Komplimente natürlich entgegennehmen?« oder mindert er sie immer herab mit den Worten: »Ach, das kann jeder«, oder »Sei nicht albern, das war doch nichts Besonderes.« Oder wird er bei Komplimenten nervös, wechselt das Thema, sieht weg oder schaut auf den Boden? Oder macht er das Gegenteil, übertreibt und prahlt mit seiner Leistung? Im allgemeinen können Leute, die wirklich o.k. sind, ein Kompliment unverkrampft entgegennehmen, es zurückgeben oder unbefangen zu einem anderen Thema übergehen. Leute, die sich nicht o. k. fühlen, scheinen immer große Schwierigkeiten zu haben, ein gutes, ehrliches, positives Streicheln entgegenzunehmen. Sie müssen das Streicheln abstreiten oder es ignorieren, um die Unerschütterlichkeit ihrer Lebensanschauung aufrechtzuerhalten. Sie wissen, sie sind nicht o.k. Es hat keinen Sinn, noch mal von vorne anzufangen. Sie lassen einen höflich wissen, daß man unrecht hat.

Eine weitere gute Frage ist: »Kann er andere Leute streicheln?« Fällt es ihm leicht, Komplimente zu machen? (Echte Komplimente, d. h. keine übertriebenen, vom Nicht-o.k.-Kindheits-Ich vorgebrachten Komplimente wie »Ach, du kannst alles so gut!« was den verborgenen Hintersinn hat: »und ich bin so schrecklich!«) Kann er anderen Leuten zuhören, ihren Standpunkt akzeptieren, selbst wenn dieser sich wesentlich von dem seinen unterscheidet, und sie trotzdem streicheln? Oder wird er verkniffen, rechthaberisch und verschlossen und versucht, den anderen klarzumachen, daß sie nicht o.k. sind? Oder zieht er sich zurück, wird nicht o.k. und will nichts mehr mit ihnen zu tun haben? Kann er Leute respektvoll behandeln? Oder mißtraut er anderen und schätzt sie gering ein?

Im allgemeinen fällt es jemandem, der sich im Grunde nicht o. k. fühlt, schwer, andere zu streicheln. Da er Streicheln nicht *annehmen* kann, fällt es ihm auch äußerst schwer, andere zu streicheln. Er mag vielleicht glauben, daß andere o.k. sind. Da er es selbst (denkt er) nicht ist, wie kann er ihnen da Komplimente machen, respektvoll sein und *sie* offen akzeptieren, wo doch *er* derjenige ist, der verzweifelt versucht, anerkannt zu werden! Das andere Extrem sind Leute, die sich für »o.k.« halten, aber nicht glauben, daß andere es sind. Diese Leute haben es genauso schwer, andere Leute zu streicheln. (Ihrer Meinung nach streichelt man keine Leute, die es nicht wert sind.)

Andere Hinweise für die Lebensanschauung eines Menschen ergeben sich aus seiner äußerlichen Körperhaltung. Sieht er zuversichtlich, entspannt und gutgelaunt aus? Oder geht er vornübergebeugt, mit gesenktem Kopf und krummem Rücken? Oder geht er stolz umher, »aufgeblasen«, mit vorgestrecktem Kinn, als ob er Kampf suchte? Lächelt er leicht und oft? (Hier heißt es aufpassen. Äußere Anzeichen geben zwar gute Hinweise, aber oft bauen die Leute eine Fassade auf. Die besten Informationen erhält man, wenn jemand sich unbeobachtet glaubt.) Ist er ein verkrampfter, ängstlicher, nervöser Mensch? Ist er angespannt? Will er bei Konferenzen gehört werden und mischt sich immer ein, oder umgekehrt, ist er verschlossen? Ist er sicher oder unsicher? Worauf liegt die *Betonung* bei seiner Lebenseinstellung? Ist er entspannt und positiv, oder ist er negativ?

Ein weiterer guter Anhaltspunkt ist, *wie lange er eine Sache macht, um sich gut zu fühlen.* Hat er einen Tag ein Tief und am nächsten ein Hoch? Ist er jeden Augenblick anders, und ist er auf das angewiesen, was *passiert,* um zu wissen, ob er o.k. ist?

Wenn man einmal diese Dinge aufmerksam beobachtet, kann man leicht weitere Hinweise für sich selbst herausfinden. Das ist ein großer Schritt zum wirklichen Verständnis anderer Menschen. Man wird bald lernen, andere Menschen so zu streicheln, wie sie es wirklich wollen. Und man wird bald all die Möglichkeiten wahrnehmen, die man sonst ungenutzt ließ.

Wie man das Eltern-Ich, Erwachsenen-Ich und Kindheits-Ich in den Menschen erkennt

Den meisten fehlt die wirkliche Einsicht dafür, wie ihr Verhalten auf andere wirkt. Dabei enthüllt sich unser Eltern-Ich, Erwachsenen-Ich und Kindheits-Ich auf vielerlei, leicht erkennbare Weise. Wenn z. B. kleine Kinder das Spiel »Vater-Mutter-Kind« (ein Eltern-Ich-Spiel) spielen, dann ahmen sie das Stirnrunzeln, die strengen Blicke, die Gestik und Worte der »großen Leute« nach. Andere Hinweise für das Eltern-Ich sind der ausgestreckte Zeigefinger (»Du tust besser, was ich sage!«), vor der Brust verschränkte Arme (»Was glaubst du, was du da gerade machst!«), und resigniertes Seufzen (»Wie oft muß ich dir das noch sagen!«) Viele wertende* Worte weisen ebenfalls auf das Eltern-Ich hin, sofern sie automatische und archaische Antworten sind, die nicht durch eine Beurteilung des Erwachsenen-Ichs zustande kamen. (»Du sollst«, »Du müßtest«, »Das ist richtig«, »Das ist falsch«, etc.) Zu den typischen Eltern-Ich-Aktionen gehören z. B. moralisieren, sich um Leute kümmern, bemuttern, bestrafen, kritisieren, mitempfinden, beurteilen und Befehle erteilen. Alle Worte, die auf diese Tätigkeiten hindeuten, sind gute Anhaltspunkte.

Der beste Hinweis auf das Eltern-Ich ist jedoch der *Ton der Stimme.* Wenn jemand spricht, dann zeigt der Ton seiner Stimme (zusammen mit der Schnelligkeit seiner Antwort) oft an, daß er sich wie ein Elternteil vorkommt.**

Anhaltspunkte für das Kindheits-Ich sind ebenfalls nicht schwer erkennbar. Worte wie »Au wei!«, »Mensch!«, »Ich will«, »Ich möchte«, sind typisch für das Kindheits-Ich. Körperliche Anhaltspunkte für das Kindheits-Ich sind: Lächeln, Lachen, Weinen, Wutanfälle, Ärger und

---

* Eine typisch wertende Betätigung ist es, anderen Leuten die Schuld zuzuschieben, so daß wir selbst uns besser fühlen. Das ist ein häufiges Gesprächsmuster. (Mal darüber nachdenken!)

** Tatsächlich ist die Definition von Eltern-Ich und Kindheits-Ich in Kap. 2 (Die Ereignis- und Gefühls-Bänder, die wir in unserem Kopf haben) nicht ganz vollständig. Ein erfahrener Beobachter wird feststellen, daß die Bänder wirklich gemischt sind. Wenn wir in unserem Eltern-Ich sind, erwidern wir nicht nur, indem wir automatisch ein altes »Ereignis«-Band abspielen – wir *fühlen* auch oft so wie ein Elternteil – als ob wir erfahren hätten, wie Vater und Mutter einst fühlten.

Spaß haben und all die Dinge, die wir als Kind taten. Wir haben auch charakteristische Gesichtsausdrücke für diesen Ich-Zustand. Auch hier ist der Ton der Stimme der beste Hinweis.

Das Erwachsenen-Ich ist vom Gesichtsausdruck her schwieriger zu bestimmen. Es ist nicht, wie viele glauben mögen, völlig ausdruckslos (versteinert). Ein versteinertes Gesicht zeigt nur an, daß jemand entweder Schwierigkeiten mit den Gesichtsmuskeln hat oder nicht will, daß man weiß, was er denkt. Das Gesicht des Erwachsenen-Ichs ist offen und direkt dem Partner zugekehrt. Das Erwachsenen-Ich gestattet auch dem neugierigen, erregten Kindheits-Ich, sein Gesicht zu zeigen. Wenn jemand mit seinem Erwachsenen-Ich *zuhört,* kann man beobachten, wie er dabei unablässig Bewegungen macht, z. B. alle drei bis fünf Sekunden mit den Augen blinzelt. Das Gesicht des Erwachsenen-Ichs ist entspannt, aber aufmerksam. Sprachliche Hinweise für ein Erwachsenen-Ich sind Wendungen, die eine Möglichkeit ausdrücken, Worte wie »meiner Meinung nach«, »meines Erachtens«, »möglicherweise«, »wahrscheinlich«, und die »Tatsachen scheinen dafür zu sprechen«. Worte wie »nie« und »immer« werden vermieden. Gewöhnlich ist jemand in seinem Erwachsenen-Ich, wenn seine Datenverarbeitung funktioniert, wenn er Tatsacheninformationen austauscht, Fragen stellt, Probleme löst und Dinge rational erörtert.

Wichtiger als festzustellen, ob jemand in seinem Eltern-Ich, Erwachsenen-Ich oder Kindheits-Ich* ist, ist die Frage, ob man die damit verbundenen Informationen richtig auswerten kann. Besonders die Daten des Eltern-Ichs sowie die Art und Weise und die Situationen, in denen das Erwachsenen-Ich in Erscheinung tritt, oder die Art und Weise, wie das Kindheits-Ich spielen gelernt hat. Durch Verständnis dessen, was in Eltern-Ich, Erwachsenen-Ich und Kindheits-Ich enthalten ist, kann man auch erfahren, was *nicht* da ist. Das sind die Schlüsselanhaltspunkte zum Verständnis eines Menschen. Wenn man sie mit dem zusammenfügt, was man sonst über ihn weiß, kann man sich ein ziemlich gutes Bild von ihm machen. Daraufhin kann man

* Übrigens werden alle Anhaltspunkte der Welt keine 100prozentige Genauigkeit ergeben. Ein ärgerliches Eltern-Ich oder ein trotziges Kindheits-Ich sind besonders schwer zu unterscheiden. Aber ob man nun immer 100prozentig richtig liegt, ist nicht so wichtig. Eine gute Vermutung bringt einen auch weiter.

dann auch geeignete Techniken wählen, um besser mit ihm auszukommen.

Die Interpretation von Gesprächen des täglichen Lebens

In der Transaktions-Analyse wird jeder Austausch zwischen zwei Menschen »Transaktion« genannt. Da jeder von uns drei deutlich voneinander abgegrenzte Persönlichkeitselemente besitzt (Eltern-Ich, Erwachsenen-Ich, Kindheits-Ich), macht es großen Spaß und ist es überdies sehr nützlich, unsere Transaktionen zu analysieren; d. h. festzustellen, welcher »Teil« unserer Person (welcher Ich-Zustand) mit welchem »Teil« der anderen Person gerade spricht. Mit nur ein bißchen Übung kann das ein faszinierendes und erbauliches Unterfangen sein.

Herr Felber und Herr Bolz kamen beide um 14.50 Uhr vor dem Konferenzsaal an. Keiner kannte den anderen, aber beiden war klar, daß sie bis jetzt als einzige für die Besprechung um 15.00 Uhr erschienen waren. Sie betraten den Konferenzsaal und setzten sich an die gegenüberliegenden Seiten des großen Konferenztisches. Die Unterhaltung begann folgendermaßen:

Bolz: (Rutscht mit seinem Stuhl vom Tisch weg, verkriecht sich mit einem angewiderten Gesicht in den Stuhl. Sein Blick kreuzt für kurze Zeit Felbers Blick. Dann sieht er auf seine Armbanduhr. Er schüttelt den Kopf und seufzt bekümmert.)

Felber: (Schüttelt ebenfalls den Kopf. Sieht auf die Wanduhr, die jetzt 14.55 Uhr anzeigt, und rutscht mit seinem Stuhl zurück.)

Bolz: Noch nie in meinem Leben war ich auf einer Besprechung, die pünktlich anfing.

Felber: Da haben wir ja mal wieder einen Mordsdusel.

Bolz: Das kann man wohl sagen.

Felber: Da weiß ich was Besseres, als hier herumzusitzen und meine Zeit zu vertrödeln.

Bolz: Man sollte meinen, daß sie wenigstens der Höflichkeit halber irgendwen herschicken.

Felber: Da haben Sie völlig recht.

Die Unterhaltung ging in diesem Stil weiter. Diese Transaktionen spielten sich zwischen Eltern-Ich und Eltern-Ich ab. Es wurden keine Informationen ausgetauscht. Felber und Bolz tadeln und schuldigen an, genauso wie sie es als Kind von älteren Leuten hörten. Das ist ein beliebter Zeitvertreib des Eltern-Ichs. Es endet gewöhnlich damit, daß man jemandem die Schuld gibt und feststellt, daß man nichts machen kann. Beide Teilnehmer können sich dann mit resignierender, wissender Miene zurücklehnen in dem guten Gefühl, daß das Thema gründlich besprochen wurde. Das ist ein sehr angenehmer Zeitvertreib und könnte noch endlos so weitergehen. Solche »angenehmen« Transaktionen werden *komplementär* genannt.

Wenn Bolz und Felber nicht fähig gewesen wären, auf einer Basis von Eltern-Ich zu Eltern-Ich miteinander zu reden, dann wäre die Unterhaltung wahrscheinlich viel weniger angenehm verlaufen. Als Bolz sagte: »Noch nie in meinem Leben war ich auf einer Besprechung, die pünktlich anfing«, hätte Felber eine Erwachsenen-Ich-Antwort geben können. Er hätte sagen können: »Im allgemeinen fangen die Besprechungen hier pünktlich an«, oder »Wir haben noch fünf Minuten Zeit«, oder »Ich nehme nicht oft an Sitzungen teil«, oder er hätte einfach lächeln können. Wenn er so reagiert hätte, wäre die Unterhaltung wahrscheinlich zu Ende gewesen, bevor sie noch richtig in Gang war.

Transaktionen zwischen Eltern-Ich und Eltern-Ich

Hier ein paar Beispiele für Eltern-Ich-Bemerkungen, die Eltern-Ich-Antworten hervorrufen sollen. Es sind auch mögliche Antworten des Erwachsenen-Ichs und des Kindheits-Ichs angegeben. Aber man erkennt gleich, daß die Eltern-Ich-Antworten die angenehmsten sind. Eine Antwort des Erwachsenen-Ichs oder Kindheits-Ichs hätte wahrscheinlich jede weitere Kommunikation sofort unterbrochen.

Zwei Angestellte reden über ihren neuen Boß: »Man sagt, er trinkt recht viel.«

ELTERN-ICH: »So was Ähnliches habe ich mir schon gedacht.«
Mögliche andere Antworten:
ERWACHSENEN-ICH: »Wirklich?«
KINDHEITS-ICH: »Das sagen wir gleich den anderen!«

Ein älterer Angestellter zu einem jüngeren:

»Das waren noch Zeiten, wo man damit *rechnen* konnte, jedes Jahr eine Gehaltserhöhung zu kriegen.«

ELTERN-ICH: »Die Zeiten sind für immer vorbei.«

Mögliche andere Antworten:

ERWACHSENEN-ICH: »Gehaltserhöhungen aufgrund von Produktionssteigerungen sind, glaube ich, realistischer.«

KINDHEITS-ICH: »Mensch, zu der Zeit hätte ich hier sein wollen.«

Büroangestellte, die sich über Kollegen unterhalten:

»Sie haben Helga und Walter hinter den Aktenschränken erwischt!«

ELTERN-ICH: »Hätten Sie das gedacht?«

Mögliche andere Antworten:

ERWACHSENEN-ICH: »Die haben sich offensichtlich häufig getroffen.«

KINDHEITS-ICH: »Der Glückliche!«

Zwei Werkstattleiter, die am Wasserkühltank Ergebnisse prüfen:

»Der arme Robert ist schon wieder versetzt worden.«

ELTERN-ICH: »Das passiert immer wieder mal.«

Mögliche andere Antworten:

ERWACHSENEN-ICH: »Ich weiß.«

KINDHEITS-ICH: »Ich kriege sein altes Büro!«

Die Telephonistin in der Vermittlung zu ihrer besten Freundin:

»Stell dir vor, sie haben den Sohn vom Chef eingestellt!«

ELTERN-ICH: »Natürlich, wie immer!«

Mögliche andere Antworten:

ERWACHSENEN-ICH: »Kann er was in seinem Fach?«

KINDHEITS-ICH: »Dem machen wir das Leben sauer.«

Reagiert jemand auf solche Bemerkungen anders, als der Sprechende (in diesem Fall das Eltern-Ich) beabsichtigt, dann hat der Sprecher einen anderen Teil der Persönlichkeit des Zuhörers gereizt (in diesem Fall das Eltern-Ich oder Kindheits-Ich). Die Transaktion wird dann Überkreuz-Transaktion genannt. Die Kommunikation wird dadurch meist unterbrochen.

Transaktionen von Erwachsenen-Ich zu Erwachsenen-Ich

Hier einige Beispiele für komplementäre Transaktionen von Erwachsenen-Ich zu Erwachsenen-Ich mit möglichen Antworten des Eltern-Ichs und Kindheits-Ichs:

Ein Abteilungsleiter zum anderen: »Ist der Bericht fertig?«
ERWACHSENEN-ICH: »Ja«.
Mögliche andere Antworten:
ELTERN-ICH: »Was für eine blöde Frage. Natürlich ist er fertig.«
KINDHEITS-ICH: »Laß mich in Ruhe.«

Zwei Geschäftsleute im Aufzug: »Wann ist die Besprechung?«
ERWACHSENEN-ICH: »Morgen um 13.30 Uhr.«
Mögliche andere Antworten:
ELTERN-ICH: »Um dieselbe Zeit wie immer. Das sollten Sie eigentlich wissen.«
KINDHEITS-ICH: »Fragen Sie nicht mich. Mir sagt nie einer was.«

Eine Sekretärin fragte ihren Chef: »Wo ist die Akte Angermann?«
ERWACHSENEN-ICH: »In der Schublade.«
Mögliche andere Antworten:
ELTERN-ICH: »Wenn Sie die Sachen dorthin täten, wo sie hingehören, wüßten Sie, wo sie sind.«
KINDHEITS-ICH: »Ich hoffe, im Papierkorb.«

Ein Ingenieur zum anderen: »Ich muß den Bericht noch heute abend fertigstellen.«
ERWACHSENEN-ICH: »In Ordnung.«
Mögliche andere Antworten:
ELTERN-ICH: »Mußt du immer bis zur letzten Minute warten?«
KINDHEITS-ICH: »Pech für dich. Wir feiern nämlich heute abend eine Party.«

Ein Verkäufer zum anderen (Das wird als Feststellung gesagt ohne besonderen Tonfall oder Gesichtsausdruck. Also nicht etwa gehässig, so daß aus der Bemerkung eine Wendung des Eltern-Ichs oder Kindheits-Ichs geworden wäre.): »Es wurde gerade eine neue Sekretärin eingestellt.«

ERWACHSENEN-ICH: »Wie heißt sie?«
Mögliche andere Antworten:
ELTERN-ICH: »Als ob sie nicht schon genügend Mädchen hätten.«
KINDHEITS-ICH: »Was hat sie für einen Busen?«

Eine der häufigsten Überkreuz-Transaktionen ergibt sich, wenn der Reiz vom Erwachsenen-Ich ausgeht und die Reaktion vom Eltern-Ich oder Kindheits-Ich kommt. Solche Überkreuz-Transaktionen enden meist damit, daß sich die Leute anschreien.

Transaktionen von Kindheits-Ich zu Kindheits-Ich

Ein Verkäufer, der eine Sekretärin von oben bis unten anschaut: »Wie wär's mit uns zwei heute abend?«

KINDHEITS-ICH: (den obersten Blusenknopf aufknöpfend) »Ab wann können Sie?«

Mögliche andere Antworten:
ELTERN-ICH: »Frecher Kerl!« (ihm eine Ohrfeige gebend)
ERWACHSENEN-ICH: »Nichts, tut mir leid.«

Zwei Verkäufer beim Mittagessen: »Ich schummle immer bei meiner Spesen-Abrechnung.«
KINDHEITS-ICH: »Ich auch!«
Mögliche andere Antworten:
ELTERN-ICH: »Das muß ich melden.«
ERWACHSENEN-ICH: »Wie machst du das?«

Eine Unruhe stiftende Sekretärin zur anderen: »Ich werde dich beim Chef verpetzen.«
KINDHEITS-ICH: »Mach's doch«!
Mögliche andere Antworten:
ELTERN-ICH: »So etwas würde ich nie tun!«
ERWACHSENEN-ICH: »Das wäre nicht sehr angenehm für dich.«

Zwei Verkaufsleiter, die auf einer Tagung miteinander schwatzen (schadenfroh): »Der Finck ist auf deinen Posten aus.«
KINDHEITS-ICH: »Wenn ich den erwische!«

Mögliche andere Antworten:
ELTERN-ICH: »So was soll man nicht über jemanden sagen!«
ERWACHSENEN-ICH: »Wieso glaubst du das?«

Ein junger Student zu seinem Freund (mit großer Begeisterung): »Susi trägt keinen BH!«
KINDHEITS-ICH: »Mensch, das wackelt!«
Mögliche andere Antworten:
ELTERN-ICH: »Schamlos«!
ERWACHSENEN-ICH: »Macht dir das was aus?«
Komplementäre Transaktionen gibt es nicht nur zwischen Eltern-Ich und Eltern-Ich, Erwachsenen-Ich und Erwachsenen-Ich, Kindheits-Ich und Kindheits-Ich. Eine Transaktion zwischen Eltern-Ich und Kindheits-Ich ist z. B. dann komplementär, wenn das Eltern-Ich einer Person A das Kindheits-Ich von Person B anspricht und wenn das Kindheits-Ich von B in der erwarteten kindhaften Weise antwortet. Diese Transaktionen kann man oft im Geschäftsleben beobachten. Eine solche Kommunikation kann endlos andauern.

Eine Angestellte zur anderen: »Du *verdienst* keine Gehaltserhöhung!«
KINDHEITS-ICH: »Ich weiß, ich mache nichts richtig.«
Mögliche andere Antworten:
ELTERN-ICH: »Hat Dich jemand gefragt?«
ERWACHSENEN-ICH: »Da kann ich Dir nicht recht geben.«

Ein rücksichtsloser Abteilungsleiter zum Untergebenen: »Ich möchte bessere Arbeit von Ihnen sehen!«
KINDHEITS-ICH: »Es tut mir leid, daß ich es nicht besser gemacht habe.«
Mögliche andere Antworten:
ELTERN-ICH: »Dann sperren Sie doch Ihre Augen auf.«
ERWACHSENEN-ICH: »Ich tue mein Bestes.«

Eine stets anklagende Sekretärin zu ihrer Freundin: »Aha, du bist ohne Erlaubnis gegangen!«
KINDHEITS-ICH: »Es tut mir so leid.«
Andere mögliche Antworten:
ELTERN-ICH: »Und was geht dich das an?«
ERWACHSENEN-ICH: »Ja.«

Der Chef mit dröhnender Stimme zum nächststehenden Angestellten: »Ich brauche sofort den Bericht!«

KINDHEITS-ICH: »Ich hole ihn gern für Sie.«

Andere mögliche Antworten:

ELTERN-ICH: »Dann holen Sie ihn sich selber. Sie haben zwei Füße!«

ERWACHSENEN-ICH: »Welchen Bericht meinen Sie?«

Ein Angestellter zum anderen mit moralisierender Stimme: »Mit Faulheit kommen Sie hier nicht viel weiter.«

KINDHEITS-ICH: »Ich weiß, ich werde mir mehr Mühe geben.«

Mögliche andere Antworten:

ELTERN-ICH: »Wer sind denn *Sie* schon.«

ERWACHSENEN-ICH: »Wo haben Sie denn das gehört?«

Im Geschäftsleben kann die Erkenntnis, auf welcher »Welle« eine Person gerade »sendet«, sehr zu einer angenehmen gegenseitigen Beziehung beitragen. Wer Geschicklichkeit darin entwickelt, komplementäre Transaktionen herzustellen, dem fällt es leichter, andere zu streicheln. Die verdeckte Botschaft solcher Transaktionen ist: »Ich glaube, daß du o.k. bist, auch wenn du mit deinem Eltern-Ich oder Kindheits-Ich sendest, weil ich genauso senden kann.« Man versteht den anderen. Man ist wie er. Er kann einem vertrauen.

Wer sich darüber bewußt ist, auf welcher Welle er selbst gerade sendet, kann auch leichter verhindern, daß ein anderer unversehens die komplementäre Transaktion unterbricht. Wenn man z. B. müde ist, wird eher das Eltern-Ich oder Kindheits-Ich angesprochen, als wenn man wach und aufmerksam ist. Wenn man müde ist, dann ist der Erwachsenen-Ich-Computer sozusagen erschöpft und arbeitet nicht mehr so gut wie sonst. Unter Druck kann auch die Hauptleitung des Computers blockiert sein. Man neigt dann dazu, automatisch mit Inhalten aus den Bändern von Eltern-Ich und Kindheits-Ich zu reagieren. Es spart uns eine Menge Ärger, wenn wir wissen, wann und wie das bei uns vorkommt. Wenn wir wissen, daß wir müde oder unter Druck sind, und wenn wir unser Eltern-Ich oder Kindheits-Ich *hören*, dann können wir die Verantwortung für unseren Anteil an der Überkreuz-Transaktion auf uns nehmen. Wir können dann etwas gegen diese endlose, zu nichts führende Diskussion unternehmen.

KAPITEL 4

Wie wir unsere Perspektive erweitern können

Was wir mit unserer Zeit anfangen

Wissen Sie, wie Sie Ihre Zeit strukturieren? Kennen Sie die Wirkung, die andere Leute darauf haben, wie Sie die Stunden des Tages ausfüllen? Wissen Sie, wann und wie man dazu neigt, sich von anderen Menschen zurückzuziehen oder sie von sich entfernt zu halten? Wissen Sie, wann Sie Leute daran hindern, Sie kennenzulernen, indem Sie »Spiele« spielen? Oder wann Sie aktiv sind und äußerste Aufmerksamkeit von einem anderen *verlangen?* Was auch immer Sie tun, sind Sie sich der Alternativen bewußt?

Wenn sich die Gewohnheiten einmal in uns festgesetzt haben, kann man leicht vergessen, daß wir noch andere Wahlmöglichkeiten haben. Wir sind uns oft nicht bewußt, was wir tun und warum wir es tun. Aber jeder von uns hat bevorzugte Arten, den Tag zu verbringen. Die Art und Weise, wie jemand das tut, kann mehr über ihn aussagen, als es auf den ersten Blick scheint.

Das Problem der Zeitstrukturierung stellt sich bereits, wenn wir klein sind und lernen müssen, unsere Tätigkeiten auf die Tätigkeiten der anderen abzustimmen. Das kann lange Zeit ein Problem sein. Im wesentlichen stellt sich die immer wiederkehrende Frage: »Wie komme ich am besten über den nächsten Augenblick (oder die nächste Stunde) hinweg?« Wann immer sich zwei Leute treffen, werden sie, wenn sie sich nicht bereits kennen, mit dieser Frage konfrontiert. Der Druck, sich zu entscheiden, wächst, bis man eine Entscheidung getroffen hat.* Wie jemand so schön sagte: »Ich konnte einfach nicht länger mit den

---

* Wie oft haben Sie jemanden neu kennengelernt und, nach mehrmaligen Anläufen, eine Unterhaltung zu beginnen, nichts mehr zu sagen gewußt? Ein bißchen peinlich, nicht wahr? Besonders wenn man sich nicht einfach umdrehen und weglaufen kann.

Händen in der Hosentasche dastehen, von einem Fuß auf den anderen treten und nur auf den Boden blicken.« Wenn sich zwei Leute treffen, die sich bereits kennen, dann weichen sie typischerweise jedem prekären Gesprächsthema aus. Statt dessen wenden sie sich sofort einer Sache zu, von der sie wissen, daß sie darüber unbesorgt reden können. Sie erzählen sich, was passierte, als man sich das letzte Mal sah, und bringen alles Mögliche aufs Tapet, was sie noch gemeinsam haben. Von dieser Basis aus finden sie vielleicht neue gemeinsame Interessengebiete zur Anknüpfung komplementärer Transaktionen. Aber soweit wird es nicht kommen, wenn nicht vorher eine angenehme Basis geschaffen wurde, auf der sie aufbauen können.

Wie wir unsere Zeit strukturieren, wird dadurch festgelegt, wie wir solche Situationen handhaben, wenn wir klein sind. In gewisser Hinsicht entspringt unser Strukturhunger unserem ursprünglichen Streichelhunger. Da wir Streicheln benötigen, brauchen wir Leute, die uns das geben. Und weil wir Leute benötigen, müssen wir Möglichkeiten finden, mit ihnen auszukommen. Die Spannung, die aus dem Problem: »Was sage ich als nächstes?« in einer Gesellschaft entstehen kann, beruht auf dem Bedürfnis nach Streichelmöglichkeiten. Das wirkliche Problem in einer gesellschaftlichen Situation ist die Frage: »Was können diese anderen Personen und ich tun, um uns beide so schnell wie möglich zu streicheln?«

Die Transaktions-Analyse unterscheidet sechs Arten der Zeitstrukturierung: Rückzug, Rituale, Aktivitäten, Zeitvertreib, Spiele und Intimität.* Hier ihre Bedeutungen.

Rückzug

Viele Leute gewöhnten sich daran, sich zurückzuziehen, als sie noch ganz jung waren. Z. B., wenn sie Erleichterung suchten vor den ständigen Forderungen der Erwachsenen um sie herum. (Wenn Mutter und Vater ständig Aufmerksamkeit fordern, hat ein junger Mensch oft das Bedürfnis, allein zu sein.) Oder sie fühlen sich in Gegenwart anderer

* Sexuelle Intimität, die das Wort »Intimität« oft bedeutet, ist nur eine Form der Intimität. Oft ist gerade diese Form am wenigsten die Intimität im Sinne der Transaktions-Analyse (z. B. wenn sie ein Spiel ist). Intimität in der Sprache der Transaktions-Analyse bedeutet »Offenheit« oder »Ehrlichkeit«.

Leute verlegen und vermeiden dieses Gefühl, indem sie für sich bleiben. Was auch immer der Grund sein mag – wenn jemand heranwächst und später die Entscheidung trifft, sich zurückzuziehen, dann handelt er entsprechend seinem alten Verhaltensmuster, sich *nicht mit Leuten zu befassen.* Er kann das tun, indem er sich entweder physisch von den Leuten entfernt (aufsteht und den Raum verläßt) oder durch Tagträumen. Das kann begleitet sein von den Worten »Laß mich allein«, oder »Ich möchte niemanden sehen«. Obwohl die »Zeit allein mit sich« für manche Menschen wichtig ist, gibt es doch Leute, die sich mehr zurückziehen als andere. Für jemanden, der Schwierigkeiten hat, mit Leuten umzugehen, ist es oft die *sicherste* Möglichkeit. Aber gleichzeitig beraubt er sich der Gelegenheit, von anderen gestreichelt zu werden, und sein Streichelbedürfnis ist sicher auch sein grundlegendstes menschliches Bedürfnis.

Rituale

Die Rituale ermöglichen es uns, einerseits den Leuten nicht zu nahe zu kommen und andererseits mit ihnen in begrenztem Maße Kontakt zu haben. Harris sagt: »Ein Ritual ist ein gesellschaftlich programmierter Gebrauch der Zeit, bei dem jeder bereit ist, das gleiche zu tun. Es bietet Sicherheit, es verlangt weder Bindungen noch Verwicklungen mit anderen Menschen, das Ergebnis ist vorhersehbar, und es kann angenehm sein, sofern man mit den anderen übereinstimmt oder das Richtige tut.«[1]

Jahrhundertelang wurden viele der bedeutendsten Rituale der Gesellschaft von Generation zu Generation weitergegeben. (Die Information geht vom Eltern-Ich der Mutter oder des Vaters direkt auf das Eltern-Ich-Band des Kindes über.) Kirchliche Rituale und Begräbnisrituale sind ein ausgezeichnetes Beispiel dafür. Jemand kann diesen Ritualen beiwohnen und »seine« Sache richtig machen, ohne auf die Leute in der nächsten Kirchenbank schauen zu müssen. Ebenso gibt es Grußrituale und Abschiedsrituale, bei denen jeder ziemlich genau im voraus weiß, was er zu sagen oder zu tun hat: »Hallo«, »Wie geht's«, Händeschütteln, Nicken; »Bis dann«, »War mir ein Vergnügen«, »Nett, Sie kennengelernt zu haben«, Händeschütteln, Nicken.

Ob eine Situation zum Ritual wird oder nicht, hängt im Geschäftsleben oft vom Eltern-Ich des Chefs (oder der mit einer Sache beauftragten Persönlichkeit) ab und von deren Bereitwilligkeit, den Traditionen der Firma zu folgen. In vielen Firmen werden Vorgänge wie Aufsichtsratssitzungen, Schulungsprogramme, Abteilungsbesprechungen (zur Festlegung von Produktionszielen, Vorlage von Rechenschaftsberichten, Verteilung von internen Bekanntmachungen, etc.) zum Ritual. Voraussetzung ist, daß diese Vorgänge immer stattfinden und daß sie vorher jeweils von einem Sachbearbeiter geplant werden.

Aktivitäten

Eine andere, sichere Methode der Zeitstrukturierung ist, etwas zu *tun*. Zigaretten anzünden, Rauchen, Drinks einschenken und ähnliche Aktivitäten gestatten uns, die Zeit auf gesellschaftlich anerkannte Weise auszufüllen, wenn andere Möglichkeiten nicht so vielversprechend erscheinen. Berne sagt: »Individuen, die mit Ritualen nicht zurechtkommen oder sich bei ihrer Anwendung ungeschickt anstellen, weichen manchmal auf Ersatzverfahren (Aktivitäten) aus. Man findet sie z. B. unter Leuten, die gern bereit sind, der Gastgeberin bei der Vorbereitung einer Party oder beim Servieren von Speisen und Getränken zu helfen.«[2] Wenn wir mit einer Aktivität beschäftigt sind, besteht gewöhnlich kein Bedürfnis nach Nähe zu einem anderen Menschen. Etwas zu finden, was man tun kann, ist auch eine gebräuchliche Methode, um die Angst des »was sage ich nun« zu vermindern. Aktivitäten können eine ausgezeichnete Ausrede sein, um jemandem nicht zu nahe kommen zu müssen, ohne ihn jedoch völlig von sich zu entfernen.

In der Geschäftswelt ist die üblichste Aktivität die *Arbeit*. Arbeit kann schöpferisch, produktiv und an sich und aus sich heraus befriedigend sein. Aber sie begrenzt das Bedürfnis, Transaktionen zu anderen zu entwickeln. Es kann vorkommen, daß zwei oder mehr Leute an einem Projekt eng zusammenarbeiten und sich trotzdem nie richtig kennenlernen, außer in bezug auf die vorliegende Arbeit. Viele Geschäftsleute lernen nur in den begrenzten Transaktionen miteinander umzugehen, die sich aus der gemeinsamen Arbeit entwickelt haben. Treffen sie dieselben Leute in einer anderen Umgebung wieder, dann sind sie

GRUNDKONFLIKT → INDIVIDUUM – BETRIEB

in Verlegenheit und wissen nicht, was sie mit ihnen anfangen sollen. Von Bedeutung ist auch, ob jemand – besonders wenn er hart arbeitet – die Arbeit dazu benutzt, sich von anderen zu entfernen und Intimität zu meiden. Er hat vielleicht viele gute Aufzeichnungen darüber, wie er arbeiten soll, aber sein Verhalten wirft die Frage auf, welches Geschick er bei anderen Methoden der Zeitstrukturierung besitzt.

Zeitvertreib

Herr Dietrich, Kundenberater für eine kleine Werbeagentur, stand in der Empfangshalle eines Bürogebäudes in der Innenstadt und wartete auf den Lift. Während er wartete, kam Herr Thurner hinzu, ein Buchhalter, den er flüchtig kannte und der offensichtlich auf den gleichen Lift wartete. Er nickte Herrn Thurner zu. Thurner nickte zurück. Dann schaute jeder weg, als ob er tief in Gedanken versunken wäre.

Es verging eine Minute des Schweigens, und der Lift war immer noch nicht da. Thurner begann, auf und ab zu gehen, immer noch in Gedanken. Aber Dietrich fühlte sich allmählich unbehaglich.

Dietrich brach das Schweigen. »Sieht aus, als ob es wieder wärmer würde.« »Ich glaube, der Winter ist bald vorbei«, antwortete Thurner. »Das erinnert mich an einen Winter vor ein paar Jahren. Wir hatten gerade unsere Skier weggestellt, als der dickste Schnee kam.« »Ach, Sie fahren Ski?«

Das Gespräch über Skifahren dauerte an, bis sie im 23. Stockwerk angelangt waren. Es war eine angenehme und entspannende Fahrt mit dem Lift.

Zeitvertreib ist, wie der Name schon sagt, eine angenehme Möglichkeit, sich mit Gesprächen die Zeit zu vertreiben. Wenn sich die Leute nicht kennen oder nur flüchtig miteinander bekannt sind, beschränkt sich der Zeitvertreib meist auf semirituelle Erörterungen von Allerweltsthemen wie z. B. Wetter, Tagesereignisse oder Familie (Ehefrau, Ehemann, Schwiegermutter etc.).

Ein gewandter Gesprächsteilnehmer benutzt diese Themen als Eröffnungszug, um die Beziehung aufrechtzuerhalten, bis die Unterhaltung auf vielversprechendere Zeitvertreib-Themen ausgedehnt werden kann. Zum Beispiel Themen wie »Daimler-Benz« (»Männergespräche« über Autos), »Küche« oder »Lebensmittel« (»Frauengespräche« über Kochen und Lebensmittelpreise), »Martini« (ich kenne eine bessere Mix-Methode) oder »Das ist die Gesellschaft, in der wir leben« (Moralisieren über die Gesellschaft oder über die Welt).

Wie Harris sagt: »Menschen, die sich nicht nach Belieben einem Zeitvertreib widmen können, sind gesellschaftlich nicht gewandt. Man kann Zeitvertreib als eine Art von gesellschaftlichem Versuchsballon betrachten, mit dem man auf ungefährliche Weise Informationen über neue Bekannte sucht.«[3] Während ein Zeitvertreib im Gange ist, können die Beteiligten die zukünftigen Möglichkeiten, mit anderen Spielern näher in Kontakt zu treten, abschätzen. Sie benutzen diese Informationen, um zu entscheiden, ob sie die Beziehung fortführen, erweitern oder beenden sollen. Die Fähigkeit eines Menschen, Leute kennenzulernen und neue Freunde zu gewinnen, wird außerordentlich von seiner Geschicklichkeit im Zeitvertreib beeinflußt.*

Der Dialog während eines Zeitvertreibs findet weitgehend zwischen Eltern-Ich und Eltern-Ich statt, obwohl einige echte Informationen gewöhnlich enthalten sein müssen, wenn die Beziehung erweitert werden soll. Viele Transaktionen im Geschäftsleben können als Zeitvertreib bezeichnet werden. Beispiele hierfür sind: »Es ist die Firma, in der wir arbeiten« (eine Abänderung des »Es ist die Gesellschaft, in der wir leben«), »Der Morgen danach« (die Nacht vorher!), »Wer hat gewonnen« (das letzte Fußballspiel), »Warum wird nicht« (dieses und jenes hier geändert), »Wenn er nicht wäre« (wäre ich viel besser dran), »Haben Sie schon gehört« (den neuesten Klatsch), »Was ist denn aus ... (dem alten Meier) geworden« und »Jemals in ... (Rom, Tokio, New York) gewesen?«

Spiele

Wenn die Möglichkeiten des Rituals und des Zeitvertreibs erschöpft sind, wenden sich Leute, die an einer Vertiefung der gegenseitigen Be-

* Ich kenne viele Verkäufer, denen diese Geschicklichkeit fehlt. Sie engen ihre Möglichkeiten wesentlich dadurch ein, daß sie auf ein paar ihnen bekannten Arten des Zeitvertreibs beharren und sich eisern weigern, neue dazuzulernen.

ziehung interessiert sind, gewöhnlich Spielen zu. So wie unser Zeitvertreib oft bestimmt, welche Leute wir kennenlernen, so beeinflussen die von uns gespielten Spiele den Verlauf unserer zukünftigen Beziehung zu diesen Leuten. Berne beschreibt den Wert von Spielen so: »Da im Alltagsleben die Gelegenheiten zu Intimerlebnissen (besonders wenn sie intensiv sind) für die meisten Leute aus psychologischen Gründen undenkbar sind, nehmen Spiele im seriösen gesellschaftlichen Leben einen sehr breiten Raum ein.«[4]

Ein Spiel im Sinne der Transaktions-Analyse ist eine Folge von Transaktionen mit bestimmtem Modellcharakter und einer Reihe von unausgesprochenen Regeln und Vorschriften. Das Wort Spiel wird hier jedoch nicht in seiner üblichen Bedeutung verwendet, insofern als es nicht notwendigerweise Vergnügen oder Spaß beinhalten muß. Spiele unterscheiden sich von anderen Transaktionen durch zwei Hauptfaktoren. Erstens handelt es sich hier um »verdeckte« Transaktionen (d. h. sie haben eine Bedeutung nach *außen hin* und eine *versteckte* Bedeutung), und zweitens haben Spiele immer einen *Nutzeffekt.* Der Nutzeffekt, der sich gewöhnlich in einem (guten oder schlechten) Gefühl ausdrückt, ist Ziel und Ende des Spiels.

Ferdinand, fünf Jahre alt, und Rainer, sechs Jahre alt, saßen am späten Nachmittag zusammen im Garten. Es wurde allmählich dunkel, und sie wurden müde. Den ganzen Nachmittag hatten sie mit ihren Lastwagen gespielt. Laden und Entladen. Laden und Entladen. Es hatte Spaß gemacht, aber trotzdem war es harte Arbeit.

Ferdinand lehnte sich zurück, um das gemeinsame Werk zu betrachten. Er war nicht nur müde und schmutzig, sondern auch allmählich hungrig. Er war auch niedergeschlagen, weil Rainer, der etwas größer und älter war als er, offensichtlich noch nicht so mitgenommen war.

Als Ferdinand so die Lage überdachte, fiel ihm auf, daß er, obwohl er sich im Augenblick nicht so wohl fühlte, *wirklich* einen schönen Kipper hatte. Er beschloß, Rainer darauf aufmerksam zu machen. »Mein Kipper ist schöner als deiner«, bemerkte er.

Rainer, der wußte, daß das zutraf, aber aus Ferdinands Bemerkung die unterschwellige Bedeutung heraushörte: *»Ich* bin besser als du« (und das tut mir gut), konnte das nicht unwidersprochen hinnehmen. »Nein, das ist er nicht!« antwortete er. Verblüfft durch einen solchen Mangel an Objektivität, fuhr Ferdinand fort: »Doch, ist er wohl!«

Die Unterhaltung ging weiter. »Nein, ist er nicht!« »Doch, ist er wohl!« »NEIN, IST ER NICHT!« Und an dieser Stelle schubst Rainer (wie zu erwarten war) Ferdinand in einen der Sandhaufen, und Ferdinand begann zu weinen. Das Spiel war beendet!

»Meins ist besser als deins« ist eines der ersten Spiele, die Kinder lernen. Man kann es in vielen Variationen hören:

»Mein Papi kann deinen Papi schlagen.«
»Mein Haus ist größer als deins.«
»Meine Puppe ist schöner als deine.«
»Meine Arbeit ist besser als deine.«

Kinder und Erwachsene fangen dieses Spiel oft an, wenn sie sich besonders schlecht fühlen. An der Oberfläche gesehen, scheint es ein Versuch zu sein, ein geringes Maß an relativem O.K.-Sein zu erreichen, aber in Wirklichkeit soll es die negative Einstellung des Spielurhebers bestätigen. Wenn das Spiel bis an seine Grenzen ausgespielt wird, dann bestätigt es dem Urheber letztlich immer, daß er nicht o.k. ist. Das ist sein wirklicher Nutzeffekt.

Frank Dietz und Hans Pfitzner, zwei Durchschnittsverkäufer, saßen eines Nachmittags im Büro und tranken Kaffee. Hans jammerte über seinen mangelnden Erfolg im Geschäft. Die Unterhaltung zwischen den beiden verlief ungefähr so:

Hans: Ich bringe es einfach zu nichts in diesem Geschäft. Jetzt mache ich das schon fünf Jahre und bin immer noch nicht besser dran als damals. Ich bin einfach nicht gut.

Frank: Warum versuchst du es nicht einmal mit Schulungskursen für Verkäufer. Da gibt es eine ganze Menge.

Hans: Ja, aber die kosten zuviel Geld. Das kann ich mir jetzt nicht leisten.

Frank: Warum kaufst du dir nicht wenigstens ein paar Bücher. Irgendwas kannst du sicher draus lernen.

Hans: Ja, aber aus Büchern konnte ich noch nie lernen. Ich bin ein lausiger Buchleser. Ich kann mich einfach nicht konzentrieren.

Frank: Du kennst doch Herrn Lange. Er ist wirklich der beste Verkäufer bei uns. Wenn du ihn fragst, nimmt er dich vielleicht auf ein paar Kundenbesuche mit. Dann kannst du sehen, wie *er* es macht.

Hans: Ja, aber das habe ich schon versucht. Was bei ihm wirkt, scheint bei mir nicht zu wirken. Ich bin eben ein anderer Typ.

Frank: Vielleicht könntest du bei deinen Gesprächen ein Tonbandgerät mitnehmen. Du könntest das Band dann hinterher abhören und rausfinden, was du falsch machst.

Hans: Ja, daran habe ich auch schon gedacht. Aber es wäre mir wirklich lästig und meinen Kunden könnte ich es auch nie erklären.

Frank: Ich weiß nur eins. Wenn du weniger Zeit damit verbringen würdest, darüber zu reden, und statt dessen mehr damit, etwas zu *tun*, dann wärst du *bestimmt* ein besserer Verkäufer.

Hans: Ja, aber ich arbeite schon, soviel ich kann. Ich werde leicht müde und nach der Arbeit bin ich fix und fertig.

Frank: Hans, um ehrlich zu sein, mit *deiner* Einstellung läßt du es wohl lieber bleiben. Hast du schon mal daran gedacht, was anderes zu probieren?

Hans: Ja, aber das ist ja gerade das Problem. Es gibt nichts anderes für mich. Ich kann einfach überhaupt nichts.

Das ist das typische Verkäuferdilemma. Hans Pfitzner beginnt damit, sich zu beklagen, daß er nicht gut verkauft und kommt zum Schluß zu der Erkenntnis, daß er überhaupt nichts kann. Jetzt kann er sich wirklich selbst leid tun.

Dieses Spiel »Warum nicht ... Ja, aber« ist typisch für alle Spiele. Es verfolgt ein offensichtliches Ziel (in diesem Fall ein Bedürfnis des Erwachsenen-Ichs nach Information und Hilfe) und den verborgenen Zweck (in diesem Fall Bestätigung des Kindheits-Ichs). Es hat auch einen Nutzeffekt – das Gefühl der Hoffnungslosigkeit. (Das Kindheits-Ich hat es sich wieder einmal bewiesen: Es ist einfach nicht o. k.) Wie bei allen Spielen brachte der Dialog, obwohl äußerlich auf der Ebene des Erwachsenen-Ichs geführt, nicht viel ein. Franks Ratschläge blieben unbeachtet.

Spiele sind immer programmiert. Auf jeden Schachzug des einen Spielers folgt die erwartete Transaktions-Reaktion, d. h. eine Antwort des anderen Spielers, die es dem ersten Spieler gestattet, sich herausgefordert oder so angesprochen zu fühlen, daß er immer noch weiter spielen kann. Ohne diese unbewußte Hilfe würde der erste Spieler oft in Verlegenheit geraten oder nicht mehr wissen, was er nun sagen soll. Um Spiele zu spielen, müssen beide Teilnehmer unbewußt alle Spielregeln kennen, und sie müssen einander bei der Weiterführung des Spiels unterstützen.*

Intimität

Unser Nicht-o. k.-Kindheits-Ich neigt dazu, Intimität zu vermeiden. Der Grund hierfür ist, daß Intimität eine Form der Zeitstrukturierung darstellt, die auf der Lebensanschauung »Ich bin o.k. – Du bist o.k.« beruht. Wenn beide Partner einer Transaktion diese Anschauung haben, dann ist eine defensive Zeitstrukturierung unnötig. Faktoren wie Spannung und Angst entfallen bei der Entscheidung, was als nächstes zu tun ist. Die gegenseitige Beziehung kann offen und ehrlich sein.

Menschen mit der Fähigkeit zur Intimität haben Mitgefühl und Verantwortungsbewußtsein für andere. Sie nehmen Anteil. Sie akzeptieren den anderen, so wie er ist. Sie behandeln andere als o.k., gleichgültig, wie diese Leute sich selbst sehen. Sie verspüren nicht das innere Bedürfnis, andere zu manipulieren, um ihre eigenen (verdeckten) Ziele zu erreichen. Sie setzen auch ihren Beziehungen zu anderen nicht dadurch Grenzen, daß sie Offenheit und Ehrlichkeit vermeiden.

Menschen mit der Fähigkeit zur Intimität sind nicht defensiv und nicht ständig damit beschäftigt, Schutzwälle um sich herum zu bauen. Sie sind bereit, sich emotional zu engagieren, auch wenn das mit einem Risiko verbunden ist. Sie fühlen sich gut, und wenn sie andere mit der gleichen Einstellung von »Ich bin o.k. – Du bist o.k.« treffen, dann können sie bedingungsfreie Beziehungen entwickeln, die auf gegenseitiger Achtung und aufrichtiger Intimität beruhen.

Viele Situationen im Geschäftsleben sind spielorientiert (Verkaufen, Werben, Verhandeln) und müssen auch im Interesse der Firma oft so sein. Trotzdem gibt es viele Situationen, in denen Spiele der Firma sehr zum Nachteil gereichen. Manchmal bewirkt der Mangel an Ich bin o. k. – Du bist o. k.-Beziehungen großen Schaden. Nehmen wir z. B. den unsicheren Vorgesetzten, der mit seinen Untergebenen »Wett-

---

* Obwohl der Wortlaut im einzelnen verschieden sein mag, kennen doch beide Spieler genau ihre Regeln.

bewerb« spielt. Er *konkurriert* mit ihnen (anstatt sie zu *führen)* und hindert sie so daran, sich selbst weiterzuentwickeln und reifer zu werden. Er hindert sie daran, so leistungsfähig zu werden, daß sie seinen eigenen Job gefährden. Mitunter kann er die Kreativität und persönliche Weiterentwicklung seiner Mitarbeiter so wirksam unterdrücken, daß schließlich der Fortbestand der Firma auf dem Spiel steht.

Oder denken wir an eine Aufsichtsratssitzung, bei der wichtige Entscheidungen über die Firmenpolitik getroffen werden sollen. Angenommen, die Aufsichtsratsmitglieder entwickeln anstelle einer Atmosphäre der Offenheit und Aufrichtigkeit, in der das Erwachsenen-Ich aller Beteiligten sich mit den Problemen befassen kann, eine Atmosphäre des Mißtrauens, in der das Kindheits-Ich eines jeden in Konkurrenzspiele mit anderen Mitgliedern oder in Beflissenheits-Spiele mit dem Vorsitzenden verwickelt ist. Das kann alles vorkommen! Und die wichtige Entscheidung über die Firmenpolitik, die der Aufsichtsrat eigentlich treffen wollte, wird weiter aufgeschoben.

Die geheimen Verträge, die wir unbewußt mit Leuten schließen

Jakob Turner, der energische Präsident einer kleinen Elektronikfirma, hatte gerade beschlossen, Josef Finner als Personalreferenten einzustellen. Nachdem beide die Einzelheiten des Einstellungsvertrages besprochen hatten, lehnte sich Turner in seinem tiefen Ledersessel bequem zurück, nahm einen langen Zug aus der Zigarre und sagte: »Herr Finner, in unserer Firma haben Sie eine gute Zukunft. Ich gebe mir immer große Mühe, bis ich den Richtigen für einen Job gefunden habe. Ist er einmal eingestellt, erwarte ich, daß er sein Bestes gibt.«

Josef Finner bewegt sich in seinem Stuhl. Er ist sich nicht ganz sicher, was diese Worte bedeuten sollen, aber er möchte einen guten Eindruck machen.

»Vielen Dank, Herr Turner. Ich werde es versuchen«, antwortet er. Turner nimmt die Zigarre aus dem Mund und deutet damit in die Luft. »Versuchen genügt bei uns nicht, Herr Finner. Ich will nur hundertprozentigen Einsatz sehen!«

Finner fühlt sich etwas unbehaglich, aber er möchte Turner zufriedenstellen. Er antwortet: »Ich weiß. Das habe ich auch gemeint. Hundertprozentiger Einsatz.«

Hier scheint Turner sich etwas zu entspannen, aber er starrt weiterhin auf Finner. »Gut. Es ist besser, Sie gewöhnen sich gleich daran. Man soll immer mit den richtigen Vorstellungen anfangen. Bei mir kommt die Firma an erster Stelle, und ich erwarte jederzeit vollen Einsatz. Verstehen Sie?«

»Natürlich«, antwortet Finner.

Jetzt beginnt Turner, zu lächeln, aber merkwürdigerweise, ohne dabei den Blick zu verändern. Seine Augen bleiben fest auf Finner gerichtet. »Ich kann Sie gut leiden, Herr Finner. Halten Sie die Ohren steif, vermeiden Sie Schwierigkeiten, und wir kommen prima miteinander aus.«

»Mach' ich, Herr Turner. Ich weiß diese Chance zu schätzen.« »Noch etwas. Wir möchten, daß alles so bleibt, wie es hier ist. Keine revolutionären Ideen also. Wenn Sie Probleme haben, kommen Sie direkt zu mir, klar?« »Ja, natürlich.« »Gut!« (Turner steht auf und gibt Finner einen Kugelschreiber, damit er den Vertrag unterschreiben kann.) Finner nimmt den Kugelschreiber, unterzeichnet und sagt: »Vielen Dank, ich hoffe, ich werde Ihren Erwartungen entsprechen.« Sie geben sich die Hand, und Finner verläßt den Raum.

Dieses Gespräch hat mehrere faszinierende Gesichtspunkte. An der Oberfläche scheint es ein Austausch von Fakten über die Art der Firmenführung zu sein. Aber in Wirklichkeit ist es viel mehr. Turner und Finner haben eine Vereinbarung getroffen, das stimmt; aber keines ihrer Worte hat etwas mit dem von ihnen unterzeichneten Einstellungsvertrag zu tun. Offiziell haben sie sich getroffen, um einen schriftlichen Vertrag zu unterzeichnen, in dem Gehalt, Kündigungszeit und allgemeine Einstellungsbedingungen festgelegt werden. Aber als sie sich zum Schluß die Hand gaben, hatte Finner sich auf mehr eingelassen, als er eigentlich wollte. Er hatte noch einem anderen Vertrag zugestimmt – einem Vertrag über die Beziehung von Turners Eltern-Ich und seinem eigenen anpassungsorientierten Kindheits-Ich. Nur darum hatte sich das Gespräch gedreht. Turners Eltern-Ich war sorgfältig darauf bedacht, Finner mit den Regeln dafür bekannt zu machen, wie die Dinge zwischen ihnen laufen sollten. Es lag an Finner, ob er diesen Vertrag annahm oder ablehnte. (In diesem Fall zeigte das Händeschütteln an, daß er angenommen hatte.)

Hinter dieser Geschichte verbirgt sich jedoch noch mehr. Es ist noch ein weiterer Vertrag mit im Spiel, nämlich der, der die Basis für ihre Vereinbarungen bildet. Es ist der »geheime« Vertrag zwischen Turners Kindheits-Ich und Finners Kindheits-Ich. Darin heißt es unter anderem: »Ich werde die Spielregeln einhalten.« Außerdem enthält der Vertrag die Bestimmung: »Ich werde weder unsere Vereinbarung ändern noch das Gleichgewicht unserer Beziehung stören.« Verletzt einer der beiden Spieler die Regeln oder beeinträchtigt er den Nutzeffekt des Spiels, dann ruft das Kindheits-Ich des anderen Spielers: »Foul!«

Fast immer, wenn sich zwei Personen an längeren Komplementär-Transaktionen beteiligen, kann man das Vorhandensein bestimmter Verträge voraussetzen. Zuerst gibt es den offiziellen Vertrag zwischen zwei Erwachsenen-Ichs. Das kann ein offizielles Dokument, wie z. B. ein Einstellungsvertrag, sein. In weniger strukturierten Situationen, wie etwa bei Spielen, kann es die stillschweigende Vereinbarung sein, daß man auf der gesellschaftlichen Ebene des Spiels höflich und zuvorkommend sein wird.

Als nächstes gibt es den Vertrag über Beziehungen. Dieser Vertrag wird zwischen Eltern-Ich, Erwachsenen-Ich oder Kindheits-Ich einer Person und dem Eltern-Ich, Erwachsenen-Ich oder Kindheits-Ich einer anderen Person getroffen. Seine Bedingungen sind nicht offen festgelegt. Sie werden gewöhnlich bestimmt durch die Art, wie die Transaktionen begannen, als sich die Leute kennenlernten. Der Vertrag enthält typischerweise auch die Einzelheiten des Spiels oder der Spiele, die die Teilnehmer in Zukunft miteinander spielen wollen.

Oft sind die für diese Spiele ausgewählten Rollen sehr starr festgelegt. Bei Turner und Finner z. B. spielt eine Person strenges Eltern-Ich und die andere anpassungswilliges Kindheits-Ich; darüber hinaus müssen keine anderen Rollen eingenommen werden. Manchmal ist das Rollenverständnis jedoch flexibel. Dieselbe Person kann, je nach der Situation, sowohl strenges Eltern-Ich sein (»Du sollst das jetzt holen!«) als auch gütiges, fürsorgliches Eltern-Ich (»Komm, setz dich zu mir und erzähl mir alles«). Das Kindheits-Ich des anderen Mitspielers kann entweder anpassungswillig (»ganz richtig«) oder verletzt (»die anderen werden bevorzugt«) oder auf andere Weise in einem typisch kindhaften Ich-Zustand sein.

Manchmal tauschen auch die Spieler die Rollen. Wenn zum Beispiel die Chefsekretärin, die normalerweise in ihrem Kindheits-Ich spielt, den Chef tröstet, wenn er sich schlecht fühlt. (Dann wird er zum Kind und sie zum fürsorglichen Elternteil.) Oder wenn sie ihn für sein Zuspätkommen tadelt oder ärgerlich auf ihn ist. (Dann wird sie zum strengen Elternteil.) Oft sind das vernünftige und praktische Abmachungen, die es den Leuten ermöglichen, die Zeit, die sie miteinander verbringen, angenehm zu strukturieren. Zu anderen Zeiten sind diese Abmachungen vielleicht nicht so angenehm, obwohl sie immer im Rahmen dessen bleiben, was dem Spieler vertraut ist. (Keiner könnte eine Rolle spielen, mit der er nicht in etwa vertraut ist.)

Verträge über Beziehungen sind, so häufig es sie auch geben mag, nur dann ernst zu nehmen, wenn sie von den verborgenen Verträgen zwischen zwei Kindheits-Ichs begleitet sind. Gerade im geheimen Vertrag sind die Hauptbestimmungen enthalten. Während der Vertrag über die Beziehungen festlebt, wie zwei Menschen miteinander umgehen, legt der geheime Vertrag fest, was passiert, wenn einer aus der Rolle fällt. Der erste enthält Richtlinien und der zweite die Strafen.

Man kann offizielle und geheime Verträge, die beide vom Kindheits-Ich der Spieler abgeschlossen wurden, zum Beispiel in den geheimen Aggressionskämpfen zwischen dem Kindheits-Ich zweier gleichrangiger Führungskräfte beobachten. Oft sind die Bedingungen dieser Verträge von der Firma festgelegt worden, mit einem dritten Vertragspartner – dem Eltern-Ich des Vorgesetzten.

Das große Problem mit geheimen Verträgen ist, daß sie mit Sicherheit keine echte Intimität aufkommen lassen. Die Beziehung von »Ich bin o.k. – Du bist o.k.« zwischen zwei Partnern wird unmöglich, weil die Geheimverträge, wie der Name sagt, mit einem geheimen Hintersinn verbunden sind. Sie werden nie offen dargelegt. Sie zwingen die Spieler, unaufrichtig miteinander zu sein.

Im Fall von Turner und Finner stimmte Finner zu, immer das zu sagen, was Turner hören wollte. (»Ja, natürlich. Hundertprozentiger Einsatz. Genau das meinte ich.«) Er muß sich fügen und letzten Endes auch lügen, um seinen Teil der Abmachung zu erfüllen. Turner seinerseits hat sich darauf eingestellt, von Finner keinerlei nützliche Information zu erhalten. Es ist ein Vertrag, der auf Angst beruht. (Finner ist nicht ehrlich mit Turner, weil er Angst hat, entlassen zu werden.

Turner fürchtet, daß die Firma zusammenbricht, wenn er mit Leuten wie Finner ehrlich ist.) Ihre Kindheits-Ichs, jedes in seinen eigenen Angstgefühlen gefangen, unterzeichnen schnell den geheimen Pakt.

Ein Geheimvertrag ist in jeder Beziehung eine Sackgasse. Keiner der beiden Spieler gewinnt. Wenn sie ihr Versteckspiel in Zusammenhang mit der Einstellung »Ich bin o.k. – Du bist nicht o.k.« weiterführen, können sie unter Umständen ihr Gleichgewicht wahren. Aber jeder von beiden weiß, daß es ein Betrugsmanöver ist. Bricht einer den Vertrag, dann ist das das Zeichen für das Spiel »Tumult«*. Das verletzte Kindheits-Ich bemerkt, daß es getäuscht worden ist, und sinnt auf Rache. Geheimverträge zwischen zwei Kindheits-Ichs sind auf immer zum Scheitern verurteilt.

Wie wir unserem Lebens-Drehbuch folgen

Es war ein schöner, sonniger Morgen, als Klaus Gilfert mit einer Stunde Verspätung in sein Büro ging. Er hatte in der Nacht zuvor nur ein paar Stunden geschlafen und mußte immer noch an die Ereignisse des gestrigen Abends denken. Er seufzte wehmütig, als er daran dachte. Es war ein anstrengender Abend, aber es hatte Spaß gemacht.

Er war nach Hause gekommen, hatte die Zeitung gelesen und wie gewöhnlich zu Abend gegessen. Seine Frau plauderte währenddessen über irgend etwas, an das er sich jetzt nicht mehr erinnern konnte. (Gilfert mag diese Art Geplauder nicht besonders.) Nach dem Abendessen hantierte er eine Weile im Haus herum und erledigte ein paar Arbeiten. So gegen acht Uhr kamen wie so oft ein paar Freunde bei ihm vorbei; sie hatten gepokert, Bier getrunken und bis in die frühen Morgenstunden über alte Zeiten geredet. Es war äußerst anregend gewesen. So machte das Leben Spaß! »Meine Freunde verstehen mich wirklich,« dachte Gilfert, als er am Schreibtisch seiner Sekretärin vorbeikam. »Wir haben wirklich eine Menge gemeinsam.« Aber an diesem Morgen mußte er büßen: Er fühlte sich ausgesprochen müde.

Erika, seine Sekretärin, lächelte, als er vorbeikam. Gilfert gelang es, sich ebenfalls ein schwaches Lächeln abzuringen. Erika sah heute wie-

---

* Siehe Kap. 5.

der recht hübsch aus, aber wie gewöhnlich bemerkte Gilfert es nicht. Er war in solchen Sachen ziemlich unaufmerksam.

»Guten Morgen, Herr Gilfert«, sagte sie freundlich. »Morgen, Erika«, antwortete er. »Was halten Sie von dem Bericht, den ich gestern für den Chef fertiggestellt habe?« »Großartig, Herr Gilfert. Wie immer ausgezeichnet.« Er lächelte innerlich ein befriedigtes Lächeln. Fräulein Erika brachte es immer fertig, daß er sich gut fühlte. Er blickte zu den anderen, um sich zu vergewissern, daß alle fleißig arbeiteten. Dann ging er weiter in sein Büro. Er war kaum eine Minute drin, als Fräulein Stöger, eine junge Büroangestellte, ihren Kopf zur Tür hereinsteckte und sagte: »Oh, Herr Gilfert, haben Sie aber heute eine schöne Krawatte an!«

»Guten Morgen, Fräulein Stöger«, antwortete er, ohne aufzublikken. Gilfert wartete einen Augenblick, bis Fräulein Stöger wieder gegangen war und rief dann zur Tür hinaus: »Erika, achten Sie doch, bitte, darauf, daß ich heute morgen nicht mehr gestört werde. Ich habe zu arbeiten.«

Jetzt konnte er sich wieder entspannen. Er setzte sich und lehnte sich im Stuhl zurück. Er hatte zwar keine Arbeit, aber an diesem Morgen konnte er mit niemandem reden. Seine Gedanken schweiften ab. Plötzlich wurde die Stille durch das Schrillen des Telefons unterbrochen. Es war sein Chef. »Herr Gilfert, der Bericht, den Sie mir gestern gegeben haben, muß noch einmal überarbeitet werden.«

Einen Augenblick lang war Gilfert verdutzt. Er hatte den Bericht gestern nachmittag nochmals durchgelesen und ihn ganz ordentlich gefunden. Auch Erika hatte noch vor fünf Minuten gesagt, er sei gut. »Ja«, antwortete er gehorsam. »Haben Sie irgendwelche bestimmten Vorschläge?«

»Versuchen Sie, mehr Statistiken einzubauen und das Ganze etwas zu straffen. Herr Gilfert, ich bin sehr erstaunt, daß Sie mir einen halbfertigen Bericht abliefern.«

»Ja, ich werde mich gleich dransetzen«, antwortete Gilfert und legte schnell den Hörer auf. »Das fängt ja wieder gut an«, dachte Gilfert, »warum muß er sich immer mich raussuchen? Warum ist er nicht wie Erika oder die anderen hier im Büro? Die schätzen mich.«

So begann der Tag für Klaus Gilfert. Nichts Außergewöhnliches. Nichts, was man nicht jeden Tag in Tausenden von Büros beobachten könnte. Aber bereits so ein kurzer Einblick in das Leben eines Menschen kann mehr über ihn enthüllen, als man für möglich hält. Alles, was wir bis jetzt in diesem Buch über das Verhalten von Menschen erfahren haben, läßt sich nun zu einem deutlichen Bild zusammenfügen. Und wir können herausfinden, wie Klaus Gilfert wirklich ist.

Wir stellen z. B. fest, daß Gilfert Schwierigkeiten hat, Leute zu streicheln. Er nimmt nie Notiz davon, wie seine Sekretärin aussieht. Und er käme erst recht nicht auf die Idee, es ihr zu sagen. Wenn man ihm ein Kompliment über seine Krawatte macht, denkt er nicht daran, das Kompliment zurückzugeben. Seine Frau plaudert während des Abendessens; aber da er oberflächliches Geplauder nicht mag, besteht sein Beitrag zur Unterhaltung vermutlich aus »Ja, Liebling«, »Nein, Liebling«. Auch hier war von Streicheln nicht viel zu merken.

Gilfert scheint sich selbst als nicht o.k. anzusehen (sein Nicht-o.k.-Kindheits-Ich sagt, daß sein Chef es auf ihn »abgesehen« hat), und er strukturiert seine Zeit so, daß er viel allein sein kann. Er bevorzugt Aktivitäten (wie das Herumhantieren und Erledigen von kleineren Arbeiten im Haus) und Rituale (das Pokerspiel mit seinen biertrinkenden Freunden, bei dem die meisten Kommentare und Geschichtchen voraussehbar sind) oder einfach den Rückzug (»Ich möchte nicht gestört werden«). Man hat den Eindruck, daß er sich Mühe gibt, Intimität zu vermeiden, und sich in rituellen Situationen am wohlsten fühlt. Die von ihm bevorzugten Spiele unterstützen seine Art zu leben.

Er scheint andere Leute für o.k. zu halten und sucht aktiv nach Streicheln (»Was halten Sie von dem Bericht, Erika?«). Aber da der erwähnte Bericht in Wirklichkeit nicht so gut war, wie man hätte erwarten können (dem Chef nach zu urteilen), kann man annehmen, daß er aufrichtiges Streicheln nicht akzeptiert. Er richtet es sich so ein, daß man ihm nur Sachen sagt, die er gerne hört. Man sieht Anzeichen für sich widersprechende Eltern-Ich-Daten (er kommt zu spät, aber kontrolliert, ob die anderen fleißig arbeiten), und man erkennt auch, daß er auf das Eltern-Ich des Chefs bereitwillig mit seinem Kindheits-Ich reagiert (»Bestimmte Vorschläge?«; »Ja, Chef.«).

Wenn man die Dinge so betrachtet, stellt man fest, daß Gilferts frühe Streichelerfahrungen, seine Lebensanschauung und seine besondere Art, die Zeit zu strukturieren, sein Leben bedeutend geformt haben. Aber die interessanteste Frage steht noch offen. Beim Lesen von

Gilferts Geschichte fragt man sich unwillkürlich: »Wieso passen sich alle Menschen in Gilferts Umgebung an seinen Lebensstil an?« Warum z. B. hört Gilferts Frau mit ihrem Geplapper nicht auf, wenn sie doch höchstwahrscheinlich weiß, daß ihre Worte nicht aufgenommen werden? Warum trifft er sich mit seinen Freunden zum Biertrinken, Pokerspielen, um sich immer die gleichen Geschichten über die guten, alten Zeiten zu erzählen, wenn es doch so viele amüsantere Möglichkeiten gibt, den Abend zu verbringen? Warum streicheln Gilferts Mitarbeiter ihn weiterhin, obwohl er sie nicht zurückstreichelt? Warum bringt ihn niemand zum Zeitvertreib (wie z. B. das Geplauder, das er verabscheut)? Warum bringt niemand mit Gewalt Wirklichkeit oder Intimität in seine abgeschlossene Welt? Die Leute um Gilfert scheinen sorgsam danach ausgewählt zu sein, ihn das Leben leben zu lassen, wie es sein Kindheits-Ich vor vielen Jahren beschlossen hat – das Leben nach der Devise »Ich bin nicht o.k. – Du bist o.k.« Ein Leben, das auf Rückzug, Aktivitäten und Ritualen beruht und echter Intimität aus dem Weg geht.

Unsere Frage gibt sich die Antwort selbst: Die Leute sind sorgsam ausgewählt! Ausgewählt von Gilferts Kindheits-Ich, damit sie in seinem Lebens-Drehbuch die Rollen ausfüllen, die das Kindheits-Ich für ihn geschrieben hat.

Das Lebens-Drehbuch wird vom Kindheits-Ich dazu benutzt, die Unantastbarkeit seiner Lebensanschauung zu wahren. Ganz früh im Leben sammelt das Kindheits-Ich alle Informationen, all die Daten über Geben und Erhalten von Streicheln, über die Strukturierung der Zeit, über seine bevorzugte Lebensanschauung, alle frühen Entscheidungen, die es jemals getroffen hat, und beschließt nun, ein für alle Male, daß das Leben so ist und nicht anders. Von nun an beginnt das Kindheits-Ich, alles so einzurichten, daß sich das Leben zuträgt, wie es durch die Entscheidung vorbestimmt wurde. Es wird zur Prophezeiung, die sich selbst erfüllt.

Wenn es sein Lebens-Drehbuch* geschrieben hat, übernimmt das Kindheits-Ich die Aufgabe des Regisseurs, der die Rollen verteilt. Das

* Mit in das Lebens-Drehbuch hineingeschrieben sind auch die unzähligen, unbewußten kleinen Gewohnheiten des täglichen Lebens. Gewohnheiten, die wir vor langer Zeit angenommen und nie mehr verändert haben.

Kindheits-Ich sucht sich im Leben jene Personen aus, die am besten in die vom Lebens-Drehbuch verlangten Rollen hineinpassen. Mögliche Kandidaten werden abgelehnt, wenn sie sich weigern, auf den Eröffnungszug des Kindheits-Ichs die entsprechende Transaktions-Reaktion zu geben. Wie Berne sagt: »Provokative Manöver dienen dazu, herauszufinden, welcher der in Frage kommenden Transaktions-Kandidaten das gewünschte Spiel mitspielen wird. Unter den zur Verfügung stehenden Kandidaten fällt die Wahl letztlich auf den, der am ehesten gewillt zu sein scheint, bei dem ganzen Drehbuch mitzumachen. Das heißt, die Partner ziehen sich gegenseitig an durch die intuitive Annahme, daß sie komplementäre Drehbücher haben.«[5]

Im Fall »Gilfert« war sein Kindheits-Ich mit Leuten umgeben, die für eine gewisse Zeit alle erforderlichen Reaktionen freiwillig boten. Außerdem baute es ein kunstvolles Netz mit Geheimverträgen auf, um sicher zu sein, daß alles in seinem Sinne weiterlief. Klaus Gilferts Frau wurde ausgewählt, weil sie, unter anderem, einen aktivitätsorientierten Mann akzeptierte. Während Klaus im Haus herumhantiert und kleinere Arbeiten verrichtet, ist sie wahrscheinlich mit ihren eigenen Aktivitäten beschäftigt. Wenn sie beim Abendessen plaudert, gibt sie sich damit zufrieden, *zu* Klaus zu sprechen und nicht *mit* ihm. Offensichtlich genügt ihrem Kindheits-Ich eine einseitige Kommunikation. Auf diese Weise läßt sich echte Intimität vermeiden (wenn niemand zuhört, was man sagt, kann man in seiner Privatwelt nicht gestört werden), und es paßt gut zu den nicht intimitätsgebundenen Erfordernissen von Gilferts Lebens-Drehbuch.

Gilferts Verträge mit seinen Pokerfreunden sind genauso klar umrissen. Die unausgesprochenen Bedingungen, die sie alle akzeptiert haben, begrenzen ihre Transaktionen auf die bequemen Rituale des Biertrinkens und des Erzählens von »alten Zeiten«. Auf diese Weise können sie weiterhin glauben, daß sie eine Menge gemeinsam haben und daß sie sich wirklich »verstehen«. Wie lose diese Vereinbarungen sind, wird offenbar, wenn einer von ihnen seinen Geheimvertrag mit den anderen verletzt. Er wird schnell und ohne viele Umstände aus der Gruppe ausgestoßen. (Zweifellos mit dem dazugehörigen Getue und Redensarten wie, »ich weiß nicht, was in Karl gefahren ist. Er hat sich in letzter Zeit ziemlich verändert.«)

Im Büro hat Gilferts Kindheits-Ich wahrscheinlich den größten Erfolg errungen. Er hat das totale Gleichgewicht erreicht, und Gilfert lernt nie mehr etwas dazu. Sein Kindheits-Ich hat mit jedem im Büro einen Geheimvertrag geschlossen, und Gilfert ist nun völlig frei, sein Nicht-o.k.-Lebens-Drehbuch in Ruhe auszuleben. Seine Untergebenen streicheln ihn, ohne zu erwarten, wieder gestreichelt zu werden. Sein Vertrag mit seiner Sekretärin läuft darauf hinaus, daß er alles zu hören bekommt, was er hören will. Er muß noch nicht einmal einen guten Bericht schreiben, um von ihr zu hören, daß er gut sei. Er kann, genau genommen, einen Bericht schreiben, sie sagen lassen, er sei gut (und sich selbst davon »überzeugen«), und trotzdem alles so einrichten, daß ihn sein Chef anruft und ihm sagt, er sei doch *nicht* gut. Auf eine umständliche, aber äußerst wirksame Weise kann Gilfert sich schließlich bestätigen, was er immer schon wußte. Nämlich, daß er wirklich *nicht* o.k. ist. Nur ein sorgfältig ausgewählter Chef kann so treffend reagieren.

Typische Lebens-Drehbücher im Geschäftsleben

Es gibt so viele verschiedene Lebens-Drehbücher auf der Welt, wie es verschiedene Menschen gibt. In jedem von uns hat das Kindheits-Ich unbewußt ein Drehbuch geschrieben. Das ist eine ganz natürliche Sache. So wie der Heranwachsende das Leben kennenlernt, so gewöhnt er sich eine bestimmte Art von Transaktionen an, die sich aus seiner persönlichen Lebenserfahrung einzigartig entwickeln. Die Transaktionen finden am Anfang nur mit den unmittelbaren Familienmitgliedern statt. Da ihm diese Transaktionen am besten vertraut sind, bevorzugt er sie auch im späteren Leben. Er erfährt bald, daß auch Leute außerhalb seiner Familie in solche Transaktionen mit ihm treten. Er beginnt, jene Leute auszusuchen, die seinen Erwartungen am ehesten entsprechen. Genau genommen, wählt er neue Bekanntschaften so aus, daß sie die Rollen ausfüllen, die in seinem Leben durch die Vorbilder von Vater, Mutter, Brüdern und Schwestern geprägt wurden. (Daher die vielen Beziehungen zwischen Eltern-Ich und Kindheits-Ich im Geschäftsleben.)

Gerade das Natürliche an diesem langsam sich entwickelnden Vorgang bereitet die größten Schwierigkeiten. Bis jemand erwachsen geworden ist, hat sein Kindheits-Ich längst eine Rechtfertigung dafür gefunden, daß er als Erwachsener immer noch die gleichen Spiele spielt. Ohne zu wissen, wie es geschah, sieht sich mancher für den Rest seines Lebens auf Gnade und Ungnade seinem ängstlichen Kindheits-Ich ausgeliefert. Er wird möglicherweise zu ängstlich, um sich jemals zu ändern. (Es ist sicherer, nach dem Lebens-Drehbuch zu handeln.) Die größte Angst besteht darin, daß man glaubt, ohne den sich wiederholenden Zeitvertreib, ohne die Rituale und Spiele der Vergangenheit (die zugegebenermaßen einen Großteil unserer Daten ausmachen) nicht mehr existieren zu können. Zumindest so zu existieren, wie man sich selbst sieht.* Viele müssen dafür einen hohen Preis zahlen. Denn tragischerweise sind die veralteten Transaktionen, an denen wir so hängen, oft schlimmer, als wir denken: Sie sind oft völlig sinnlos.

Obwohl viele Elemente das Lebens-Drehbuch eines jungen Menschen beeinflussen (wahrscheinlich wird es erst mit dem siebten oder achten Lebensjahr oder sogar noch später beendet), sind doch seine frühen Streichelerlebnisse von besonderer Bedeutung. Die Art und Weise, wie er sein Streicheln bekommt, beeinflußt sowohl seine Lebensanschauung als auch seine Art der Zeitstrukturierung (auf jeden Fall wird er versuchen, seine Streicheleinheiten, auf welche Weise auch immer, zu vermehren). Dadurch wird bestimmt, welchen Leuten er sich anschließt (Freunden, die ihn streicheln und die er zurückstreicheln kann), und es bestimmt die Art seiner Geheimverträge mit ihnen. Deshalb ist es nützlich, die Entstehung von »Geschäfts-Drehbüchern« auf Grund von Streichelverhalten zu klassifizieren.**

Das leistungsorientierte Drehbuch

Franz Maier, den wir schon als kleinen Jungen in Kapitel 2 kennengelernt haben, wurde so erzogen, daß er, gemäß den Regeln seiner

---

* Deshalb ist es besser, immer nur eine Aufzeichnung durch eine neue zu ersetzen und nicht alle auf einmal. Dieser Vorgang wird ausführlich in Kap. 10 behandelt.

** Im wirklichen Leben wird kein junger Mensch ständig nur einer Art des Streichelns ausgesetzt. Wirkliche Lebens-Drehbücher spiegeln eine Mischung der verschiedenen Streichelarten wider. Die hier gegebenen Beispiele dienen daher nur der allgemeinen Erläuterung.

Eltern, für gute Leistungen gestreichelt wurde. Ihre Normen sind nun die seinen, und sein Hauptinteresse besteht darin, »gute Arbeit zu leisten«. Nichts kann ihn mehr bedrücken als das Gefühl, irgendwo versagt zu haben. Sein Kindheits-Ich hat ein Lebens-Drehbuch mit bedingtem O. K.-Sein geschrieben, das vor allem von Arbeit und anderen produktiven Aktivitäten abhängt. Wenn er nicht mit einer Tätigkeit beschäftigt ist, zieht er sich gewöhnlich zurück, entweder, um seinen nächsten Schritt zu planen oder um frei zu haben und auszuruhen. Er hat kein Talent für gewöhnlichen Zeitvertreib, den er als Zeitvergeudung betrachtet. Dafür hat er einige provokative Verhaltensweisen entwickelt, um festzustellen, ob die Leute, die er kennenlernt, mit ihm leistungsorientierte Spiele spielen wollen. (Spiele wie »Schau, wie gut ich das kann«, oder »Ich bleibe heute länger«, oder »Soll der Beste gewinnen«.) Er duldet Rituale, aber befaßt sich mit ihnen nur, wenn es unbedingt sein muß. Die Rollen in seinem Drehbuch haben starke Eltern-Ich-Merkmale. Er wählt die Leute aus, um entweder seinen Vater und seine Mutter zu spielen (ihn zu streicheln, wenn er gut arbeitet) oder das Kind zu seinen eigenen Eltern zu spielen (damit er Vorschriften machen, Fehler korrigieren, oder Missetaten strafen kann).

Seine Management-Techniken beruhen auf seiner persönlichen Vorstellung vom Leben. Der Umwelt schenkt er nur wenig Aufmerksamkeit. Er verwendet mehr Mühe darauf, die Arbeit zu organisieren, als Leute so anzuleiten, daß sie gut arbeiten können. Er glaubt, daß man es entweder »kann oder nicht kann«. Er hat wenig Gespür dafür, das in seinen Mitarbeitern vorhandene Potential zu erkennen und zu entwickeln. Er zieht es vor, Leute einzustellen, die ihren Job bereits beherrschen. Dann kritisiert er sie jedoch häufig und weist ständig darauf hin, wie sie sich noch verbessern könnten. Das nennt er »Bewertung«. Er hält nicht viel von Schulung (ausgenommen das Ausgeben von Vorschriften und Regeln), weil er »weiß«, daß manches, wie z. B. das Talent, Menschen zu führen, nicht erlernbar ist. Er glaubt, je mehr man sich mit den zwischenmenschlichen Beziehungen befaßt, desto verweichlichter werden die Menschen.

Da seine persönlichen Tätigkeiten sehr zielorientiert sind, macht es ihm keine Schwierigkeiten, anderen Ziele zu setzen. Er trifft die Entscheidungen. Die anderen führen sie aus. Hier zeigt sich ganz deutlich sein Vertrag zwischen Eltern-Ich und Kindheits-Ich. Untergebene sind für Franz Maier das gleiche wie Kinder. Sie arbeiten nicht gern (Franz jedenfalls nicht, als er jung war), deshalb müssen sie ständig überwacht werden. Sie können sich die Zeit nicht selbst einteilen (seine Eltern taten das immer für ihn, und er lernte es nie selbst), deshalb muß es jemand (Franz) für sie tun. Sie machen Fehler (aus Unzulänglichkeit, Dummheit oder Unachtsamkeit) und wenn sie Fehler machen, müssen sie bestraft werden. (Franz Maier erinnert sich an all die Ohrfeigen, die er bekam.) Wenn unter seinen Mitarbeitern Probleme oder Unstimmigkeiten auftauchen, ist es seine Aufgabe, sie zu unterdrücken. (Wie jedes strenge Eltern-Ich weiß, sollen die persönlichen Gefühle des Kindheits-Ichs nicht mit den wichtigeren Zielen der Erwachsenen in Konflikt geraten. Vor allem sollen die Gefühle nicht der Leistung im Weg stehen.)

Maier hat ein großes Problem. Eine Krise bahnt sich an. Seine Geheimverträge mit den anderen sind aber so geartet, daß diese sich nicht auf eine Stufe mit ihm begeben und sich dementsprechend äußern können. In seiner Firma besteht eine unterschwellige Unruhe. Schlampige und fehlerhafte Arbeiten nehmen zu. Er weiß genau, daß die Probleme der Arbeitsmoral von der zu »weichen« Führung herrühren, und versucht mit aller Kraft, »ein gutes Beispiel zu geben«. Er sorgt dafür, daß alle genug Arbeit haben (so daß sie keine Zeit haben, zu meckern oder Unsinn zu machen), und er geht mit ihnen immer wieder ihre Anweisungen durch, um jedes Mißverständnis auszuschließen. Aber trotz all seiner Bemühungen herrscht irgendwie üble Laune. Die meisten seiner Untergebenen unterzeichneten ihren Vertrag unter Zwang (manche Leute tun eben alles für Geld), und ihre Kindheits-Ichs verbünden sich, um gegen Maiers Eltern-Ich zu rebellieren. Die Kreativität, die er so gewissenhaft unterdrückt hatte (Kinder darf man nur sehen, aber nicht hören), wird nun benutzt, um das System zu überwinden. Er besitzt nicht die Macht, damit fertig zu werden. Maier ist mit seiner Weisheit am Ende. Aber auch sein Drehbuch zeigt ihm keinen Ausweg. In ihm steht: durchhalten, härter arbeiten und immer mehr von seinen Untergebenen verlangen, solange, bis er schließlich Schiffbruch erleidet. (Sein Schiffbruch wird angekündigt, wenn seine Mitarbeiter gehen, seine Abteilung aufgelöst wird, die Firma den Markt an einen Wettbewerber verliert oder er selbst durch jemand anderen ersetzt wird.)

Anpassungsorientiertes Drehbuch

Curt Hohmann, von dem wir auch schon in Kapitel 2 gelesen haben, lernte als Junge, sein Streicheln zu bekommen, indem er andere Leute zuerst streichelte. Sehr wahrscheinlich mochten sie ihn und streichelten ihn zurück. Wenn er nicht wußte, wie er sie streicheln sollte, gab er sich jedenfalls große Mühe, sie nicht zu verärgern. Curt hat sich ein Lebens-Drehbuch geschrieben, das darauf aufbaut, nett zu Leuten zu sein. Für seine Rollen werden Spieler benötigt, die, so wie er, Druck, Streitigkeiten oder plötzliche Überraschungen vermeiden. Ihr Rollentext enthält oft Dialoge zwischen dem angepaßten Kindheits-Ich der einen und dem fürsorglichen Eltern-Ich einer anderen Person.

Hohmann gehört nicht zu den Vorgesetzten, die Leute antreiben. Andere zu quälen gehört nicht zu seinen Tricks. Er legt im Gegenteil Wert darauf, die Arbeitsbedingungen so angenehm wie möglich zu gestalten – oft auf Kosten der Leistung oder der Produktion. (Schon als er jung war, lernte er, daß die Leute ihn nie streichelten, wenn er gegen sie war oder wenn sie zu beschäftigt waren.) Leistung ist für Hohmann ein Ziel von zweitrangiger Bedeutung. Er versteht nicht wirklich ihren Sinn. Er weiß, daß die Leute am glücklichsten sind, wenn sie alle zu einer großen, glücklichen Familie gehören. (Und wenn er jeden glücklich machen kann, bekommt er wahrscheinlich sein bestes Streicheln.) Wenn Hohmann jemanden einstellt, ist sein Hauptkriterium, ob der Bewerber »dazupaßt«, und er gibt dem neu Hinzugekommenen immer viel Zeit, sich einzuarbeiten. Er vermeidet Leistungskontrollen (das ist unangenehm). Er glaubt lieber, daß sich die Leute selbst korrigieren, wenn man sie sich selbst überläßt.

Zu seinem Chef ist Hohmann ausgesprochen höflich und zuvorkommend. Er wirkt als Vermittler zwischen ihm und den Untergebenen und gleicht alle entstehenden Schwierigkeiten aus. (In Wirklichkeit unterdrückt er Schwierigkeiten, weil sie zu verletzend sein können.) Weil er versucht, die Probleme zu verharmlosen, verhindert er leider oft, daß ein umstrittener Punkt überhaupt zur Sprache kommt.

Wie Maier hat Hohmann wenig Sinn dafür, das Potential in seinen Leuten zu entwickeln. Er glaubt, daß in einer angenehmen Umgebung die Leute sich von allein weiterentwickeln. Er selbst beteiligt sich nicht an diesem Vorgang. (Er ist zu sehr damit beschäftigt, gestreichelt zu werden.) Wenn es darauf ankommt, erwartet Hohmann von seinen Untergebenen, daß sie aus Loyalität zu ihm das Nötige tun werden. (Er weiß insgeheim, daß diese Hoffnung vergeblich ist. Denn das gehört selten zu ihrem Vertrag.)

Und das ist Hohmanns größte Schwierigkeit. Alle Leute um ihn herum wissen, daß er nicht wirklich an ihnen interessiert ist. (Aber ihr geheimer Vertrag sagt ihnen, daß sie es ihm nicht sagen können.) Hohmann ist darauf aus, sein Streicheln zu bekommen, und mit diesem Vorgang ist er so beschäftigt, daß er für niemand anderen Energie oder Anteilnahme übrig hat. Während er nach Loyalität sucht, bereitet er sich in Wirklichkeit darauf vor, betrogen zu werden. Sein Drehbuch wiederholt sich, wie so viele Drehbücher auch. Es gibt keinen Ausweg. Er bringt es fertig, am Ende immer der Verlierer zu sein. Curt Hohmann ist das lebende Beispiel für das alte Sprichwort: »Undank ist der Welt Lohn«.

Kompromißorientiertes Drehbuch

Benno Frei, den wir auch schon aus Kapitel 2 kennen, hat ein etwas anderes Drehbuch. Benno hat sein Leben lang gutes Streicheln bekommen. Seine größte Lektion in seiner Kindheit war, wie er dafür sorgen konnte, daß die Streichelquelle nicht versiegte. (Mach deinen Eltern keine Schande. Bleib beim Altvertrauten. Begib dich nicht in eine gefährliche Lage. Versuche immer, einen Mittelweg zu finden.) Sein Kindheits-Ich hat ein sorgfältig ausgetüfteltes Drehbuch nach diesen Regeln geschrieben. Er brachte es fertig, nie aufzufallen und jahrelang Streitigkeiten zu vermeiden. Es gelang ihm außerdem, ein Leben voller O.K.-Sein zu führen. Dem äußeren Anschein nach ist er der perfekte Manager.

Er hält sich immer alle Möglichkeiten offen und stürzt sich niemals kopfüber in irgendeine Angelegenheit. Er ist ein guter Planer und besonders geeignet für Forschungsarbeiten. Er weiß, wie man Leute davon abhält, sich zu bekriegen, und wie man bei Streitigkeiten ausgleicht. Er arbeitet mit demokratischen Mitteln und richtet sich möglichst nach der Mehrheit. Er hat immer Verständnis für beide Seiten. Er stellt die Leute aufgrund ihrer Zeugnisse ein, gibt ihnen aber die Chance, mit ihrem Job zu wachsen. Er setzt Ziele, weiß aber, daß man die Zielscheibe auch verfehlen kann. Er straft selten, sorgt aber dafür, daß die Angestellten wissen, was man von ihnen erwartet.

Bennos größter Vorteil im Leben ist, daß er die Streichelmuster seiner Eltern verinnerlicht hat. Aber das ist zugleich auch seine größte Schwierigkeit. Sein eigenes Eltern-Ich, das normalerweise gut funktioniert, ist auch darauf bedacht, kein Risiko einzugehen. Beim bloßen Gedanken an ein Risiko bricht er in Panik aus. So war es immer und so wird es bleiben. Das sagt ihm sein Drehbuch.

Und das wird ihm zum Verhängnis. Denn beim Bemühen, den Status quo beizubehalten, hat es Benno Frei versäumt, in seiner Firma ein Klima der Kreativität und Experimentierfreude zu schaffen. Seine Firma fällt allmählich hinter der Konkurrenz zurück. Aber Frei hat seinen Leuten nicht die Freiheit gelassen, Risiken einzugehen. Sie probieren keine neuen Ideen aus und suchen nicht nach neuen Wegen. Sie müssen es auch gar nicht. Eine wesentliche Klausel bei allen Geheimverträgen von Frei lautet, daß sein Kindheits-Ich kein Risiko duldet. Das Schlimme daran ist, daß Frei tüchtig ist. Aber sein Drehbuch läßt ihn zusehen, wie die Firma von Mal zu Mal mehr zurückfällt, währenddessen sich die anderen fragen: »Wann wird Frei endlich etwas unternehmen?« Die Antwort steht von vorneherein fest: Nie.

Jeder kann in seiner Umgebung beobachten, wie Leute nach bestimmten Lebens-Drehbüchern handeln. Das heißt nicht, daß sie deshalb scheitern müssen. Wenn sie eine Arbeit finden, die ihrem Drehbuch entspricht, können sie recht erfolgreich sein. Leistungsorientierte Leute findet man häufig an der Spitze von Verkaufsorganisationen, in technischen Abteilungen, und oft haben sie eine eigene Firma. Das ist besonders der Fall, wenn unmittelbare Leistung für das Weiterbestehen der Firma erforderlich ist und wenn die anderen die unangenehmen Gefühle erdulden, die leistungsorientierte Personen auslösen können. Anpassungsorientierte Leute finden sich oft in leitender Funktion in Personalabteilungen, in der Verkaufsförderung, als Redakteure der Hauszeitung oder in ähnlichen Positionen, wo sie keinem unmittelbaren Druck ausgesetzt sind. Kompromißorientierte Leute nehmen gewöhnlich leitende Positionen in Banken, Versicherungsgesellschaften oder ähnlichen Unternehmen ein, wo Änderungen nur allmählich vor sich gehen.

KAPITEL 5

Die Theorie der Spiele im Unternehmen

Wie wir unsere Spiele wählen

Jeder hat seine bevorzugten Spiele: Spiele, die er bei jeder passenden und unpassenden Gelegenheit spielt, die ihm so natürlich und vertraut sind, daß man ihn nie dazu überreden muß, sie zu spielen. Diese Vertrautheit beginnt in der frühen Kindheit, wenn der junge Mensch die Erfahrung macht, Streicheln zu bekommen, und sich an die verschiedenen Gefühle gewöhnt, die dieses Streicheln auslöst. (Positives Streicheln erzeugt gute Gefühle, wie Glücklichsein, freudige Stimmung, Selbstzufriedenheit. Negatives Streicheln erzeugt schlechte Gefühle: Enttäuschung, Sorgen, Verzweiflung.) Diejenigen Gefühle, die im Leben des jungen Menschen häufiger auftreten, gleichgültig ob sie gut oder schlecht sind, bekommen für ihn bald eine besondere Bedeutung. Sie geben seinem Leben einen besonderen Sinn. Er identifiziert sie mit dem Leben selbst, so wie er das Leben empfindet. Sie rechtfertigen gewissermaßen seine Existenz, denn wer fühlt, der lebt. Und so wie der Heranwachsende gewisse Gefühle mit seiner Existenz gleichsetzt, so werden diese Gefühle das zentrale Element seines Lebens-Drehbuchs.

Ist das Leben eines Menschen relativ gut verlaufen, dann enthält sein Drehbuch wahrscheinlich gute Gefühle, vielleicht vermischt mit ein paar weniger angenehmen Gefühlen, wie Enttäuschung oder Schuldgefühlen. Hatte er weniger Glück, dann wird er leichter verletzlich sein. Er ist dann vertrauter mit Gefühlen der Einsamkeit und Verzweiflung. Erfolgreiche Führungskräfte haben selten echte, tiefe Verzweiflung kennengelernt. Ihnen fehlt auch das Gefühl der äußersten Hoffnungslosigkeit, das der chronische Verlierer schon in früher Jugend erfahren hat. (Aufgrund dieses Mangels an Gefühlserfahrungen aus erster Hand sind manche Führungskräfte nie in der Lage, zu verstehen, was wirklich im Inneren eines pessimistischen oder niedergeschlagenen Untergebenen vorgeht. Sie verstehen einfach nicht, was jemanden so niedergeschlagen machen kann oder ihn immer wieder versagen läßt.)

Welche Gefühle auch immer der Heranwachsende erfährt, später als Erwachsener, wenn sich die Gefühle erst häufig genug wiederholt haben und Teil seines Drehbuchs geworden sind, wird er fanatisch daran festhalten. Wenn er heranwächst und sie plötzlich auftauchen, tut er sein möglichstes, sie zu behalten. Und wann immer er das Gefühl hat, daß sie ihm entgleiten, tut er sein äußerstes, um sie wiederzugewinnen.

Tatsächlich gehören unsere Gefühle, die wir so oft ignorieren oder leugnen, zu den wesentlichen Elementen unseres Lebens-Drehbuches. Und statt darauf zu warten, daß sie uns zufällig überkommen, nehmen wir die größten Mühen auf uns, sie in uns zu erzeugen – häufig mit Hilfe von Spielen. Buchstäblich jedes Spiel ist mit irgendwelchen Gefühlen verbunden – entweder bilden sie den direkten Nutzeffekt, oder sie sind beteiligt, wenn der Nutzeffekt vorbereitet wird. Deshalb wählt unser Kindheits-Ich, weil es besonders daran interessiert ist, die vertrauten Gefühle zu reproduzieren (und sein Drehbuch zu bestätigen), mit Vorliebe solche Spiele aus, die ihm *garantieren,* daß sich die alten Gefühle wieder einstellen.

JEHIDES (»Jetzt hab ich dich endlich, du Schweinehund!«)

Ein im Büro häufig gespieltes Spiel ist JEHIDES. Das Spiel beginnt, wenn man eine Person bei etwas erwischt, ihr dies vorhält und sinngemäß sagen kann: »Jetzt hab ich dich endlich, du Schweinehund!« Danach fühlt man sich besser. (Und erreicht gleichzeitig, daß der andere sich schlechter fühlt.) Dieses Spiel wird oft von Chefs auf Kosten ihrer Untergebenen gespielt.

Braun, Verkaufsleiter einer kleinen Elektronikfirma, verbringt selten einen Tag, an dem er nicht auf irgend etwas oder irgendwen böse ist. Ärger – laut, böse und schneidend – ist ein wichtiger Gefühlsausdruck in seinem Leben. Er besitzt eine Vorliebe dafür, andere Leute als Objekte seines Zorns zu benutzen. Die folgenden Transaktionen zeigen Brauns typische Art, die Dinge anzugehen.

Braun: »Ich dachte, Sie wollten den Bericht heute fertig haben.«

Fuchs: »Wollte ich auch, aber ich war den ganzen Tag mit Kunden beschäftigt.«

Braun: »Das ist keine Entschuldigung! (Peng!) Wenn Sie sich nochmal so dumm anstellen, dann ist für Sie bald Schluß hier!« (Peng, peng!)

Um das als Spiel zu identifizieren, muß man sich mit dem ersten Satz befassen. Oberflächlich gesehen, wirkt es, als ob Braun eine sachliche Feststellung gemacht hätte. Der geheime Zweck offenbart sich jedoch im weiteren Verlauf des Spiels. Es dient offensichtlich dazu, Fuchs eins auszuwischen. (Bekanntlich hat ein Spiel nicht nur einen Nutzeffekt, sondern auch zweierlei Ebenen, auf denen sich die Transaktionen abspielen: eine Ebene mit äußerer und eine mit versteckter Bedeutung.) Braun hat seinen Nutzen in der Befriedigung, Fuchs die Meinung gesagt zu haben und so seinen eigenen Ärger abgelassen zu haben. Fuchs ist gemaßregelt. Braun rechtfertigt seinen Ärger. Ende des Spiels.

JEHIDES ist ein besonders faszinierendes Spiel. Es bietet nicht nur den Nutzeffekt, daß man seinen Ärger los wird, indem man den anderen demütigt, sondern es gibt auch die Gelegenheit, Ärger und Spannung überhaupt erst aufzubauen, wodurch der Nutzeffekt noch verstärkt wird. Obwohl die gesprochenen Transaktionen zwischen Braun und Fuchs genaugenommen nur drei oder vier Sätze umfaßten, wäre es für Braun leicht gewesen, schon Stunden vorher ungute Gefühle gegenüber Fuchs aufzubauen. Und er hätte sich schon lange vorher fragen können, ob Fuchs den Bericht rechtzeitig fertig haben würde. Er hätte seinen nächsten Zug planen können für den Fall, daß Fuchs ihn nicht vorliegen hatte. Tatsächlich braucht Braun oft einige Tage, um einen wirklich guten Schlag vorzubereiten, wobei er stundenlang damit beschäftigt ist, Spannungen in sich aufzubauen.

Gute JEHIDES-Spieler haben klar umrissene Programme, um ihre Ärgergefühle zu reproduzieren. Diese Programme sind oft klar detailliert, einschließlich der Überlegungen, wem man sich anschließt, wie man die Leute böse macht, was man sagt, was man zu erwarten hat, und natürlich, was man fühlen will. Brauns Programm für Ärger sieht so aus:

PROGRAMM 1 – ÄRGER

A. *Wem man sich anschließt* – Leuten, die sich gerne hänseln lassen (oder daran gewöhnt sind).
B. *Wie man sie provoziert* – Herausfinden, was sie nicht gern tun. Von ihnen verlangen, daß sie es tun. (Oder – herausfinden, was sie gern tun, und ihnen verbieten, das zu tun.)
C. *Was man sagen muß* – »Mach mich nicht böse!«
D. *Nutzeffekt* – Sich ärgerlich fühlen.
E. *Zugrunde liegende Forderung und typischer Ursprung* – »Tu, was ich will, weil ich nie meinen Willen bekommen habe, als ich noch klein war.« (Anders kann ich damit nicht fertig werden.)
F. *Was man von sich selbst erwartet* – Die Macht, jederzeit Leute zu beherrschen.
G. *Wie man sich selbst beschreibt* – »Hitzköpfig«.

Das Opfer eines JEHIDES-Spiels, das oft nicht in der Lage ist, seinem Peiniger Widerstand zu leisten, lernt gewöhnlich die Spielregeln des Spiels so gut, daß es seinerseits ein Opfer sucht und erfolgreich seinen Ärger los wird, weil es nicht fähig ist, mit seinen eigenen Schwierigkeiten fertig zu werden.

In unserem Fall kehrte Fuchs sofort in sein Büro zurück. Er fragte seine Sekretärin Barbara wegen einer Nachricht, die man für ihn hinterlassen hatte, die ihm jedoch nicht ausgerichtet worden war. Ihre Unterhaltung verlief etwas länger als die zwischen ihm und Braun:

Fuchs: Komisch, jemand sagte, er hätte heute morgen eine Nachricht für mich hinterlassen, und niemand hat mir etwas ausgerichtet. Finden Sie das nicht auch merkwürdig?

Barbara: War es Herr Schmid, der die Nachricht hinterlassen hat?

Fuchs: Ja, woher wissen *Sie* das?

Barbara: (die sich plötzlich in die Enge getrieben fühlte): Weil ich mit ihm gesprochen habe.

Fuchs: Aha! (Triumphierende Pause). Können Sie nicht mal eine Nachricht ausrichten, wie es sich gehört? (Peng!) Können Sie noch nicht mal das richtig machen? (Peng, Peng!)

Barbara, die sowieso schon einen schlechten Tag gehabt hatte, ging an diesem Abend ziemlich übel gelaunt nach Hause. Sie war jetzt in der richtigen Stimmung, das JEHIDES-Spiel mit ihrem Mann fortzuführen und den Ärger des Tages an ihm auszulassen. Die Ironie des JEHIDES-Spiels liegt darin, daß die Opfer fast immer zu wissen scheinen, wie sie ihrerseits ein Opfer finden können.

»Schlag mich«

Ein anderes, häufig in Büros gespieltes Spiel heißt »Schlag mich«. »Schlag mich« findet statt, wenn der Hauptspieler sich auf das gute, altbekannte negative Streicheln (oder einen *Schlag*) vorbereitet und einen Passenden dafür aussucht, der ihm den »Schlag« gibt – schließlich bekommt er ihn. »Schlag mich« dient dazu, eine beliebige Anzahl von negativen Gefühlen auszulösen; angefangen von leichter Depression bis zu tief verwurzelter, unsagbarer Verzeiflung. Am häufigsten ist jedoch damit das Gefühl verbunden, *abgelehnt* zu sein.

Marvin, Revisionsassistent einer städtischen Behörde, ist ein wahrer Meister darin, sich schlagen zu lassen und sich dann abgelehnt zu fühlen. Das Gefühl, abgelehnt zu werden, gehört sozusagen zum Leben von Marvin. Er sieht aus wie ein Verlierer, handelt wie ein Verlierer und *beweist* mehr als einmal, daß er ein Verlierer sein muß. Eines Morgens, nachdem er sich zum soundsovielten Mal bei einer Abteilungsbesprechung zum Narren gemacht hatte, ging er in Eduards Büro, um über seine Unfähigkeit zu jammern. Eduard war zwar gerade mit einem wichtigen Projekt beschäftigt, aber das bemerkte Marvin nicht.

Marvin: Ich möchte mal gern wissen, warum ich immer solchen Mist baue.

Eduard: (In Gedanken bei seiner Arbeit.) Das solltest du eigentlich wissen. Du machst es doch immer so. (Kein schlechter Schlag, aber nicht ganz das, worauf Marvin hinauswollte.)

Marvin: (in klagendem Tonfall) Aber ich gebe mir solche Mühe, nicht so zu sein...

Eduard: (äußerst erregt) Marvin, siehst du nicht, daß ich beschäftigt bin! Bitte laß mich allein. Ich will in Ruhe arbeiten!

Marvin: (verläßt schweigend den Raum. Das war für ihn schließlich die Bestätigung, daß er, wie immer, unerwünscht war und zurückgewiesen wurde.)

Marvin ist bei der Erlangung seiner negativen Erlebnisse so weit fortgeschritten, daß er manchmal gar nichts mehr zu sagen braucht.

Da der erste Zug des Spiels auch auf nicht verbale Weise erfolgen kann, braucht Marvin oft nur jemanden auf seine übliche jammervolle Art anzusehen, und schon beginnt das negative Streicheln auf ihn zuzukommen.

»O je, da kommt schon wieder der Marvin. . .«

»Mein Gott, Marvin, hör doch endlich auf, dich so albern zu benehmen!«

»Marvin, es wird allmählich Zeit, daß du was für deine Persönlichkeit tust.«

»Hallo, Marvin, tut mir leid, aber ich muß jetzt gleich gehen.«

»Marvin, wann wird endlich was aus dir?«

Solche Redensarten hat er sein Leben lang gehört, seit er ein kleiner Junge war. Und sein Lieblingsspiel »Schlag-mich« ist darauf ausgelegt, immer wieder solche Redensarten zu hören. Marvins Programm zur Reproduktion der bekannten Ablehnungsgefühle ist genauso bis in alle Einzelheiten festgelegt wie Brauns Programm zur Reproduktion von Angstgefühlen. Marvins Programm sieht so aus:

PROGRAMM 2 – ABLEHNUNG

A. *Wem man sich anschließt* – Leuten mit strengem, kritischem Eltern-Ich, die einen schnell tadeln oder böse werden.
B. *Wie man sie provoziert* – Sich dumm und ungeschickt verhalten. Positives Streicheln von Leuten verlangen, wenn man es am wenigsten von ihnen erwarten kann.
C. *Was man sagen muß* – Irgend etwas Dummes oder Provozierendes.
D. *Nutzeffekt* – Das Gefühl, abgelehnt zu werden.
E. *Zugrunde liegende Forderung und typischer Ursprung* – »Lehne mich nicht ab, weil Mutter das immer getan hat.«
F. *Was man von sich selbst erwartet* – Einsamkeit.
G. *Wie man sich selbst beschreibt* – »Ich habe kein Glück mit Leuten. Sie nutzen mich immer aus und versuchen mich zu unterdrücken.«

Nicht alle guten »Schlag-mich«-Spieler handeln notwendigerweise wie geborene Verlierer. Marvin ist ein Extremfall. Einen guten »Schlag-mich«-Spieler erkennt man daran, daß er es häufig so einrichtet, geschlagen zu werden. Er hat typischerweise genügend negative Erfahrungen in seiner Kindheit gemacht, um zu beschließen, die wiederkehrenden negativen Gefühle in sein Drehbuch aufzunehmen. Aber er hat möglicherweise nicht genügend negatives Streicheln erhalten, um sich sein ganzes Leben lang wie ein geborener Verlierer zu fühlen (und zu handeln). Wenn man einen »Schlag-mich«-Spieler erkennen will, muß man nicht auf eine bestimmte Verhaltensweise achten, sondern auf den Nutzen, den er aus seinen Transaktionen zieht. Wenn sich jemand so benimmt, daß er sich hinterher schlecht fühlen muß, und andere dazu benutzt, ihm dabei zu helfen, dann ist er wahrscheinlich ein »Schlag-mich«-Spieler. Sein Verhalten kann diese Vermutung unterstützen, kann jedoch auch irreführend sein.

Von Beate, einer zweiundzwanzigjährigen, munteren, wissenschaftlichen Assistentin, würde man am wenigsten erwarten, daß sie zu dieser Sorte Spieler gehört. Als attraktives, cleveres Mädchen benimmt sie sich nicht nur freundlich und zuvorkommend, sondern sie sieht auch aus, als ob sie immer zu den Gewinnern gehörte. Beate ist jedoch in einer Familie groß geworden, in der kleine Mädchen nie etwas allein tun durften. Sie durfte jedenfalls immer nur als Zierde herumsitzen. Infolgedessen wuchs Beate sehr unselbständig auf, fühlte sich völlig hilflos und vielen Aufgaben des täglichen Lebens nicht gewachsen. Sie konnte sich nur schlecht im Leben behaupten.

Da sie viele Dinge alleine nicht konnte, lernte Beate frühzeitig, andere dazu zu bringen, diese Dinge für sie zu tun. Als attraktives Mädchen fand sie bald heraus, daß sie, wenn sie äußerste Hilflosigkeit vorschützte, die Leute oft dazu brachte, ihr zu helfen. (Wer könnte einem hübschen, hilflosen Mädchen widerstehen?) Dieses Vorgehen war für Beate als kleines Mädchen sehr wirkungsvoll. In ihrer Familie erlaubte man kleinen Mädchen nicht, etwas alleine zu tun, und letztlich kam sie mit ihrer Methode auch weiter. Aber auf die Dauer verstärkte es nur ihre eigene Unselbständigkeit (sie lernte nie, etwas wirklich alleine zustande zu bringen). Bei all ihren Bemühungen wurde Beate innerlich nie das ungute und hilflose Gefühl los. Als sie schließlich von zu Hause fortging (erst ins College, dann ins Berufsleben), kehrte Beates Gefühl der Hilflosigkeit immer häufiger wieder. Man erwartete nicht nur von ihr, daß sie Dinge selbständig erledigte, sondern sie stellte auch fest, daß niemand ihr so bereitwillig und unermüdlich zu helfen bereit war wie ihre Leute zu Hause. Selbst diejenigen, die zunächst bereit waren, verloren bald das Interesse. Ihre geläufigsten Transaktionen während der Arbeit (die darauf abzielten, daß man ihr etwas abnahm) führten immer häufiger zu der Antwort: »Ach Beate, kannst du nicht zur Abwechslung mal etwas alleine machen?« oder »Beate, wenn du nicht endlich einmal irgendwas alleine fertigbringst, wirst du hier höchstwahrscheinlich nicht sehr alt!«

Wie zu erwarten, führten diese Bemerkungen nur dazu, Beates langgehegten Gefühle der Hilflosigkeit zu verstärken – Gefühle, die sie von nun an immer häufiger in hoffnungslose Panik versetzten. Wenn diese Bemerkungen mit Bestimmtheit oder echtem Unwillen vorgebracht wurden (was Beate durch ihre hilfesuchenden Blicke und Gesten provozierte), stellten sie die wirkungsvollsten negativen Erfahrungen dar, die man ihr zufügen konnte.

Die attraktive Beate hatte ein ausgetüfteltes, detailliertes Programm, ihre Abfuhr zu bekommen und ihre alten Gefühle der Hilflosigkeit wieder herzustellen:

PROGRAMM 3 – HILFLOSIGKEIT

A. *Wem man sich anschließt* – Leuten, denen es schnell überdrüssig ist, anderen zu helfen.
B. *Wie man sie provoziert* – Durch Unfähigkeit und passives Verhalten. Untätiges Herumstehen. Den Anschein erwecken, als ob man von den anderen erwartet, daß sie etwas unternehmen.
C. *Was man sagt* – »Bitte, helfen Sie mir.«
D. *Nutzeffekt* – Gefühl der Hilflosigkeit.
E. *Zugrunde liegende Forderung und typischer Ursprung* – Bitte, hilf mir, weil jeder es getan hat, als ich klein war.
F. *Was man von sich selbst erwartet* – Nicht viel.
G. *Wie man sich selbst beschreibt* – Ich kann nicht besonders viel.

Ein Problem bei den laut Drehbuch vorgeschriebenen Gefühlen ist, daß sie sich nicht oft genug einstellen. Wir suchen dann zwangsweise nach neuen Wegen (oder Varianten von alten Spielen), um diese Gefühle zu erzwingen. So drehte Beate manchmal den Spieß um. Wenn einige Tage vergangen waren, ohne daß sie Hilfe benötigt oder Leute um Hilfe gebeten hätte (und sich also nicht hilflos gefühlt hatte), begann sie tatsächlich, anderen *ihre Hilfe* anzubieten. Trotz ihrer eigenen Unfähigkeit ergriff sie die Initiative und fragte andere, ob sie ihnen nicht helfen könnte. Ihre Kollegen, die sie nur zu gut kannten, machten ihr natürlich sofort klar, wie lächerlich diese Frage war. Und plötzlich wurde der versteckte Grund für Beates Frage deutlich. Es war ihr erneut gelungen, eine Abfuhr zu bekommen.

Viele benutzen dieses Vorgehen, um andere dazu zu verleiten, ihr Spiel zu spielen, besonders wenn sie einen bestimmten Nutzeffekt dringend nötig haben. Die Regel hierfür lautet: Verlange das Gegenteil von dem, was du wirklich willst (»Mach mich nicht böse«, wenn man sich ärgern will; »Laß mich dir helfen«, wenn man nicht helfen will). Das alles muß man auf so eine provozierende Art und Weise vorbringen, daß der andere nicht auf das gesprochene Wort, sondern in Wirklichkeit auf den geheimen Wunsch reagiert.

Tumult

Das »Tumult-Spiel« wird häufig mit JEHIDES oder »Schlag mich« verwechselt. Es ist gekennzeichnet durch viel Feindseligkeit und lautstarke Kämpfe. Jeder Spieler scheint gelegentlich den anderen zu schlagen oder in eine Situation zu geraten, selbst geschlagen zu werden. Der Unterschied zwischen Tumult und den anderen Spielen liegt im Nutzeffekt. Tumult-Spieler bauen im Verlauf des Spiels äußerst intensive Gefühle auf, aber sie können diese Gefühle nie abreagieren. Es gibt kein Nutzeffekt-Gefühl wie für den Spieler von »Schlag mich« oder keine Erleichterung für aufgestaute Gefühle wie für den JEHIDES-Spieler. Die Gefühle beim »Tumult-Spiel« werden immer weiter aufgebaut, bis einer der Spieler es nicht mehr aushält und plötzlich die Szene verläßt (aus dem Zimmer geht, entrüstet die Hände über dem Kopf zusammenschlägt oder die Tür hinter sich zuknallt).

Das »Tumult-Spiel« beginnt häufig, wenn Spieler A einen Spieler B mit einer Bemerkung reizt, ähnlich wie in JEHIDES oder »Schlag mich«:

»Was ist los mit dir?«

»Kannst du gar nichts richtig machen?«

»Es ist immer wieder das gleiche. . .«

»Ich habe dir das nicht nur einmal, sondern mindestens tausend Mal gesagt. . .«

Spieler B hat mehrere Möglichkeiten. Wenn ihm diese Bemerkungen nichts ausmachen, sondern einfach an ihm abprallen, hat er das Spiel erfolgreich abgewehrt. Wenn er sich niedergeschlagen oder abgelehnt fühlt, dann ist das vielleicht die Antwort auf frühere, nicht verbale Eröffnungszüge des Spiels »Schlag mich«. Der gute »Schlag mich«-Spieler ist bereits darauf vorbereitet. Wenn jemand es jedoch vorzieht, den Schlag nicht zu akzeptieren, und statt dessen defensiv reagiert, dann ist der nächste Zug für das »Tumult-Spiel« gegeben. Dieser Zug besteht typischerweise aus einer verteidigenden Bemerkung, wie:

»Was meinst du denn damit?«

»Kümmere dich doch um deine Angelegenheiten!«

»Du spinnst wohl!«

»Was ist denn jetzt los?«

Der Streit spitzt sich dann zu, und die Empfindungen werden intensiver. Das Dilemma aller »Tumult-Spieler« ist, daß der andere nie aufgibt. Der einzige Ausweg aus einer solchen Situation ist, daß einer das Spiel durch einen feindseligen Rückzug beendet.

Wie viele Spiele dauert das »Tumult-Spiel« oft nur ein paar Minuten, um von Anfang bis Ende durchgespielt zu sein. Es kann sich jedoch auch über Tage und Monate hinziehen, jeweils mit kleineren Episoden, bis es schließlich zu einer großen, abschließenden Konfrontation kommt. Beispielsweise, wenn einer der Spieler beschließt, die Firma endgültig zu verlassen, oder jemand anderen dazu bringen will, die Firma endgültig zu verlassen. Der letzte Zug wird gewöhnlich durch Sätze eingeleitet wie: »Wenn Sie das noch einmal machen, dann. . .« Hier benötigt der andere Spieler, der die Regeln genau kennt, normalerweise nur noch wenig Zeit, um das Spiel bis zu seinem explosiven Ende zu steigern.

»Tumult« wird häufig zwischen Chef und Untergebenem gespielt, wenn beide ernsthafte Schwierigkeiten haben, miteinander auszukommen. In ihrer gegenseitigen Frustration verfallen sie nur allzu gern in die alte, unproduktive Art, ein Problem anzugehen. Da das »Tumult-Spiel« grundsätzlich dazu dient, ungute Gefühle zu verstärken, bleibt dann als einziger Ausweg nur noch die Trennung. Beide Spieler garantieren daher schon beim ersten Spielzug einen wirtschaftlichen

Verlust für die Firma. (Der Verlust äußert sich nicht nur in der Zeitvergeudung während des Spiels, sondern auch dann, wenn einer der Spieler endgültig geht.) In Firmen mit hoher Personalfluktuation ist das »Tumult-Spiel« besonders häufig.

Wie Spiele unsere Lebensanschauung widerspiegeln

Um sich wohl zu fühlen, müssen viele Menschen vertraute Gefühle empfinden, mögen diese nun negativer Art sein oder nicht. Mit den vertrauten Gefühlen fühlen sie sich sicher, auch wenn es unangenehm ist. Das veranlaßt sie, die vertrauten Gefühle zu reproduzieren und solche Spiele auszuwählen, die diese Gefühle auslösen. Dabei entwikkeln sie Verhaltensmuster, bei denen bestimmte Spiele und Gefühle mit Sicherheit immer wiederkehren werden. Das Verhaltensmuster unterstützt ihr Drehbuch und verstärkt ihre Grundlebensanschauung.

Obwohl jemand mit allen vier Grundanschauungen vertraut sein kann, bestätigen doch die meisten seiner Spiele eine dominierende Anschauung. Für die meisten Leute im Geschäftsleben oder in großen Unternehmen ist diese Anschauung gewöhnlich »Ich bin o.k. – Du bist nicht o.k.« oder »Ich bin nicht o.k. – Du bist o.k.« Die Anschauung »Ich bin o.k. – Du bist o.k.« (wir sind beide o.k.) ist gewöhnlich frei von Spielen. Sie wird gekennzeichnet durch Offenheit und Vertrauen sowie durch Bereitschaft, zu teilen, zu geben und andere Leute bedingungslos so zu akzeptieren, wie sie sind. Es besteht im Grunde genommen keine Veranlassung, andere für den eigenen emotionalen Gewinn oder Nutzeffekt zu manipulieren. Die vierte Anschauung »Ich bin nicht o.k. – Du bist nicht o.k.« wird zwar durch Spiele verstärkt, ist aber buchstäblich selbstzerstörend. Sie ist typisch für Leute, die mit der realen Welt nicht fertig werden.

Ich bin o.k. – Du bist nicht o.k.

Spiele, die diese Anschauung verstärken, drehen sich meist um Gefühle wie Ärger, Verachtung, Überheblichkeit oder Ekel, wobei derjenige, der diese Gefühle empfindet, sie auf andere überträgt. Diese Spiele werden meist von einem starken Eltern-Ich oder einem schlecht gelaunten Kindheits-Ich gespielt. Sie zeigen sich in täglich vorkommenden Verhaltensweisen, z. B. wenn man jemanden kritisiert, die Schuld auf jemanden schiebt oder ihn demütigt.

Bei diesen Spielen kann sich großer Haß entwickeln. Manche leben in früher Kindheit ständig unter unnachgiebigem, irrationalem äußeren Druck. Sie stehen unter Zwängen, die ihnen von der Umgebung, den Umständen und gelegentlich von sehr dominierenden, unglücklichen Eltern auferlegt wurden. (Tu dies; laß jenes; sei so, wie ich es will und nicht wie du willst; fühle oder denke so, wie ich es sage; fühl dich minderwertig, weil ich es dir sage; sei unfähig, dumm und ungeschickt, weil du nicht besser sein sollst als ich.) Jeder nimmt es übel, wenn ihm solche Zwänge aufgebürdet werden (und das ist die normale Reaktion des Kindheits-Ichs). Da man nicht in der Lage ist, dem Druck auszuweichen, staut man innerlich starke Haßgefühle auf. Später spielen diese Leute ihre Spiele mit besonderer Intensität. Wann immer sie sich später im Leben schlecht fühlen, lassen sie ihrem aufgestauten Haß freien Lauf. Der Haß, der auf eine bestimmte Person der näheren Umgebung gerichtet ist (Ehefrau, Ehemann, Chef, Untergebener), hat charakteristischerweise gar keinen direkten Bezug zu dieser Person. Er ist lediglich Ausdruck all des aufgestauten Ärgers, der sich auf den jungen Menschen niedergeschlagen hat. Solche Ausbrüche und das Demütigen von anderen sind eine sichere Sache (denn Vater und Mutter sind nicht mehr da, um aufzupassen). Viele Spiele, die die Anschauung »Ich bin o.k. – Du bist nicht o.k.« verstärken, entstanden aus dem in früher Kindheit gespielten Spiel »Meins ist besser als deins« (eine versteckte Art zu sagen: »Ich bin besser als du« oder Ich bin o.k. – Du bist nicht o.k.«). JEHIDES ist wahrscheinlich die häufigste Form dieses von Kindern gespielten Spiels zur Herabsetzung von anderen. Es gibt buchstäblich keine andere Methode, um sich noch schneller auf Kosten einer anderen Person um so vieles besser zu fühlen.

Viele andere Spiele, die die Anschauung »Ich bin o.k. – Du bist nicht o.k.« verstärken, sind Abwandlungen des JEHIDES-Themas. Spiele wie z. B. »Makel« (das von Leuten gespielt wird, die sich nicht eher wohl fühlen, bis sie nicht einen Makel an jemand anderem entdeckt haben; oder von Gruppen, die eine einzelne Person wegen eines Makels ausstoßen, um sich innerhalb der Gruppe sicherer zu fühlen). Dazu gehört auch das Spiel »Kritik«. Hierbei benutzt jemand die

Kritik am Verhalten oder an der Einstellung einer anderen Person als Vorwand, um sich selbst besser zu fühlen. (Seine »Kritik« kann durchaus spontan kommen, und zwar immer dann, wenn er unbewußt das Gefühl hat, jemand ärgern zu müssen, um sich Erleichterung für seine eigenen unguten Gefühle zu verschaffen.)

Häufig wechselt der routinierte »Kritik«-Spieler von diesem Spiel über zu »Du bist nicht gut genug« (deshalb werde ich es für dich tun). Sind die Spieler Chef und Untergebener, dann ist das vorbestimmte Ziel für den Chef, daß er dem Untergebenen dessen Unfähigkeit zeigt. Es rechtfertigt ihn, eine Sache in die Hand zu nehmen, und erleichtert damit sein unbehagliches Gefühl, zusehen zu müssen, wie jemand etwas zu machen versucht, was er besser kann. Diese Situation ist typisch für den leistungsorientierten Chef, der fürchtet, die Kontrolle zu verlieren, wenn er etwas delegiert. Er hat Angst, daß seine Untergebenen Fehler machen könnten, wenn sie versuchen, ein Problem zu lösen. In dem Bewußtsein, daß er es lösen kann und daß sie es möglicherweise noch nicht können, wird ein solcher Chef aufgrund seiner Einstellung »Ich bin o.k. – Du bist nicht o.k.« die Sache übernehmen und so erledigen, wie er sie immer erledigt hat. Damit schafft er eine Situation, in der niemand irgend etwas Neues dazulernen kann.

Beklagt sich ein Angestellter, dann geht der Chef möglicherweise über zu dem Spiel »Ich versuche nur, Ihnen zu helfen«, um sich der Loyalität zu versichern. Wenn eine Sache dann trotzdem schiefgeht, wird er sofort jede Verantwortung abstreiten oder auf das Spiel »Sie haben mir das eingebrockt« ausweichen.

Bei all diesen Spielen wird eine andere Person als Zielscheibe benutzt und als Quelle aller Probleme angesehen. Auf diese Weise muß der Spieler nie über seinen eigenen Beitrag zu allen Schwierigkeiten nachdenken, muß nie selbst den ersten Schritt zu einem positiven Wandel tun. Spiele, die die Einstellung »Ich bin o.k. – Du bist nicht o.k.« bestärken, können auch dreiseitig sein, wie z. B. das Spiel »Macht den Sieger unter euch aus«. Wie oft läßt man sich nicht dazu verleiten, mit jemandem um eine Belohnung (Job, Beförderung, etc.) zu kämpfen, nur um hinterher herauszufinden, daß es, selbst wenn man gewinnt, ein schaler Sieg war. (Der Job ist nicht so toll, wie er dargestellt wurde, die Beförderung ist nicht mit einer Gehaltserhöhung verbunden, und von dem erwarteten Ruhm ist nichts zu spüren.) Trotzdem befindet man sich vielleicht sein ganzes Leben in einer solchen Kampfhaltung. Betrachtet man die Sache etwas genauer, wird man bald herausfinden, daß bei dem Spiel gewöhnlich eine dritte Person beteiligt Ist. Die beiden Spieler können sich gegenseitig ausschalten, so wie eine launenhafte Frau zwei ihr unerwünschte Verehrer ausschaltet, indem sie die beiden miteinander kämpfen läßt.

Es vergeht kaum ein Tag, an dem man nicht ein Spiel beobachten kann, bei dem die Einstellung »Ich bin o.k. – Du bist nicht o.k.« verstärkt wird. Wenn wir sehen, wie jemand ein solches Spiel spielt, heißt das jedoch nicht, daß wir damit seine Grundlebensanschauung entdeckt hätten. Jeder mit einer der drei anderen Lebensanschauungen kann auch mit diesen Spielen vertraut sein und sie häufig spielen. Manche mögen z. B. die Einstellung »Ich bin o.k. – Du bist o.k.« haben und es trotzdem gelegentlich schwierig finden, mit widersprüchlichen Idealvorstellungen oder Lebensstilen fertig zu werden. Es ist, als ob ihre früheren Erfahrungen ihnen nur zeigten, wie o.k. sie selbst sind, wie recht sie haben oder wie überlegen sie sind. Sie wissen nicht, wie sie mit Leuten umgehen sollen, die nicht ihren standardisierten (Eltern-Ich-)Lebensvorstellungen entsprechen. Auch solche Leute neigen gelegentlich dazu, JEHIDES, »Kritik« oder »Makel« zu spielen.

Andere wiederum haben hauptsächlich die Einstellung »Ich bin nicht o.k.«; aber, in die Enge getrieben oder im Zustand äußerster Bedrängnis, flüchten sie sich in die Haltung »Ich bin o.k. – Du bist nicht o.k.« – mehr oder weniger als letzte Zuflucht. Das Überwechseln von einer Lebensanschauung in die andere, von einem Spiel ins andere, kann ganz schnell vor sich gehen. In der einen Minute kann jemand noch übellaunig sein, sich selbst beschuldigen oder Schläge von anderen einstecken aufgrund der Haltung »Ich bin nicht o.k. – Du bist o.k.«. Und einen Augenblick später, sozusagen im Handumdrehen, wird er ausfällig gegen andere, weil er umgeschaltet hat auf »Ich bin o.k. – Du bist nicht o.k.«. Dann kann er genauso schnell wieder zurückschalten, wobei er wahrscheinlich nicht nur Energie verschwendet, sondern auch vor sich selbst erschrickt.

Die für einen Menschen dominierende Lebensanschauung kann deshalb nicht nur aufgrund von Beobachtung einiger Spiele festgelegt werden. Seine Grundanschauung umfaßt viele Spiele. Sie wird bestimmt durch das Gesamtbild all seiner Spiele, wobei auch nach Intensität und Häufigkeit der gespielten Spiele beurteilt werden muß. Sie kann nur durch ständige Beobachtung sicher bestimmt werden. Isolierte Beispiele sind immer nur als Hinweis zu werten.

Ich bin nicht o.k. – Du bist o.k.

Spiele, die depressive Gefühle der Demütigung, Schuld oder des Verletztseins umfassen, verstärken die Einstellung von Nicht-o.k. Sie strukturieren die Zeit so, daß unbewußt negatives Streicheln (der versteckte Nutzeffekt) erfolgt. Sie werden gewöhnlich von einem nachgiebigen (nicht trotzigen) Nicht-o. k.-Kindheits-Ich gespielt. Sie erinnern den Spieler daran, daß er nicht o. k. ist, und reproduzieren all die negativen Gefühle, die mit seinem depressiven Zustand verbunden sind.

Von all den Spielen, die die Einstellung »Ich bin nicht o.k. – Du bist o.k.« verstärken, wird das Spiel »Schlag mich« vielleicht am häufigsten gespielt. Es hat außerdem viele andere Variationen. Übergibt man z. B. einem guten »Schlag-mich«-Spieler ein neues Projekt, dann denkt er sich sofort alle möglichen Gründe aus, warum er es nicht übernehmen kann. (»Das kann ich nie«; »Das habe ich noch nie gemacht«; »Darin bin ich nicht so gut«; »Kann ich nicht allein machen«; »Kann nicht gut mit anderen zusammenarbeiten«, etc.) Er verstrickt sich so in die negativen Argumente der Vergangenheit, daß er sich fast völlig aktionsunfähig macht. (Dann verfällt er allmählich, mit dem zunehmenden Gefühl der Unfähigkeit, in das Spiel »Ich bin nicht gut genug« [deshalb sollst du es für mich tun].)

Wenn niemand bereit ist, auf sein Spiel einzugehen, nimmt er das Projekt vielleicht in Angriff. Tatsächlich kann es so aussehen, als ob er es wirklich in den Griff bekäme. In diesem Fall gilt sein Hauptaugenmerk nicht dem Erfolg, sondern mehr einer anderen Form des Spiels, nämlich dem »Sie sehen, ich gebe mir wirklich die größte Mühe«. Damit ist dann sein unbewußt eingeplantes Versagen gerechtfertigt. Versagt er wirklich, schließt sich der Kreis seiner unguten Gefühle. Dann findet er Trost in dem Spiel »Jetzt sehen Sie, wozu Sie mich gebracht haben«. Ist sein Bedürfnis nach negativen Gefühlen immer noch nicht befriedigt, sucht er ein besorgtes Eltern-Ich, mit dem er »Ist es nicht schrecklich« oder »Warum muß das immer mir passieren« (WAIM) spielen kann.

Diese Spiele müssen nicht notwendigerweise aufeinander folgen und können sich auch über einen längeren Zeitraum hin erstrecken. Sie gehören jedoch zu den Spielarten, die den Nicht-o. k.-Aspekt der Grundanschauung eines Spielers verstärken. Häufig stellen sie den hartnäckigen Versuch dar, den Nicht-o.k.-Status aufrechtzuerhalten. Besonders geeignet sind hierfür Spiele wie: »Wenn du nicht wärst« (oder ich, die anderen, das Leben, die Umstände) und »Holzbein« (was kann man von einem Mann mit einem Holzbein erwarten – oder von jemand ohne Persönlichkeit, ohne Erziehung). Manchmal kann der oberflächliche Appell eines Spiels an die Vernunft sehr verführerisch sein.

Sehr oft sieht es so aus, als ob Leute, die Spiele auf der Basis »Ich bin nicht o.k. – Du bist o.k.« spielen, ganz bescheiden, ruhig und anspruchslos sind. In Wirklichkeit sehen sie sich jedoch ganz anders. Sie betrachten sich als Opfer der Lebensumstände, des Systems, oder der Repressionen und Einflüsse ihrer Umwelt. Sie fühlen sich vom Schicksal benachteiligt und als Opfer der Leute, mit denen sie leben. In den meisten Fällen sehen sie sich außerstande, irgend etwas daran zu ändern. Sie glauben, keinerlei Macht oder Einfluß zu besitzen. Wenn sie ihr Leben unter Kontrolle brächten oder selbst etwas auf die Beine stellten, dann würde das von ihrem Kindheits-Ich sorgfältig ausgearbeitete Schema für ihr Drehbuch (und Schicksal) zerstört. Obwohl sich diese Menschen als Opfer ihrer Umwelt betrachten, bleibt es ihnen auf die Dauer nicht erspart, erkennen zu müssen, daß sie lediglich ein Opfer ihrer selbst geworden sind.

Zweiseitig gespielte Spiele

Eine fast narrensichere Methode, einen JEHIDES-Spieler zu identifizieren, ist es, nach dem »Schlag-mich«-Spieler Ausschau zu halten; umgekehrt findet man den »Schlag-mich«-Spieler am schnellsten in Verbindung mit einem JEHIDES-Spieler. Beide bilden die Endpunkte der gegenseitigen Transaktionen.

Wenn ein guter JEHIDES-Spieler und »Schlag-mich«-Spieler zusammentreffen, sind ihre Schachzüge oft so subtil, daß man nicht mehr feststellen kann, wer den ersten Zug machte. Albrecht, Senioranwalt in einer bedeutenden Anwaltsfirma, findet besonderes Vergnügen daran, seinen Juniorpartner Eder zu ärgern. Eines Tages, als Albrecht vermutete, daß Eder an einem besonders kniffligen Fall nicht viel getan hatte, fragte er ihn:

Albrecht: Herr Eder, was ist mit dem Fall Johnson?

Eder: Bis jetzt nichts. Ich bin noch nicht dazu gekommen.

Albrecht: Ach wirklich! Was glauben Sie, was das hier für eine Firma ist! (Peng!) Wenn wir alle die schwierigen Fälle liegenlassen, können wir das Geschäft gleich zumachen. (Peng! Peng!) Wenn Sie nicht bald aufhören herumzufaulenzen, müssen Sie sich einen anderen Job suchen! (Peng! Peng! Peng!)

Oberflächlich gesehen, erkundigt sich Albrecht ganz harmlos: »Was ist mit dem Fall Johnson?« Aber tatsächlich weiß Eder, daß Albrecht sich gern über den Verlauf der Arbeiten informieren läßt. Eder ist ein geübter »Schlag-mich«-Spieler. In seinem Bedürfnis nach negativem Streicheln, versäumt es Eder häufig, Albrecht über die schwierigen Fälle auf dem Laufenden zu halten. Er läßt sie sogar mit Absicht liegen. So versichert er sich seines negativen Streichelns, auch wenn Albrecht an diesem Tag gar nicht in Laune ist, jemanden bewußt zu ärgern. In dem Moment, wo Eder einen Fall liegenläßt, beginnt er das Spiel. Tut er es nicht, beginnt Albrecht das Spiel. Beide sind jedoch so geschickt, daß gewöhnlich keiner von beiden mehr weiß, wer den ersten Zug gemacht hat. Viele Spiele werden von zwei Partnern gespielt. Sie sind besonders häufig in großen Unternehmen, wo einer das gestrenge Eltern-Ich und der andere das nachgiebige Nicht-o.k-Kindheits-Ich spielt. Dona, Direktor in einer Regierungsbehörde, und Jechart, sein Assistent, sind hierfür ein besonders gutes Beispiel. Bei den meisten Transaktionen verkörpert Dona das Eltern-Ich, wobei er von der Position »Ich bin o. k. – Du bist nicht o. k.« ausgeht. Jechart, sein Angestellter, ist das Kindheits-Ich, das den Zustand »Ich bin nicht o.k. – Du bist o.k.« wiedergibt. Beide haben mindestens ein halbes Dutzend Spiele, die in diesen Rahmen hineinpassen. Die folgenden acht Vorgänge sind eine verkürzte Fassung dessen, was sich häufig zwischen den beiden abspielt:

Schritt 1: Dona überträgt Jechart ein Projekt.

Schritt 2: Jechart arbeitet sorgfältig, aber durch sein Drehbuch ist sein Versagen vorprogrammiert.

Schritt 3: Dona bemerkt das sich anbahnende Versagen. Er steht Jechart bei, weist ihn auf mögliche Schwierigkeiten hin und versucht dann, ihm zu helfen.

Schritt 4: Jechart wehrt sich. Einwand: »Sie sehen, ich gebe mir die größte Mühe« (wobei sein Bemühen zu keiner Zeit den Erfolg des Projekts zum Ziel hat).

Schritt 5: Dona nimmt sich widerstrebend des Projektes an und rechtfertigt sein Verhalten mit »Ich versuche nur, Ihnen zu helfen« (wobei er so hilft, daß Jechart nichts daraus lernen kann. Seine Hilfe ist sinnlos und in Wirklichkeit gar keine Hilfe).

Schritt 6: Jechart spielt »Sie sehen, ich gebe mir die größte Mühe« auf Donas »Ich versuche nur, Ihnen zu helfen«. Beide fühlen sich wohl dabei.

Schritt 7: Schwierigkeiten tauchen auf. Dona lehnt die Verantwortung für ein mögliches Scheitern ab und spielt »Sie haben mir das eingebrockt« (in Wirklichkeit hat er es sich selbst eingebrockt, denn es war seine Entscheidung, die Sache in die Hand zu nehmen). Dona läßt das Projekt wie eine heiße Kartoffel fallen.

Schritt 8: Jechart ist im Zugzwang und unternimmt sofort die notwendigen, letzten Schritte, um das Scheitern vollständig zu machen. Er spielt »Jetzt sehen Sie, wozu Sie mich gebracht haben« (genauso war das Scheitern von Anfang an vorprogrammiert).

Zu Schritt 4 muß bemerkt werden, daß der Widerstand von Jechart gegen Donas Einmischung nur oberflächlich war. Seine geheime Botschaft an Dona lautete: »Übernimm die Sache, ich bin ein Versager.« In Schritt 5 ist Donas scheinbares Zögern, sich einzumischen, auch nur oberflächlich gespielt, ebenso wie sein Interesse, Jechart zu »helfen«. Dona muß sich einmischen, um sich auf Kosten eines anderen zu beweisen, daß er o.k. ist.

Dona und Jechart brauchen einander. Nur durch den Geheimvertrag mit Dona, der ihn immer rettet, kann es Jechart vermeiden, sich mit seinem Versager-Drehbuch befassen zu müssen (und kann weiterhin immer wieder scheitern). Dona kann nur durch den Geheimvertrag, Jechart immer wieder zu retten, sein unbewußtes Bedürfnis verschleiern, daß er sich immer auf Kosten anderer beweisen muß, daß er o.k. ist.

So benutzen Dona und Jechart ihre irrealen, sich ergänzenden Spiele, um die Integrität ihrer Lebensanschauung aufrechtzuerhalten. Jeder akzeptiert die fiktive Welt des anderen, damit er selbst nicht demaskiert wird. Wenn die beiden geschickt sind, können sie das ihr Leben lang weiterspielen.

Viele Spiele werden von zwei Partnern gespielt. (Wenn Dona z. B. »Makel« spielt, kann Jechart darauf mit »Ist es nicht schrecklich« reagieren.) Es ist nicht immer leicht, die Spiele zu identifizieren. Wichtiger noch, als die Bezeichnung eines Spiels herauszufinden, ist es jedoch, zu merken, daß ein Spiel im Gange ist. Den Namen für ein Spiel zu finden, kann oft zum Selbstzweck werden – ein intellektueller Vorgang, der selten eine Veränderung bewirkt. Weit wichtiger, als ein Namensschildchen zu finden, ist es, zu verstehen, was hinter alledem steckt. Gewöhnlich braucht man bei fast allen Spielen mindestens einen Partner, der auf einen reagiert. Jemand, der in irgendeiner Weise das funktionsgestörte Verhalten unterstützt. Ohne diesen Partner könnte das Spiel nicht gespielt werden. (Man müßte dann das Spiel entweder einstellen oder sich einen anderen Spielpartner suchen.) Wenn also nicht ganz klar ist, welches Spiel der Hauptspieler eigentlich spielt, dann hilft oft die Beobachtung des Mitspielers bzw. der Mitspieler. Das führt oft zu recht nützlichen Informationen über den Hauptspieler selbst. Wer z. B. nicht genau weiß, was er spielt, aber eine Menge von »Schlag-mich«-Spielern um sich hat, kann sicher sein, daß er zu den JEHIDES-Spielern gehört. Es genügt schon zu wissen, daß er so etwas *Ähnliches* wie dieses Spiel spielt, um versuchen zu können, damit aufzuhören. Er muß nicht die genaue Bezeichnung seines Spiels kennen, um es einzustellen.

Wie man vermeidet, Spiele zu verlieren

Oft verstricken wir uns unbewußt in unsere eigenen Spiele oder lassen uns in die Spiele anderer mit hineinziehen. Wir lassen uns dazu verleiten, auf der Ebene des Kindheits-Ichs oder Eltern-Ichs Transaktionen zu beginnen oder darauf zu reagieren. Sind wir einmal im Spiel drin, dann kommen wir selten ungeschoren wieder heraus. Es liegt kein Gewinn darin, sich deprimiert oder geschlagen zu fühlen. Es liegt auch kein Gewinn darin, die Oberhand zu gewinnen und sich darüber zu freuen, daß man dem anderen eins ausgewischt hat. Jede Transaktion, die bezweckt, daß man sich auf Kosten eines anderen wohl fühlt, führt schließlich dazu, daß der Initiator zum Opfer seiner eigenen archaischen Verhaltensmuster wird.

Da wir nicht gewinnen können, wenn wir einmal im Spiel drin sind, bleibt nur zu hoffen, daß wir vermeiden zu verlieren. Das können wir am besten, wenn wir den emotionalen Unterbau des Spiels verstehen. Und wenn wir versuchen, uns und die anderen aus der Spielsituation heraus zu produktiveren Betätigungen zu führen.

Die Gefühle identifizieren

Um aus einem Spiel herauszukommen, muß man erst erkennen, daß man drinsteckt. Am leichtesten lassen sich Spiele auf der Gefühlsebene identifizieren. Sie lassen sich, wenn sie ihren Endpunkt erreicht haben, durch die Auslösung solcher Gefühle wie Ärger, Niedergeschlagenheit und Selbstzufriedenheit nachweisen. Es ist deshalb oft nützlich, den oberflächlichen Anschein der Ereignisse außer acht zu lassen und statt dessen die dabei beteiligten Gefühle näher zu untersuchen. Sind Frustration, Hoffnungslosigkeit, Ärger, Ablehnung zu erkennen? Wer erzeugt Druck, um ihn später an jemandem auszulassen? Wo ist der Konflikt? Wo ist der Widerstand? Wie entsteht das alles? Wer fühlt was, und wie wichtig nimmt er seine Gefühle? Und vor allem: welchen Zweck scheint das Ganze zu haben?

Machen Sie sich mit Ihren Gefühlen vertraut. Prüfen Sie sie so, wie Sie Ihren Tagesablauf prüfen — besonders Ihre Gefühle im Umgang mit anderen. Lernen Sie erkennen, wann die Leute Sie frustrieren oder Ihnen auf die Nerven gehen. Vielleicht sind sie darauf aus, ihre Schläge zu bekommen. Lernen Sie, ein Gefühl dafür zu bekommen, wann Sie andere frustrieren. Vielleicht wollen Sie selbst Ihre Schläge bekommen. Achten Sie darauf, wann Sie beginnen, ärgerlich zu werden, sich deprimiert zu fühlen oder das Gefühl der Unzulänglichkeit zu haben. Achten Sie darauf, wie die Dinge sich entwickeln und ob Sie sich nach einiger Zeit besser oder schlechter fühlen. Intensivieren sich Ihre Gefühle, dann eskaliert das Spiel wahrscheinlich.

Machen Sie das Verborgene sichtbar

Es gibt eine wirkungsvolle Art, aus einem Spiel auszusteigen: Stellen Sie fest, was vor sich geht, erklären Sie das Ihren Mitspielern und äußern Sie Ihren Wunsch, nicht mehr mitspielen zu wollen. Wenn Ihr Kindheits-Ich eine gute Beziehung zum Kindheits-Ich des anderen hat, kann das manchmal ganz schnell und einfach gehen. Sie können dann vorschlagen, zu angenehmeren Transaktionen überzugehen.

Mika, Gebietsverkaufsleiter für einen Hersteller von Sportbekleidung für Damen, war am Telefon mit einem seiner Bezirksleiter in heftigen Streit darüber geraten, wie viele Verkäufer zu einer bevorstehenden Fachtagung zu entsenden seien. Ihr Streit spitzte sich zu, und Mika fühlte, wie er immer erregter wurde. Er fühlte, wie sich seine Haltung verhärtete. Da er es jedoch nicht bis zum »Tumult« treiben und auch seinen Bezirksleiter nicht provozieren wollte, versuchte er es mit einer anderen Methode. »Hören Sie«, sagte er in sachlichem Tonfall, »so kommen wir nicht weiter. Versuchen wir's noch einmal. Okay?« Sein Bezirksleiter, der einer Konfrontation ebenfalls aus dem Wege gehen wollte, stimmte bereitwillig zu. Mikas Kindheits-Ich hatte, geleitet von seinem Erwachsenen-Ich, einen Ausweg für beide gefunden.

Nicht immer sind die Dinge so einfach. Einer der Spieler kann zu tief im Spiel verstrickt sein und kommt so schnell nicht wieder heraus. Forster, ein junger Luftfahrt-Ingenieur, hatte versucht, einen Freund zu trösten, der gerade bei einer Beförderung übergangen worden war. Das war für seinen Freund ein harter Rückschlag. Aber es bedeutete nicht, daß nun die Welt für ihn zusammenbrach. Trotzdem kam sein Freund immer wieder darauf zu sprechen, auch wenn Forster versuchte, das Thema zu wechseln. Seine Vorwürfe wurden immer heftiger; er hörte nicht auf zu sagen: »Was mache ich falsch?«; »Wie können sie mir das bloß antun?«; »Ich werde jetzt wohl kündigen müssen«; »Hätten sie mir nicht wenigstens etwas Selbstrespekt lassen können?«. Er schien all die Phrasen für das Spiel »Ist es nicht schrecklich« und »Armer Teufel« zu kennen und ewig weiterspielen zu wollen.

Am Anfang hatte sich Forster aus echtem Interesse für seinen Freund an dieser Unterhaltung beteiligt. Aber allmählich fühlte er sich bei seinen Tröstungsversuchen frustriert. Er erkannte, daß seine Bemühungen erfolglos blieben, und er ermüdete. Er beschloß, sich zurückzuziehen. Er sagte zu seinem Freund: »Ich weiß, daß du traurig bist und daß es ein schwerer Schlag für dich war. Aber wir beide können nichts daran ändern. Es hilft uns überhaupt nichts, hier herumzusitzen und zu jammern. Ich will jetzt etwas anderes machen. Wenn du willst, kannst du mitkommen.« Sein Freund, der noch mitten in seinem Spiel war, merkte, daß Forster nicht mehr mitspielen wollte. Er hatte die Wahl, entweder sein Spiel weiterzuspielen und auf die Gegenwart von Forster zu verzichten oder aufzuhören und mit Forster zu gehen. Er entschloß sich für die zweite Lösung. Da Forster seinen Wunsch, sich zurückzuziehen, deutlich geäußert hatte, gelang es ihm, seinem Freund zu einer unmittelbaren Entscheidung zu verhelfen. Er streichelte ihn, weil er Verständnis zeigte und den Vorschlag machte, mit ihm zusammen etwas anderes zu unternehmen. Es war ihm außerdem gelungen, seinem Freund dabei zu helfen, nutzloses (gespieltes) Streicheln einzutauschen gegen wirkungsvolleres, realitätsbezogeneres Streicheln.

Manchmal, wenn man selbst genauso im Spiel festgefahren ist wie der Mitspieler, ist es schwieriger, wieder herauszukommen. Hier empfiehlt es sich, alle Verstrickungen des Erwachsenen-Ichs, die das Spiel begleiten, offen zu erforschen – die Eröffnungszüge, die Eskalation (falls vorhanden) und den voraussehbaren Nutzeffekt. Zusätzlich zu der Äußerung, daß man das Spiel zu beenden wünscht, kann man auch fragen: »Was soll nach dem Nutzeffekt kommen?«

Glenk, einer von acht Anwälten einer Anwaltskanzlei, befand sich in einem sinnlosen, nach neun Seiten gerichteten Spiel mit seinen Anwaltskollegen und ihrem gemeinsamen Chef, einem häufig vom Gericht berufenen Pflichtverteidiger. Der Pflichtverteidiger, ein guter Rechtsanwalt, war kein besonders guter Organisator. In der Kanzlei herrschten chaotische Zustände. Die Chefsekretärin öffnete jedermanns Post (angeblich um den Arbeitsanfall zu überprüfen) und behandelte die anderen Sekretärinnen wie ihre Untergebenen. Die Anwälte mußten sich jeden Tag in Anwesenheitslisten eintragen und sich abmelden, wenn sie fortgingen. Die Kanzlei war so mit Arbeit überlastet, daß keiner der Anwälte seinen Klienten gerecht werden konnte. Darüber hinaus war die Atmosphäre im Büro äußerst gespannt. Es war nicht einfach, hier zu arbeiten.

Die Anwälte, die sich mit diesen Schwierigkeiten herumplagen mußten, überzeugten schließlich ihren Chef, eine Personalbesprechung abzuhalten, bei der sie ihre Vorschläge vorbringen und an den Managemententscheidungen teilhaben konnten. Bei dieser Besprechung sah Glenk, daß er in ein Spiel verwickelt war. Jeder Anwalt äußerte seine Meinung und gab an, was ihn störte. Daraufhin antwortete der Chef: »Das war schon so, bevor ich den Job übernommen habe«; »Das sehe ich ein, aber wir können nichts Besseres tun« und »In anderen Büros wird das genauso gemacht«. Gleichgültig, wie das Problem lautete, seine Antworten liefen immer aufs gleiche hinaus – er wußte Bescheid, konnte aber nichts daran ändern. Er hörte aus ihren Worten nur die persönliche Kritik heraus, Angriffe auf seine eigene Befähigung als Manager. Er antwortete mit defensiven Äußerungen – gab Gründe an, warum alles so war, brachte »Ja, aber« vor, um zu zeigen, daß nicht ihn die Schuld an diesen Schwierigkeiten traf. Er hörte nie richtig zu, wenn die Anwälte erklärten, wie *sie* unter dem Streß litten.

Als die gegenseitige Frustration wuchs, merkte Glenk plötzlich, daß ihre Bemühungen sinnlos waren. Er und seine Anwaltskollegen traten auf der Stelle. Der Chef hörte ihnen nicht zu, und sie hörten ihrem Chef nicht zu. Glenk wußte zwar nicht genau, was er tun sollte, aber eines wußte er bestimmt: Er wollte das Spiel nicht weiterspielen. Er sagte: »Ich fühle mich durch unser aller Verhalten frustriert. Jeder von uns sagt, was ihn stört und erwartet, daß der Chef etwas dagegen unternimmt. Und der Chef weicht aus und wird überhaupt nichts unternehmen. Offensichtlich haben wir jetzt herausgefunden, was er alles nicht tun wird, und das sind gerade die Dinge, die uns am meisten stören. Bei jedem neuen Thema wird unsere Frustration und die des Chefs nur gesteigert. Wir könnten noch eine Menge Themen erwähnen und würden uns hinterher trotzdem nicht besser fühlen. Also was? Wir fühlen uns noch schlechter und nichts wird sich ändern. Offengestanden, fühle ich mich bereits jetzt schlecht genug. Können wir nicht zur Abwechslung etwas Produktives unternehmen?«*

Der Pflichtverteidiger, der Glenk sofort verstand, und zum ersten Mal seinen Anteil an der verfahrenen Situation erkannte, bot seine Hilfe an, die Besprechung neu zu gestalten und auf positivere Wege zu leiten. Er willigte außerdem ein, seinen Beitrag zur Lockerung der gespannten Atmosphäre im Büro zu leisten.

Diese Methode, aus einem Spiel herauszukommen, ist besonders wirksam, wenn beide Seiten daran interessiert sind (oder sich dessen bewußt sind), daß sie das Spiel beenden wollen. Sie enthüllt die geheimen Motive, die jedes Kindheits-Ich für die Beteiligung am Spiel hatte, und ermöglicht dem Erwachsenen-Ich jedes Spielers, das Geschehen zu beurteilen. Wäre bei der Besprechung nicht ausdrücklich erwähnt worden, was auf der Gefühlsebene geschah, wie die Gefühle entstanden und eskalierten, dann hätten alle das Spiel endlos weiterspielen können.

* Kaum jemand wird, schon gar nicht beim ersten Mal, so offen den Erwachsenen-Standpunkt eines Spiels erforschen und artikulieren wollen. Jeder Versuch dazu ist jedoch besser als gar kein Versuch, denn das Spiel wird automatisch gestoppt, wenn die Kette der Transaktions-Reaktionen durchbrochen wird.

KAPITEL 6

Leben in der Vergangenheit, Zukunft und Gegenwart

Der Begriff der Zeitbewußtheit

Viele Leute gehen durchs Leben, ohne sich ihrer Umgebung bewußt zu sein und ohne auf ihre Umwelt zu reagieren. Sie verbringen die Zeit damit, nachzudenken, Erinnerungen wachzurufen, Mutmaßungen über die Zukunft anzustellen und über Vergangenes und Zukünftiges nachzugrübeln. Ihr Denken ist unproduktiv. Sie grübeln so sehr über etwas nach, daß sie die Gegenwart völlig vergessen. So hindern sie sich selbst daran, spontan auf ihre Umwelt zu reagieren. Oft werden sie mißtrauisch gegenüber ihren eigenen natürlichen Reaktionen.

Solche Menschen werden leicht zum Opfer der frühen Lektionen, die ihnen (fälschlicherweise) sagten, daß ihre natürlichen Gefühle und Reaktionen nicht richtig waren und deshalb ignoriert werden müßten. Man brachte ihnen bei, nicht in der Gegenwart zu leben und das Leben zu erforschen, sondern verlangte vielmehr, daß sie sich in einen von den Eltern vorbestimmten Rahmen einfügten. Was sie erlebten, war nur von Bedeutung, wenn es in das festgelegte Schema hineinpaßte.

Menschen, die so heranwachsen, versuchen immer, alles auf stereotype Art und Weise zu erledigen. Sie achten immer darauf, wie etwas erledigt werden *sollte*, wie sie reagieren oder fühlen *sollten*. Sie versuchen, für komplexe Situationen möglichst einfache Lösungen zu finden. Wenn ihre alten (Eltern-Ich) Verhaltensweisen für die Lösung eines gegenwärtigen Problems nicht geeignet sind, dann erschweren sie sich zusätzlich die bestehenden Schwierigkeiten. Wenn es ihnen mißlingt, ein Problem zu lösen, erreichen sie schnell einen toten Punkt. Sie frustrieren sich selbst und fühlen sich lieber schlecht, als nach neuen Lösungen zu suchen. (»Das *muß* so gehen. Wenn es so nicht geht, bin ich hoffnungslos verloren. Ich bin ein Versager.«) Für diese Menschen verdunkelt die Vergangenheit ihr Wahrnehmungsvermögen für die Gegenwart, so daß sie unfähig sind, wirkungsvoll mit der Realität fertig zu werden.

Andere wiederum haben diese Schwierigkeiten mit der Zukunft. Für sie ist die Zukunft so wichtig, daß sie die Gegenwart überlagert; sie werden unempfänglich für das Geschehen ihrer Umgebung. Als sie jung waren, hatte die Nichtberücksichtigung der Zukunft oft traumatische Folgen (wenn sie z. B. vergaßen, daran zu denken, wie die Mutter auf irgend etwas reagieren würde). Es gibt Kinder, die kaum atmen können, ohne auf die schlechte Laune der Eltern gefaßt sein zu müssen. Ihre einzige Möglichkeit zu überleben besteht darin, immer die möglichen (katastrophalen) Folgen ihrer Taten im Auge zu behalten. Die Furcht lehrt sie, die Zukunft zu berücksichtigen. Das kann bei ihnen zu einer wahren Zwangsvorstellung werden, die sie davon abhält, die Gegenwart zu sehen, zu hören und zu fühlen.

Für andere wiederum hat die Zukunft nicht viel zu bieten und die Vergangenheit keine große Bedeutung. Als sie jung waren, gab es zwischen dem gegenwärtigen und dem vergangenen Geschehen oft keinen Zusammenhang. Die anderen Leute waren unbeständig, und die Ereignisse ergaben sich zufällig, sinnlos und ohne Grund. Der Versuch, sich einen Reim darauf zu machen, erwies sich oft als nutzlos. Auch später wurde ihre Verwirrung nur bestärkt, wenn sie versuchten, die Vergangenheit zu verstehen oder sich in die Zukunft hineinzuversetzen.

Diesen Leuten fehlt die Fähigkeit, zwischen Vergangenheit, Gegenwart und Zukunft das richtige Verhältnis herzustellen. Für sie ist Vergangenheit und Zukunft entweder zu bedeutend oder nicht bedeutend genug. Ihre Erinnerungen und Erwartungen sind entweder zu lebendig oder nicht lebendig genug. Diese Menschen leben nicht »zeitbewußt«. Sie machen keinen produktiven Gebrauch von der Zeit. Anders als der zeitbewußte Mensch lassen sie sich von der Vergangenheit und der Zukunft nur verwirren. Es gelingt ihnen nicht, die Gegenwart in die richtige Perspektive zu setzen; sie können die Dinge nicht so sehen, wie sie geschehen sind oder noch geschehen werden.

Ein zeitbewußter Mensch lebt in der Gegenwart; er nutzt die Informationen der Vergangenheit und die Erwartungen an die Zukunft, um seine Wahrnehmung der Gegenwart zu steigern, nicht um sie zu begrenzen. Vergangenheit und Zukunft erweitern seine Perspektive, sie beeinträchtigen sie nicht. Sie helfen ihm zu planen, Möglichkeiten richtig einzuschätzen und seine gegenwärtigen Aktionen so auf die Zukunft abzustimmen, daß sie den Möglichkeiten, so wie er sie sieht, gerecht werden. Sie erweitern sein Verständnis für den Zusammenhang zwischen Ereignissen, seinen Sinn für die Kontinuität dessen, was gewesen ist, was ist und was sein wird. Das wichtigste dabei ist, daß Vergangenheit und Zukunft dem zeitbewußten Menschen helfen und ihn nicht in irgendeiner Weise behindern.

Sehen und Hören mit Augen und Ohren der Vergangenheit

Viele von uns leben stärker in der Vergangenheit, als sie ahnen. Gewisse Ereignisse in unserer Jugend machen einen starken Eindruck auf uns. Wenn sich ähnliche Ereignisse später in unserem Leben wiederholen, dann spielen wir automatisch unsere alten Bänder ab. Die alten Aufzeichnungen können so stark in uns sein, daß wir völlig blind für das tatsächliche Geschehen unserer Umgebung werden. Wir leben zwar in der Gegenwart, aber wir sehen und hören mit den Augen und Ohren der Vergangenheit.

Lampenfieber

David, eine junge, aufsteigende Führungskraft in einer Ölgesellschaft, nahm an einer Konferenz von Absatzfachleuten teil. David saß mit einem Dutzend anderer Firmenvertreter an einem großen Tisch, aber seine Gedanken schweiften ab zu dem, was sich den ganzen Tag über ereignet hatte. Plötzlich wandte sich der Konferenzleiter, der gerade das Programm für die Woche durchgesprochen hatte, an ihn und fragte: »Nun, Herr David, was halten Sie davon?«

David richtete sich abrupt auf, er war völlig verwirrt, und Panik ergriff ihn. Alle hatten erwartungsvoll ihre Augen auf ihn gerichtet. »Was ich davon halte? Wovon eigentlich?« dachte er entsetzt. »Das Programm? Was soll schon damit sein? Warum fragt er mich?« Aber ging es um das Programm? Woher sollte er es wissen, bevor er antworten mußte? »Was soll ich eigentlich sagen?« fragte er sich selbst voller Panik. Die Augen aller waren immer noch auf ihn gerichtet. David suchte verzweifelt nach einer Antwort, aber ihm fiel nichts ein. Er versuchte, sich zu beruhigen, aber seine Panik wurde nur noch schlimmer. Als die Sekunden verstrichen, wußte er, daß er sich zu einer Antwort würde zwingen müssen. Er riß sich zusammen und äußerte lahm, daß er im Moment nichts dazu zu sagen habe. Peinliches Schweigen. Die Augen wandten sich von ihm ab, aber David wußte, daß die anderen unzufrieden waren. Er wußte, daß er sein stümperhaftes Verhalten im Laufe der Konferenz irgenwie wieder gutmachen mußte.

Zum Glück verhält sich David nur selten so ungeschickt. Er wird es in seiner Firma wirklich zu etwas bringen. Trotzdem quält ihn ein sehr unangenehmes Problem. Immer wenn er überrascht wird oder man ihn unerwartet etwas fragt, packt ihn – besonders wenn andere zuschauen – lähmendes *Lampenfieber*. Seine Jugend wurde von der elterlichen Forderung beherrscht, gute Leistungen zu bringen. Und er brachte gute Leistungen, besonders wenn er wußte, daß man ihn beobachtete. Noch heute bekommt er sein bestes Streicheln, wenn er für seine Leistungen Publikum hat. Aber die Situation ist auch umkehrbar. Wenn alle Augen auf ihn gerichtet sind und er nichts zu sagen hat, dann fühlt er immer noch die alte Forderung, etwas zu leisten. Panik ergreift ihn bei dem Gedanken, daß er dazu nicht fähig sein könnte.

Wenn ihn der Konferenzleiter um seine Meinung bittet, hört er nicht das echte Interesse in dessen Stimme. Er sieht nicht die Aufmerksamkeit in den Gesichtern der anderen. Er sieht und hört nur die *Forderung*. Diese Forderung besteht nicht wirklich in der Gegenwart, jedenfalls nicht in der Intensität, wie David sie empfindet. So wie er sie empfindet, existiert sie nicht. So lebt sie nur in seiner Vergangenheit.

Wenn jemand auf Situationen in einer Weise reagiert, die mit der Realität nicht vereinbar ist oder die dem widerspricht, was andere als Realität ansehen, dann lebt er meist in seiner Vergangenheit. Er sieht und hört nicht die verfügbaren Informationen und hindert sich somit selbst daran, für eine gegenwärtige Situation die entsprechende Lösung zu finden. Wäre David nicht in seiner Vergangenheit gewesen, hätte er dem Konferenzleiter mühelos erklären können, daß er im Moment nicht bei der Sache gewesen sei und daher die Frage überhört habe. Der Konferenzleiter hätte dann die Frage wiederholen und David hätte in geeigneter Weise darauf antworten können. Aber in diesem Augenblick am Konferenztisch, war David, dessen Erwachsenen-Ich völlig abgeschaltet hatte, überhaupt nicht in der Lage, die Daten der Wirklichkeit zu verarbeiten. Er reagierte nur mit dem alten Entsetzen, das er immer empfand, wenn er auf Befehl eine Leistung bringen sollte.

Ob wir in der Vergangenheit leben, erkennen wir, wenn wir in manchen Situationen mit großer Angst, Entsetzen oder Ärger reagieren, obwohl es dieser Situation gar nicht angemessen ist. Tatsächlich erfordern die wenigsten Situationen des täglichen Lebens extrem emotionale Reaktionen. Unser normaler Tagesablauf enthält kaum Situationen, in denen es um Leben oder Tod geht (wo solche Reaktionen gerechtfertigt wären). Das Leben geht weiter, und für uns geht es gewöhnlich auch weiter. Es gibt kaum Situationen, die ganz und gar hoffnungslos oder nicht mehr zu retten wären. Wenn man dem Erwachsenen-Ich genügend Freiheit einräumt, dann wird es bestimmt für alle gegenwärtigen Probleme eine annehmbare Lösung finden.

Transaktionen zwischen Eltern-Ich und Kindheits-Ich

Hans Stannek, fünfunddreißig Jahre alt, hat sich bis jetzt im Leben immer treiben lassen. Er nahm die Dinge, wie sie gerade kamen. Als Junge war er ruhig und anspruchslos und strengte sich nie besonders an. Im College belegte er die Kurse, die alle anderen auch belegt hatten. Nachdem er sein Examen gemacht hatte, ging er zu einer Firma, die eines Tages zufällig im College gewesen war, um sich ihre Nachwuchsleute herauszusuchen. Das Leben, so kann man sagen, kam zu Stannek. Er mußte ihm nie nachjagen. Manchmal war es gut zu ihm, manchmal nicht. Aber wie es auch kam, er war zufrieden damit.

Hans Stannek war in dieser Beziehung ähnlich wie sein Vater. Und das war etwas, was ihm seine Mutter nie ganz verzieh. Er hörte sie heute noch herummeckern: »Hans, wenn du dich nicht bald zusammenreißt und zusiehst, daß was aus dir wird, dann endest du noch so wie dein Vater!« Aber sein Vatter hatte das Leben genossen. Obwohl er es nie sehr weit gebracht hatte, gefiel es ihm immer, wo er gerade war. Das hatte Stannek immer heimlich bewundert.

Eines Morgens wurde Stannek zum Chef ins Büro gerufen. Es war mal wieder Zeit für eine Leistungsbewertung. Stannek schätzte diese Bewertungen nicht besonders. Aber er machte sich schleppenden Ganges auf den Weg ins Büro und setzte eine angemessen besorgte Miene auf. Bereits nach wenigen Minuten ließ der Chef eine längere Rede vom Stapel über Stanneks »Mängel«, wobei er häufig auf den Beurteilungsbogen auf seinem Schreibtisch deutete. Er kreuzte verschiedene Kästchen an, murmelte Redensarten wie »zeigt keine Initiative«, »fällt nichts ein« und »braucht Anleitung«.

Sobald sein Chef zu sprechen begonnen hatte, wurden Stanneks Augen trübe. Diese Szene war für ihn mit Erinnerungen beladen – Erinnerungen, die so stark waren, daß sie ihn überwältigten und die Gegenwart überlagerten. Er konnte weder sehen noch hören, was wirklich geschah. Sein Chef hörte nicht auf, in nörgelndem Tonfall auf Stanneks »Probleme« hinzuweisen – aber Stannek war weit weg in der Vergangenheit und hörte nur seine Mutter reden. Die Stimme seines Chefs wurde zur Stimme seiner Mutter, das Stirnrunzeln des Chefs zum Stirnrunzeln der Mutter. Stannek wurde von der Vergangenheit buchstäblich eingehüllt. Er konnte nicht mehr in der Gegenwart sehen oder hören. Er verstand die Bemerkungen seines Chefs nur als elterliche Kritik, und automatisch kamen ihm wieder die üblichen, verteidigenden und beschwichtigenden Antworten wie »tut mir leid«, »ich werd' mir Mühe geben«, über die Lippen.

Es ist nicht schwierig, die Vergangenheit in uns wachzurufen. Oft genügt als Anlaß eine vertraute Transaktion zwischen Eltern-Ich und Kindheits-Ich. Mit dem entsprechenden Partner, der in eine bekannte Rolle unseres Drehbuchs hineinpaßt, können wir die Gegenwart über Stunden hinweg ausschalten.

Wenn wir alte Spiele und Zeitvertreibe spielen, sehen wir oft unseren Partner nicht als den, der er wirklich ist. Wir sehen ihn als jemanden aus der Vergangenheit, als den, der die Rolle in unserem Drehbuch schuf. Und automatisch wiederholen wir unsere ehemaligen, unproduktiven Lösungen für alte Probleme. Nichts ist neu an der alten, vorprogrammierten Folge von Transaktionen. Nichts hat sich geändert. Alle Maßnahmen sind bekannt. Der Ausgang ist vorherbestimmt. Aber was sich zuvor als nicht gut erwiesen hat, wird sich jetzt auch nicht als gut erweisen.

Jeder von uns hat eine andere Vergangenheit als der andere. Wir alle haben verschiedene Schlüsselerlebnisse, die, wenn sie wiederkehren, uns in die Vergangenheit zurückwerfen. Diese Schlüsselerlebnisse sind bei jedem Individuum verschieden. Was für den einen wichtig ist, kann für den anderen völlig unwichtig sein. Eine nörgelnde Mutter z. B. kann verschiedene Wirkungen haben, sogar auf zwei Leute mit derselben nörgelnden Mutter. (Ein Kind kann das Nörgeln völlig unbeachtet lassen und das andere ein Trauma davontragen.) Aber aus welchen Gründen auch immer wir in der Vergangenheit leben: wir wiederholen immer nur die endlosen Frustrationen unserer Jugend in gegenwärtigen Situationen. Die Situation ändern wir dadurch nicht.

Angst vor dem Versagen und Schuldgefühle

Herrn Büscher, einem siebenundzwanzigjährigen Ingenieur, wurde ein ziemlich schwieriges, vielseitiges und neues Projekt übertragen. Kaum hatte er es bekommen, wurde er unsicher und fragte sich, ob er es bewältigen könne. Anstatt mit der Arbeit zu beginnen, baute er Angstgefühle auf und machte sich Sorgen. Aus der Vergangenheit rührende Zweifel an sich selbst türmten sich vor ihm auf. Büscher fühlte sich an die elterlichen Erwartungen von damals erinnert — Erwartungen, daß jede seiner Entscheidungen richtig sein mußte, daß er immer perfekt sein mußte. (In seiner Familie wurde es nicht geduldet, daß man Fehler machte.) Er hatte immer sorgfältig darauf geachtet, kein Projekt anzugehen, das er nicht mit Sicherheit bewältigen konnte. Bekam er ein Projekt, bei dem er sich nicht sicher war, fühlte er die alte Angst seiner Kindheit wieder in sich aufsteigen.

Büschers Chef hatte ein anderes Problem. Er war besonnen und wohlwollend eingestellt. Er hatte nicht die Absicht, Büscher unsicher zu machen. Nachdem er Büscher das Projekt gegeben hatte, mit dem dieser möglicherweise nicht fertig wurde, und nachdem er dessen Unsicherheit bemerkt hatte, fühlte er sich schuldig. Irgendwie hatte er das Gefühl, verantwortlich zu sein. Und dieses Gefühl konnte er nicht loswerden. Es war so schlimm, daß er sich nicht mehr auf seine eigene Arbeit konzentrieren konnte. Auch er lebte in der Vergangenheit, weil er sich in der Gegenwart schlecht fühlte, für etwas, was ein paar Stunden zuvor stattgefunden hatte.

Jetzt fühlten sich sowohl Büscher wie auch sein Chef, jeder auf seine Weise, unbehaglich. Sie befanden sich beide in ihrer Vergangenheit und konnten nicht die Daten der Wirklichkeit verarbeiten. Sie erkannten nicht, daß Büscher, wenn er mit seiner Arbeit angefangen hätte, sich ohne weiteres die noch benötigten Informationen hätte holen können. Wenn er direkte Hilfe gebraucht hätte, hätte er sicher auch darum bitten können. Es gab in der *Gegenwart* nichts, worüber die beiden sich Sorgen machen mußten. Dadurch, daß beide in der Vergangenheit lebten, war es ihnen für viele Stunden unmöglich, wirkungsvoll ihrer Arbeit nachzugehen.

Am schnellsten geraten wir in die Vergangenheit durch unsere Transaktionen mit anderen Leuten. Jemand reizt uns, und schon kommt eine Reaktion aus unserer Vergangenheit. Wir regen uns auf und sind so plötzlich im alten Gleis, daß jeder merkt, daß irgend etwas los ist. Aber auch ohne Überkreuz-Transaktion kann man sich in die Vergangenheit zurückversetzen. Das geht ohne die Beteiligung von irgendeiner anderen Person, ganz von allein – mit Hilfe des Spiels »Schiebung«.

Schiebung

Das Spiel »Schiebung« dient dazu, uns ständig in unserer Vergangenheit zu halten. Wenn jemand »Schiebung« spielt, dann ruft er in sich selbst die alten, vertrauten Gefühle wach. Zu diesem Spiel braucht er keinen Partner. Der Nutzeffekt ergibt sich für ihn nur in seiner eigenen Vorstellung.*

---

* Viele Transaktions-Analytiker verstehen unter »Schiebung« das Gefühl, das jemand durch seine Phantasie oder durch Spiele mit anderen auslöst. So definiert, kann »Schiebung« also auch der Nutzeffekt eines Spiels sein. Ich finde das verwirrend und bezeichne mit »Schiebung« lieber den Vorgang, durch den jemand ein Gefühl wiederherzustellen versucht, und zwar von sich aus, ohne die Einbeziehung eines Partners, d. h. eines Spiels. Im vorliegenden Zusammenhang ist »Schiebung« als ein Spiel zu betrachten, das jemand für sich allein spielt und bei dem nur sein eigens Eltern-Ich und Kindheits-Ich beteiligt sind.

Die Gefühle bei »Schiebung« sind, wie bei allen Spielen, künstlich. Sie sind keine spontanen Reaktionen des natürlichen Kindheits-Ichs auf reale Lebenssituationen. Es sind künstlich erzeugte Gefühle, die jemand braucht, um sich wieder in die Vergangenheit zurückzuversetzen. Diese Gefühle haben nichts oder nur wenig mit dem realen Leben in seiner Umgebung zu tun. Das Gefühl des Ärgers bleibt beim Spiel »Schiebung« länger erhalten, als das Ereignis überhaupt dauerte. Es ist nicht die plötzliche, natürliche Reaktion auf die unerwartete Forderung eines anderen, die schnell wieder vergeht. Es ist vielmehr ein sich länger hinziehender Ausdruck des Unwillens, der noch lange nach dem ursprünglichen Ereignis fortdauert. Sorge und Verzweiflung sind im Spiel »Schiebung« nicht echte Reaktionen auf einen wirklichen Verlust (z. B. eines geliebten Menschen), sondern künstlich erzeugte Depressionen, die dazu dienen, das bereits vorhandene depressive Lebens-Drehbuch zu bestätigen und aufrechtzuerhalten.

Für Warras, der mit achtunddreißig Jahren immer noch Assistent im Rechnungswesen ist, bietet das Leben nur Enttäuschungen. Diese Enttäuschungen ergeben sich jedoch nicht aus einer Serie von äußeren Anlässen. Sie bestehen vielmehr aus einer Serie von selbsterzeugten, inneren Gefühlen. Diese Gefühle sind für Warras so wichtig, daß kaum ein Tag vergeht, an dem er sie nicht wieder in sich wachruft. Das macht er äußerst geschickt! Warras' Eltern-Ich ist so fordernd, so unnachgiebig in seinen Ansprüchen, daß Warras diesen Erwartungen niemals gerecht werden kann, da sie seine Fähigkeiten übersteigen. Gleichgültig, wo er sich befindet, ob im Büro oder zu Hause, immer nimmt sich Warras mehr vor, als er schaffen kann. Immer verfehlt er sein Ziel und endet damit, sich enttäuscht zu fühlen. (Es war Warras' Vater, der ihn das lehrte. Sein Vater, der immer mehr von ihm erwartete, als er physisch leisten konnte. Warras konnte kaum laufen, da setzte ihn sein Vater schon aufs Fahrrad; er konnte kaum richtig werfen, da schenkte ihm sein Vater schon einen Schleuderball. Warras konnte diesen Erwartungen nie gerecht werden und verursachte seinem Vater immer große Enttäuschungen.) Heute beginnt Warras keine Sache, ohne zu große Erwartungen an sich selbst zu stellen. Das endet natürlich mit der (programmierten) Enttäuschung. Selbst wenn er morgens in den Spiegel schaut, sieht er nur, wie er gerne aussehen möchte. Und es gelingt ihm, darüber enttäuscht zu sein, daß er sein gewünschtes Image nicht erreicht. Bei allem, was er tut, stellt er sich unrealistische Forderungen, um sich seine Enttäuschung zu bewahren.

Aber auch das genügt ihm manchmal nicht. Er zieht auch andere in sein Spiel mit hinein. Er verlangt mehr von ihnen, als sie zu geben bereit sind, und stellt Forderungen, die sie nicht akzeptieren können. Wenn er mit seinen Forderungen nicht durchkommt, reagiert er gewöhnlich unangemessen heftig. Er macht dann einen völlig niedergeschlagenen Eindruck, so als wollte er sagen: »Wie können Sie mir so etwas Schreckliches antun!« Warras benutzt sein Spiel »Enttäuschung«, um andere zu manipulieren. Viele von uns haben Eltern-Ich-Bänder, die es uns verbieten, die zu enttäuschen, die uns nahestehen. Wenn Warras zeigen möchte, wie enttäuscht er wäre, wenn jemand ihm wirklich eine Absage erteilte, dann setzt er ein so sorgenvolles Gesicht auf, daß der andere fast dazu gezwungen wird, ihm seinen Willen zu tun. Ist die Aufzeichnung des anderen über das Nichtenttäuschenkönnen ebenfalls sehr stark, dann wird er sich von Warras immer wieder manipulieren lassen. Auf diese Weise gelingt es Warras oft, Dinge zu erreichen, die er nicht verdient. Letzten Endes wird natürlich auch Warras echt enttäuscht werden, wodurch sich alles verschlimmert.

Wie bei den meisten Spielen, enthüllen Warras' künstlich erzeugte Gefühle andere, natürlichere Gefühle seines Kindheits-Ichs. In Warras' Fall steckt in Wirklichkeit Ärger dahinter. Das zeigt sich, wenn er von jemandem enttäuscht wird, der ihn nicht wirklich bedroht. Warras beginnt dann das Spiel JEHIDES und schlägt ärgerlich auf den anderen ein. Insgeheim schlägt er jedoch auf sich selbst ein, indem er sich immer wieder selbst enttäuscht. Jeder in Warras' Nähe kann seine aufgestauten Gefühle erkennen und den verborgenen Ärger, den er gegen sein eigenes Enttäuschungs-Drehbuch hegt.

Die gespielten Gefühle sind fast immer Ersatz für die spontanen, natürlichen Gefühle des Kindheits-Ichs. Die Bildung von Ersatzgefühlen beginnt in der frühen Jugend, in Situationen, wo die natürlichen Gefühle, die das Kind empfindet, von den Elten nie offen identifiziert, anerkannt oder erlaubt werden. Nur ein Ersatzgefühl ist erlaubt, und dieses Ersatzgefühl wird zur Masche. Warras zum Beispiel durfte nie ärgerlich sein, durfte nie seinen wirklichen Unwillen gegenüber seinem Vater äußern, der immer nur unrealistische Forderungen an ihn stellte. Er durfte nur Enttäuschung zeigen.

Es kann für einen jungen Menschen äußerst mühsam und verwirrend sein, seine wahren Gefühle herauszufinden und zu erkennen, was Wirklichkeit ist und was nicht. Ein kleiner Junge, der plötzlich ein Schwesterchen hat, dem nun all die Aufmerksamkeit geschenkt wird, die er sonst bekam, kann darüber äußerst böse sein. Wenn er seinen Ärger kundtut und gesagt bekommt: »Du *haßt* deine Schwester nicht, du *liebst* sie«, dann erlaubt man ihm nicht einmal, seine Gefühle richtig zu *identifizieren*. Wenn man einem Kind, das von seiner Mutter geschlagen wird, immer wieder sagt: »Du darfst auf deine Mutter nicht *böse* sein, du mußt sie *respektieren*«, dann hat es später im Leben bestimmt Schwierigkeiten, zwischen Ärger und Respekt zu unterscheiden. Das kleine Kind, das seine Schwester haßt, wird sicher eine künstliche »Nettigkeit« entwickeln, um seine heimliche Wut zu verbergen. Das kann dazu führen, daß es ihm später sehr schwerfällt, echte Zuneigung zu zeigen. Das von der Mutter unterdrückte Kind kann künstlichen »Respekt« entwickeln, mit dem es Leute zu respektieren scheint, die es in Wirklichkeit verabscheut.

Es ist manchmal schwierig, ein solches Verhaltensmuster zu identifizieren. Man kann jemanden nicht immer verdächtigen, unechte Gefühle zu haben. Die größere Gefahr ist jedoch, daß wir ein Verhalten akzeptieren und uns manipulieren lassen. Wir lassen uns dann einfach erpressen. Wir unterlassen bestimmte Dinge, nur um jemanden nicht zu enttäuschen, wir lassen uns durch Depressionen anderer unser Glück verderben, und wir glauben, daß jemand uns respektiert, obgleich er möglicherweise, ohne es selbst zu wissen, nur seinen Unwillen verbirgt.

Leben in der Zukunft

Guse, Betriebsleiter in einer kleinen Fabrik für Automobilersatzteile, fuhr an einem sonnigen Frühlingsmorgen zur Arbeit, ohne zu merken, was für ein schöner Tag es war. Die Luft war frisch, das Gras war gerade grün geworden, aber Guse nahm überhaupt keine Notiz von seiner Umgebung. Er dachte an andere Dinge. Der Regen der vergangenen Wochen hatte in seinem Keller ein großes Loch verursacht. Guse wußte, daß man es reparieren lassen müßte, wenn es größer wurde. »Was das wohl wieder kosten wird?« fragte er sich, als er die Auffahrt hinunterfuhr. »Wahrscheinlich eine Menge. Vielleicht sogar ein paar hundert Dollar.« Guse ärgerte sich darüber. Er müßte mit dem Kauf der neuen Golfschläger noch warten.

Als Guse die Straße entlangfuhr, sah er an der Seite einen leeren Wagen stehen, dessen linker Hinterreifen einen Platten hatte. »Da fällt mir ein, ich brauche ein paar neue Reifen. Die letzten haben nur 24 000 km gehalten. Und mit diesen bin ich schon fast so viel gefahren!« Guse versuchte den Gedanken zu verdrängen. »Ich schaue einfach nicht hin und hoffe das Beste. Mit ein bißchen Glück halten sie noch diesen Sommer.«

Der Sommer! Das würde anstrengend werden, wenn die Kinder aus dem Ferienlager kamen. Seine Frau würde wahrscheinlich wieder von ihren Kreditkarten Gebrauch machen. Guse schalt sich selbst. »Das ist nutzloses Herumsinnieren«, murmelte er vor sich hin. »Es ist besser, ich denke über etwas Konstruktives nach.« »Heute ist eine wichtige Besprechung. Ich bin so gut wie überhaupt nicht vorbereitet.« »Mein Gott«, dachte er plötzlich, »ich muß ja sicher ein Referat halten! Niemand hat was gesagt. Aber so sind sie immer. Warten bis zur letzten Minute. Aber worüber soll ich reden?« Guse schauderte bei dem Gedanken. Besprechungen waren nicht seine Stärke.

Das Thema war zu unbequem. Guses Gedanken wanderten weiter. Er dachte an seine Sekretärin. Er fragte sich, ob die lange Aktennotiz schon getippt war, die er ihr vor ein paar Tagen gegeben hatte. »Ich hab ihr gesagt, es ist wichtig«, sinnierte er, »aber ich wette, sie hat sie noch nicht fertig.« Seine Sekretärin machte ihm Sorgen. Irgendwie hatte er immer Schwierigkeiten, sich ihr verständlich zu machen. Aber er wollte sie nicht zu sehr antreiben, aus Angst, sie würde gehen. Aber er brauchte die Aktennotiz! »Wenn sie nicht fertig ist, reißt mir der Chef den Kopf runter. Er benimmt sich in letzter Zeit sowieso komisch. Das fehlte mir noch, jetzt gefeuert zu werden!« Angst überfiel ihn bei dieser Vorstellung, und er wäre beinahe mit dem Auto von der Straße abgekommen. Schnell konzentrierte er sich wieder aufs Autofahren.

Guse gehört offensichtlich zu denen, die sich immer Sorgen machen.

Wenn er Zeit zum Nachdenken hat, dann wandern seine Gedanken in die Zukunft und malen sich katastrophale Dinge aus. Er sieht weder, wie schön der Tag ist, noch fühlt er die frische Frühlingsluft um sich herum. Er lebt nur in der Zeit, die ihm noch bevorsteht. Dort erlebt er Katastrophen, macht sich Sorgen über die Dinge, die passieren könnten, und trägt diese Sorgen in die Gegenwart.*

Guse lebt nicht nur beim Wachträumen in der Zukunft. Auch wenn er mit seiner Sekretärin redet, wird er von der Furcht beherrscht, daß sie gehen könnte, wenn er sie zu sehr antreibt. Er weiß nicht, wie er sie streicheln soll. Er erkennt nicht, wie wichtig ein gutes, ehrlich gemeintes Streicheln ist. Der Gedanke, daß seine Sekretärin vielleicht mehr arbeiten würde, wenn sie Streicheln bekäme, kommt ihm nicht in den Sinn. Guse glaubt, die einzige Möglichkeit, ihre Leistung zu verbessern, ist, sie anzutreiben. Ein Vorgehen, das er eben aus Furcht vor einer Kündigung sorgfältig vermeidet. Voller Angst in der Zukunft lebend, hindert er sich daran, einfache Lösungen für seine Probleme der Gegenwart zu sehen.

Guse arbeitet mit seiner Sekretärin nur auf der Basis: »Ich gebe die Anordnungen – Sie führen sie aus«. Da dabei nur sein Eltern-Ich eingeschaltet ist, ergeben sich seine Schreckensvorstellungen über das, was geschehen könnte, fast von allein. Seine Sekretärin ist tatsächlich wenig interessiert an einer guten gegenseitigen Beziehung und noch weniger an dem einzigen, ihr bekannten Aspekt seiner Persönlichkeit – an seinem Eltern-Ich. Da Guse an den Transaktionen zwischen Eltern-Ich und Kindheits-Ich festhält, gelingt es ihm, seinen Katastrophenerwartungen eine gewisse Berechtigung zu verleihen. Dadurch, daß er in seinem Eltern-Ich bleibt, verstärkt er sein Bedürfnis, in der Zukunft zu leben. Zu seinem Chef hat Guse ein ähnlich geartetes Verhältnis. Er versetzt sich in die Zukunft, indem er sich sorgt: »Was wird geschehen, wenn ...« Hier stellt er sich vor, daß er entlassen wird (und dann die Welt zusammenbricht), wenn er nicht alles tut, was sein Chef anordnet. Immer, wenn er mit seinem Chef spricht, zwingt ihn die Furcht, im gehorsamen Kindheits-Ich zu bleiben und sich jedem

---

* Nicht jeder, der in der Zukunft lebt, muß sich notwendigerweise Sorgen machen oder schlecht fühlen. Wer von schönen Sachen träumt, kann genauso in der Zukunft leben wie der ewige Pessimist. Seine Zukunftsträumereien können genauso unproduktiv sein. (Nur daß sie angenehmer sind.)

Wunsch des Chefs zu fügen. Wenn er nicht mit seinem Chef spricht, übernimmt sein eigenes Eltern-Ich das Kommando. Es ist so fordernd, daß es genügend Druck für fünf Chefs erzeugt! Und sein Kindheits-Ich ist immer noch ängstlich! Tatsächlich kommt der Druck, unter dem Guse leidet, aus seinem eigenen Eltern-Ich und nicht von seinem Chef. Wenn er in seinem Eltern-Ich handelt, kann er sein Bedürfnis, in der Zukunft zu leben, weiter verstärken. Dieses Mal dadurch, daß er sich sorgt, was geschehen könnte, wenn er seinen eigenen Erwartungen nicht gerecht wird. (Diese Situation ist gar nicht ungewöhnlich. Als Guse jung war, fürchtete er sich vor Vater und Mutter. Jetzt, als Erwachsener, ist sein Eltern-Ich so, wie er es einst an seinen wirklichen Eltern erlebte. Nur, daß er sich jetzt vor sich selbst fürchtet.)

Wenn es nur müßiges Wachträumen ist, verursacht das Leben in der Zukunft gewöhnlich keine Probleme. Es kann dann eine harmlose Form des Rückzugs sein. Es verursacht jedoch Schwierigkeiten, wenn es unsere Fähigkeit beeinträchtigt, das Erwachsenen-Ich einzuschalten, und wir keine Daten der Gegenwart mehr verarbeiten können. Manchmal hegt jemand so viele Schreckenserwartungen über Dinge, die passieren *könnten*, daß er im Zustand dauernder Furcht lebt. Er versetzt sich nie in die Gegenwart, um etwas für seine Probleme zu tun, sondern bleibt in der Zukunft, malt sich die schlimmsten Schrekken aus und macht sich so aktionsunfähig, daß er für die Gegenwart keine produktiven, problemlösenden Kräfte mehr übrig hat. (Man denke an den Studenten, der solche Angst hat, beim nächsten Examen durchzufallen, daß er sich nicht auf sein Studium konzentrieren kann; oder an den Verkäufer, der bei dem Gedanken an seinen ersten, großen Auftrag so aufgeregt wird, daß er sich nicht richtig darauf vorbereiten kann — und dann die Chance verpaßt.)

Manche lassen ihre Vorstellungen über das, was passieren *könnte*, nie *positiv* auf ihr gegenwärtiges Handeln einwirken. Statt dessen machen sie sich Sorgen. Sie verkrampfen sich. Wenn sie wirklich versuchen, für die Zukunft zu planen, versagen sie. Sie wissen nicht, wie man es richtig macht. Sie versuchen den Ausgang von Ereignissen zu beeinflussen. Statt die nötigen Daten zu sammeln und spontan auf die Zukunft zu reagieren, wenn sie da ist, haben sie immer die gleichen Gedankengänge. Sie hoffen, daß die Zukunft in ein von ihnen erdachtes, vorbestimmtes Schema paßt und, wenn sie zur Gegenwart geworden ist, plötzlich vorhersehbar wird.

Von ihren Ängsten und Erwartungen beherrscht, wissen solche Leute nie, wo der andere steht oder was er denkt. Sie wissen nicht, *worauf* sie reagieren sollen, geschweige denn, *wie* sie reagieren sollen. Sie haben kein Selbstvertrauen. Nicht daran gewöhnt, in der Gegenwart zu leben, versuchen sie ihr Leben zu programmieren. Sie verfallen automatisch in ihr Eltern-Ich, um zu bestimmen, was passieren *sollte*. Um diese Vorstellungen herum werden dann Pläne geschmiedet. Jedes Wort, jeder Schachzug, jede Geste wird geplant. Manchmal haben sie damit Erfolg – wenn nichts ihr Programm stört. Wenn sie aber spontan auf etwas Unerwartetes reagieren müssen, scheitern sie kläglich. Das Unerwartete bringt sie aus dem Gleichgewicht. Die Spontaneität des Lebens ebenfalls. Sie haben ein gutes Gedächtnis und spielen ihre Rolle gut. Aber ihr Leben in der Gegenwart ist gewöhnlich eine Wiedergabe dessen, was sie vorher vorbereitet haben: es ist ein bißchen weniger lebendig.

Leben in der Gegenwart

Wenn jemand sagt: »Hier bin ich in der Gegenwart und spiele alte Bänder aus der Vergangenheit ab«, dann befindet er sich nicht länger in der Vergangenheit, sondern in der Gegenwart. Er ist sich bewußt, daß er gerade in der Vergangenheit war. Wenn er sagen kann: »Hier bin ich und versetze mich in die Zukunft«, dann ist er nicht in der Zukunft, sondern in der Gegenwart. Er ist sich bewußt, daß er gerade in der Zukunft war. Der Identifikationsprozeß findet in der Gegenwart und durch das Erwachsenen-Ich statt. Wer in der Gegenwart lebt, ist sich der Zeit bewußt. Sein Erwachsenen-Ich ist immer eingeschaltet. Sein Kindheits-Ich reagiert zwar spontan auf Ereignisse, aber er ist sich immer bewußt, was geschieht, und kann, wenn nötig, seine Reaktionen sofort ändern. Wer in der Gegenwart lebt, ist entspannt, aber aufmerksam. Er ist sich seiner Umgebung bewußt und fühlt sich wohl darin. Wenn er sich *nicht* wohl fühlt, wenn seine Umgebung Streß hervorruft, dann ist er sich seines Unbehagens bewußt. Es ist ein wirkliches Unbehagen, nicht etwas aus seiner Vergangenheit, das nur in seiner Vorstellung besteht.

Wer in der Gegenwart lebt, ist sich jeden Augenblick seiner Gefühle bewußt. Sein Computer ist an seine Sinne angeschlossen. Er benutzt seine Sinne (wie es jeder muß, um überleben zu können), aber er benutzt sie mit Bewußtheit. Er ißt nicht, ohne zu schmecken, spielt nicht, ohne Vergnügen daran zu haben, und existiert nicht im selben Raum mit jemand, ohne zu fühlen, was der andere denkt. Wenn er sieht, dann hat er die richtige Perspektive. Wenn er jemandem zuhört, dann mit seiner vollen Aufmerksamkeit: Dadurch gibt er ihm intuitiv das bestmögliche aller Streicheln. Er streichelt Leute automatisch durch sein Verhalten. Jeder Blick, jede Geste, jeder Gesichtsausdruck sagt ihnen, daß er sich ihrer Gegenwart bewußt ist und daß er sie akzeptiert. Er bestätigt die anderen. Er ignoriert sie nicht. Er schaltet sie nicht einfach aus. Wenn er nachdenklich ist, dann weil sein Computer angeschaltet ist und er Daten verarbeitet, Probleme löst oder mit abstrakten Dingen beschäftigt ist. Er klebt nicht an seiner Vergangenheit und existiert nicht in der Zukunft. Er wiederholt auch nicht archaische Aufzeichnungen seines Eltern-Ichs oder Kindheits-Ichs. Auch wenn er in Gedanken versunken ist, kann er jederzeit entspannt und aufmerksam in die Gegenwart zurückkehren.

Der Wert der Selbstidentifikation

Wer sich selbst wirklich kennt, hat seinen Mitmenschen gegenüber eine Menge voraus. Während er klar denkt, sind seine Mitmenschen unsicher, verwirrt, verfallen in die Vergangenheit oder Zukunft und schwanken zwischen Eltern-Ich und Kindheits-Ich hin und her. Sie sind oft unklar, auch wenn es nicht so aussieht; sie sind verwirrt, auch wenn sie eine starke, bestimmte Meinung über etwas zu haben scheinen. Nichts ist unsicherer als ein Kindheits-Ich, das nicht weiß, was es fühlt. Nichts ist so fehlgeleitet wie ein selbstüberzeugtes, allwissendes Eltern-Ich, das die Tatsachen nicht richtig erfaßt hat.

Wer sich selbst genau kennt, kann dieses Wissen dazu benutzen, anderen zu helfen, sich auch besser kennenzulernen. Jeder lehnt sich intuitiv an Leute an, die ihm helfen, seine Verwirrung zu lösen (selbst wenn ihm seine Verwirrung nicht bewußt ist).

Dick, stellvertretender Direktor einer großen Elektronikfirma und

Mitglied der städtischen Handelskammer, nahm an einer abendlichen Sitzung teil, die von der Handelskammer einberufen worden war, um die Pläne zur Neugestaltung des Hauptgeschäftsviertels in der Innenstadt abzuschließen. Die Sitzung zog sich in die Länge, und es wurde immer deutlicher, daß nicht viel herauskommen würde. Untereinander rivalisierende Parteien ergingen sich in kleinlichen Streitereien. Gereiztheit kam auf. Es wurden überhaupt keine Fortschritte erzielt, und jeder wurde allmählich unruhig. Schließlich konnte sich Dick nicht länger zurückhalten. Er erhob sich, um sich zu Wort zu melden. »Meine Herren«, sagte er, »ich bin heute abend in der Erwartung hierhergekommen, gewisse Dinge zu erledigen. Aber ich bin nur enttäuscht worden.«

Er machte eine kleine Pause. Dann fuhr er fort: »Bis jetzt haben wir uns nur herumgestritten, und ich stecke mittendrin. Ich habe es vermieden, mich zu engagieren, und bin dem wirklichen Problem, das uns alle hierher gebracht hat, ausgewichen.« (Eine Bemerkung, die zeigt, daß er weiß, in irgendein Spiel verstrickt zu sein.) »Es ist jetzt schon ziemlich spät. Von mir aus können wir ruhig so weitermachen, aber ich würde es vorziehen, mit dem Streiten aufzuhören und endlich an die Arbeit zu gehen.«

Sofort wurden vier andere Mitglieder, die bis jetzt geschwiegen hatten, munter. »Ja«, riefen sie aus, »hören wir auf mit dem Unsinn!« »Kommen wir zur Sache!« »An die Arbeit!« »Wir sind Dicks Meinung!« Gleich schlossen sich andere an, und in weniger als einer Minute hatte Dick das ganze Komitee wieder an die Arbeit gebracht.

Später, als verschiedene Mitglieder daran zurückdachten, wie Dick das Chaos beendet und alle wieder zusammengebracht hatte, konnten sie nicht mehr genau sagen, was für eine Strategie er eigentlich angewendet hatte. Er hatte sich zu keiner Streitfrage geäußert und niemanden gebeten, sich seiner Meinung anzuschließen. Er hatte keine neuen Kompromisse oder Initiativen vorgeschlagen. Er hatte sich darauf beschränkt, zu sagen, wie er sich fühlte. Er hatte sich nur mit seinen eigenen Hoffnungen und Reaktionen beschäftigt, wobei er die Wahrscheinlichkeit zugab, daß die Sitzung so sinnlos weiterlief wie bisher. Das konnte man wirklich nicht als ausgeklügelte Strategie bezeichnen. Und doch war es ihm, wie durch ein Wunder, gelungen, das Komitee in einer Weise zum Handeln zu bringen, die sich keiner der Beteiligten hätte träumen lassen.

Manchmal werden Leute dadurch zusammengebracht, daß jemand ihre unausgesprochenen Gefühle klärt. Selbst wenn die Gefühle zu verwirrt oder zu unterschiedlich sind, um miteinander in Einklang gebracht zu werden, ist derjenige, der seinen Standpunkt kennt, immer noch besser dran als die anderen. Er kann sich mühelos aus dem Spiel befreien, ohne »Tumult« zu spielen oder sich den irrationalen Launen seines Eltern-Ichs oder Kindheits-Ichs zu beugen. Er handelt immer voll verantwortlich für sich selbst – eine klare Position, die von den anderen intuitiv erfaßt wird. Aber sie selbst können keine einnehmen, weil sie unsicher sind und nicht wissen, wo sie eigentlich stehen.

Wie man in der Gegenwart bleibt

Obwohl man sich in die Gegenwart bringen kann, wenn man seinen Standpunkt identifiziert (in dem Moment, wo man bemerkt, daß man in der Vergangenheit ist, befindet man sich in der Gegenwart), genügt das nicht, um sich auch in der Gegenwart zu halten. Man fällt so leicht wieder zurück. Manchmal kann man einfach nicht anders. Um in der Gegenwart zu bleiben, ist es nötig, mit seiner Umgebung Kontakt zu halten. Man muß sein Erwachsenen-Ich an seine Sinne anschließen und das Leben in der Gegenwart Augenblick für Augenblick erleben. Man muß seine Sinne mit Bewußtheit nutzen. Letzten Endes sind sie der einzige Anker zur Realität. Man muß seine Gefühle erforschen, kennenlernen und sich zu ihnen bekennen.

Übertragung auf andere – Wie man Gefühle vermeidet

Seine Gefühle zu identifizieren ist nicht immer so einfach, wie es klingt. Oft haben wir Gewohnheiten und Ausdrucksweisen, die unsere Bemühungen zunichte machen. Thomas und Frank, zwei Führungskräfte mittleren Alters, die oft zusammen Golf spielten, plauderten über Curt, einen alten Bekannten, der ihre wöchentlichen Ausflüge auf den Golfplatz oft aufmunterte.

Thomas: Es tut mir leid für Curt. Er hat in letzter Zeit so viel gearbeitet, und seine Frau läßt ihn überhaupt nicht aus den Augen. Ich glaube, er wird diesen Sommer nicht oft kommen.

Frank: Ja, ich bin auch traurig deswegen. Ich vermisse Curt wirklich. Ohne ihn ist es richtig still hier.

Beide, Thomas und Frank, haben Curt gern um sich. Immer wenn er bei ihnen war, munterte er ihre Gesellschaft auf. Es war nie langweilig mit ihm. Wenn er nicht dabei war, hatten Thomas und Frank das Gefühl eines Verlustes. Aber während Frank sein Gefühl (traurig zu sein) identifizieren konnte und feststellte, daß er Curt vermißte, hatte Thomas Schwierigkeiten, seine Gefühle zu erkennen. Er sagte nur: »Es tut mir leid für Curt.« Aber wenn es einem für jemanden »leid tut«, dann ist das kein Gefühl. Traurigkeit, Ärger und Enttäuschung sind Gefühle. Wenn es einem für jemanden leid tut, dann ist das nichts anderes als eine Übertragung. Eine Übertragung auf jemand anderen als sich selbst; eine Übertragung, die vermuten läßt, was wir fühlen, die aber am eigentlichen Problem vorbeigeht und oft die Verwirrung nur vergrößert. »Es tut mir leid für *dich*«; »Ich freue mich für *ihn*« und »Ich mache mir Sorgen um *sie*« sind nur eine verdrehte Art zu sagen: »*Ich* bin traurig«; »*Ich* bin glücklich« und »*Ich* mache mir Sorgen«. Sie sind ein Ersatz für klare, positive Identifikationen. Es sind übriggebliebene Eltern-Ich-Phrasen, die von früheren Generationen weitergegeben wurden, als unsere Vorfahren noch Hexen verbrannten und sie die Verantwortung leugnen mußten für jene endlosen, irrationalen Wellen der Wut, Unsicherheit und Schuld, die sie immer überkamen. Solche Projektionen sind überkommene Arten, dem Unbekannten auszuweichen. Tricks, um nicht zugeben zu müssen, was wir fühlen. Wer über genügend Tricks verfügt, kann es sein ganzes Leben lang vermeiden, sich selbst kennenzulernen.

Wie unser Eltern-Ich uns daran hindern kann, etwas zu fühlen

Terry, Nachwuchsverkäufer für Büromaschinen, wurde angewiesen, ein paar Tage mit seinem Vorgesetzten im Außendienst zu verbringen, um sich schneller einzuarbeiten. Während sie im Büro eines Kunden warteten, sagte der Vorgesetzte zu Terry, daß er deprimiert aussähe.

»Ich komme mir so dumm vor«, antwortete Terry. »Immer wenn ich den Mund aufmache, sage ich etwas Falsches. Ich habe wirklich nichts zum Thema beizutragen. Ich komme mir einfach blöde vor, immer nur so mitzulaufen.«

Lydia, eine Bibliothekarin mittleren Alters, kam eines Tages in einem neuen Kleid zur Arbeit, das ihr eine Freundin geschenkt hatte. Das Kleid war modisch und attraktiv. Lydia sah hübsch darin aus, aber es gehörte nicht zu der Art Kleider, die sie sonst immer trug. Als eine Arbeitskollegin erklärte, wie hübsch sie es fände, bemerkte Lydia: »Ach, aber ich komme mir so albern vor. Ich sehe so komisch darin aus!«

Terry sagt, er fühlt sich »dumm« und »blöde«. Lydia sagt, sie fühlt sich »albern«. Aber dumm, blöde und albern sind keine Gefühle! Es sind wertende Begriffe, die vom Eltern-Ich einer Person kommen. Sie sind nicht Ausdruck dessen, was jemand fühlt, sondern was er denkt. Genauer genommen drücken sie aus, was seine Eltern in einer solchen Situation gedacht hätten. Solche Worte lassen vermuten, daß derjenige, der sie benutzt, zumindest in manchen Situationen, sich nicht gestattet, etwas zu fühlen. (Was man ihm sicher auch als Kind nicht gestattete.) Anstatt eines Gefühls handelt er in seinem Eltern-Ich und bleibt von sich selbst entfernt.

Das geschieht öfter, als wir denken. Hübsche Mädchen schauen in den Spiegel und sagen, sie fühlen sich »häßlich«. Fähige Geschäftsleute sagen, wenn sie sich einen Augenblick ungeschickt verhalten, sie fühlen sich »täppisch«. Obwohl sogar ein flüchtiger Beobachter feststellen kann, daß sich diese Leute in solchen Augenblicken offensichtlich enttäuscht, frustriert oder deprimiert fühlen, bemerken es die Leute selbst oft einfach nicht! Sie haben völlig abgeschaltet, sind ohne Wahrnehmung und sich ihres eigenen Gefühls völlig unbewußt.

Wie man in der Gegenwart bleibt – drei Hauptregeln

Für eine längere Zeit in der Gegenwart zu bleiben kann, für jeden von uns, eine ungeheuer schwierige Aufgabe sein. Obwohl wir alle normalerweise täglich in der Gegenwart leben, ist das *Ausmaß*, in dem wir so leben, von Tag zu Tag und von Person zu Person verschieden.

Vieles scheint uns von der Gegenwart wegziehen zu wollen. Die Anzahl der Minuten und Stunden, die wir jeden Tag wirklich in der Gegenwart sind, die Aufmerksamkeit und das Reaktionsvermögen, das wir diesen Minuten und Stunden entgegenbringen, sind so unterschiedlich, so leicht zu verbergen, daß jeder einzelne von uns das nur selbst richtig beurteilen kann.

Wer daran interessiert ist, mehr Zeit als bisher in der Gegenwart zu leben, sollte sich mehrmals am Tag die folgenden drei Regeln ins Gedächtnis rufen:

1. *Erkennen Sie, was Sie fühlen.* Richten Sie Ihre Aufmerksamkeit auf das, was in Ihnen vorgeht. Identifizieren Sie, was Sie sowohl emotional als auch physisch empfinden. Wer sich nicht in der Gegenwart befindet, kann nichts fühlen. Diesen Vorgang kann man umdrehen, indem man feststellt, was in einem vorgeht. Welche Muskeln sind gespannt? Sind die Bauchmuskeln angespannt? Sind die Augen angestrengt? Wie steht es mit Nacken und Schultern? Ist man müde? Munter? Ist man ärgerlich, deprimiert oder traurig?

2. *Erkennen Sie Ihre Umgebung.* Stellen Sie fest, was in Ihrer Umgebung vor sich geht. Wie ist die Temperatur? Die Luftfeuchtigkeit? Die Beleuchtung? Ist Ihre Umgebung behaglich? Ist es angenehm, darin zu leben? Falls ja, reagieren Sie natürlich darauf? Sind Sie entspannt? Oder denken Sie an etwas, was Sie davon abhält, ihre Umgebung zu empfinden? Halten Sie sich durch Ihre Gedanken aus der Gegenwart?

3. *Überprüfen Sie, ob Sie Projektionen oder Beschreibungen von Gefühlen als Ersatz für echte Gefühle verwenden.* Reden Sie sich nicht selbst über etwas hinweg. Identifizieren Sie Ihre Gefühle. Erst wenn Sie Ihre Gefühle erkannt haben, können Sie entscheiden, ob Sie sie verändern wollen.

KAPITEL 7

Wie man sich dazu verpflichtet, sich zu ändern

Wie man sich selbst erkennen lernt

Martin Daschner, Führungskraft mittleren Alters in einem öffentlichen Versorgungsbetrieb, hatte sich mit der Transaktions-Analyse befaßt, konnte sie aber nicht auf sein eigenes Leben anwenden. Eines Morgens plauderte Martin mit seinem Freund Eberhard und drückte eine häufig vorkommende Enttäuschung aus: »Eberhard«, sagte er, »ich würde *gerne* die TA anwenden, um mehr Autonomie zu gewinnen oder mein Drehbuch zu ändern, aber ich weiß einfach nicht, *was* ich ändern soll!«

Eberhard zögerte einen Augenblick und fragte dann ruhig: »Womit verbringst du die meiste Zeit des Tages?«

Martin zog die Augenbrauen kraus und dachte nach. Darüber hatte er sich noch keine Gedanken gemacht. Aber je mehr er über die Frage nachdachte, desto leichter fiel ihm die Antwort. Nach ein paar Augenblicken des Schweigens antwortete er langsam: »Also, ehrlich gesagt, die meiste Zeit des Tages ordne ich meine Papiere.«

Eberhard sah ihn nachdenklich an. »Befriedigt dich das?« fragte er.

Martin schien zu einer Entscheidung gelangt zu sein. »Nein, eigentlich nicht«, antwortete er. »Ich verbringe, glaube ich, mehr Zeit damit, beschäftigt auszusehen, als daß ich wirklich beschäftigt bin.« »Sieht so aus, als ob es das wäre, woran du arbeiten willst«, bemerkte Eberhard und beendete ihr Gespräch.

In weniger als dreißig Sekunden, ganz ohne Mühe, hatte Martin etwas gefunden, was der näheren Betrachtung wert war. Er hatte sich nur, mit Eberhards Hilfe, darauf konzentriert, wie er seinen Tag verbrachte.

Manchmal kann es schwierig sein, etwas über uns herauszufinden, es sei denn, wir haben eine spezielle, nicht zufriedenstellend verlaufende

Beziehung oder eine besonders schlechte Transaktion, die uns Kummer bereitet. Die unangenehmen Augenblicke in unserem Leben geben meist den besten Hinweis darauf, was geändert werden sollte. Ohne diese Momente wissen wir oft nicht, wo wir anfangen sollen. Aber auch die Leute, die keine extremen Situationen voller Ärger oder ernster Depressionen kennen, die nicht in wirklich destruktive Spiele verwickelt sind, auch diese Leute leben manchmal ein vorprogrammiertes Leben, wie sie es eigentlich gar nicht wollen.

Welchen Nutzen ziehen Sie aus dem, was Sie tun?

Die vielleicht nützlichste Art, seine Tätigkeit zu überprüfen, ist sich zu fragen, *wie man eigentlich den Tag verbringt.* Betrachten Sie sich selbst mit den Augen eines desinteressierten Beobachters. Achten Sie darauf, wie Sie Ihre Zeit nutzen und Ihre Energie verbrauchen – Ihre beiden wertvollsten, persönlichen Reichtümer. Fragen Sie sich für jeden Augenblick, welchen Nutzen Sie aus diesen Reichtümern ziehen. Welchen Nutzen ziehen Sie aus dem, was Sie tun? Den Großteil unserer Zeit strukturieren wir so, wie wir es in unserer Kindheit gelernt haben. Unser Verhalten war damals darauf ausgerichtet, Streicheln zu bekommen und uns behaglich zu fühlen. Den gleichen Zweck hat es heute vielleicht auch noch. Oder ist es nur darauf ausgerichtet, die Zeit so zu strukturieren, wie wir in der *Vergangenheit* unser Streicheln bekamen und uns wohl fühlten? Wenn Sie aus Ihrer gegenwärtigen Tätigkeit keinen unmittelbaren oder zukünftigen Nutzen ziehen, besonders wenn sich diese Tätigkeit mehr oder weniger wiederholt, dann haben Sie vielleicht früher mal einen Nutzen daraus gezogen, aber es besteht kein Grund, sie jetzt noch auszuüben. Die Tätigkeit ist zur unproduktiven Gewohnheit geworden.

Wenn Sie sich so betrachten, dürfen Sie sich nicht von Ihrem kritischen, wertenden Eltern-Ich oder Ihrem ängstlichen, schuldempfindenden Kindheits-Ich beeinflussen lassen. Das würde Sie nur verwirren und das Informationsbedürfnis Ihres Erwachsenen-Ichs stören.

Wer z. B. nur seine Papiere ordnet, kann – wenn er sein Eltern-Ich oder Kindheits-Ich nicht vorübergehend ausschaltet – letzten Endes wirklich Schuld- oder Angstgefühle entwickeln, weil er seine Arbeit nicht »richtig« macht. Er bestraft sich selbst dafür, faul zu sein, und macht sich nie klar, daß er als Kind dafür gestreichelt wurde, wenn er aktiv war und beschäftigt *aussah*. Er wurde nie dafür gestreichelt, irgend etwas zustande zu bringen.

Die Beispiele für Gewohnheiten aus der Kindheit, die unser späteres produktives Leben stören können, sind nahezu endlos. Sie ergeben sich aus der Art des Streichelns, das wir in unserer Jugend erhalten haben; Streicheln für den Anschein des Fleißigseins und nicht für das Fleißigsein selbst; für das Arbeiten an einem Projekt und nicht für die Fertigstellung; für das Schaffen von Ungelegenheiten, anstatt für das Beseitigen (das trifft für Familien zu, wo es immer etwas zu tun geben mußte); für das Ausdenken von Ideen, statt für ihre Durchführung, d. h. fürs Träumen und nicht fürs Tun (in solchen Familien legte man großen Wert auf Genialität); oder für die Durchführung von Ideen, statt für das Ausdenken (in solchen Familien legte man Wert auf praktisches Denken).

Manchmal sind unsere gegenwärtigen Verhaltensmuster übriggebliebene Reaktionen auf unsere frühere Umgebung – Reaktionen, die wir in uns tragen und die auf eine Umwelt gerichtet sind, die nicht mehr existiert. Alvin, ein ehrgeiziger junger Immobilienmakler, stellte fest, daß er die meiste Zeit des Tages damit verbrachte, Arbeit zu *vermeiden*, anstatt sie zu suchen. Er erinnerte sich auch noch lebhaft daran, daß er als Junge auf der Farm immer mehr Arbeit aufgehalst bekam, als er schaffen konnte. Und er hatte in seiner Jugend mehr Zeit damit verbracht, der Arbeit aus dem Weg zu gehen, als sie zu tun. Dieses Verhaltensmuster hatte er leider in den Maklerberuf – wo es ihm natürlich ziemlich schadete – mit hineingenommen.

»Ich höre mich selbst sagen...«

Einer der wichtigsten Momente im Leben eines Menschen kann sein, wenn sein Erwachsenen-Ich sieht, *was er tut, wenn er es gerade tut*, und z. B. sagen kann: »Das ist mein Kindheits-Ich«. Das ist der erste Schritt zur persönlichen Autonomie.

Biller, Gebietsleiter einer Büromaschinenfirma, redete mit einer Gruppe seiner Bezirksleiter über ihr schlechtes Abschneiden in den vorangegangenen Monaten. Er geriet in Hitze bei diesem Thema, seine Stimme wurde lauter und sein Gesicht rötete sich. Er war sichtbar unglücklich. »Und außerdem«, sagte er, »habe ich diesen ganzen Unsinn verdammt satt. . .«

Dann zögerte er, als ob er plötzlich gemerkt hätte, daß er in seinem Eltern-Ich war. Er zögerte nur ganz kurz und redete dann, mitten im Satz, dort wo er aufgehört hatte, weiter. »Und ich fühle, wie ich ärgerlich werde, und ich höre mich selbst sagen, daß das Unsinn ist und daß ich es satt habe. . .« Er machte wieder eine Pause, erfaßte, wo er wirklich war, und holte tief Atem. »Aber ich bin sicher, wir *alle* haben es satt; und es ist sicher wichtiger, uns zusammenzusetzen und zu überlegen, was wir tun können, als daß ich euch anschreie und euch erzähle, wie satt ich es habe.«

In diesem Augenblick spitzten alle Bezirksleiter, die bis dahin allesamt in ihrem Kindheits-Ich gefangen gewesen waren, die Ohren, lehnten sich in ihren Stühlen vor und bereiteten sich darauf vor, auf der Ebene des Erwachsenen-Ichs Daten zu verarbeiten.

Der Trick, das Verhalten eines unproduktiven Kindheits-Ichs oder Erwachsenen-Ichs zu ändern, liegt darin, es dann zu erkennen, wenn es auftritt, und nicht hinterher. Eine gute Methode einzugestehen, daß man sich im Eltern-Ich oder Kindheits-Ich befindet, ist, selbst mitten in der Unterhaltung, zu erklären: »Ich höre mich selbst sagen...« (was auch immer gesagt wurde). Solche Bemerkungen können dem Verlauf einer Unterhaltung eine völlig andere Richtung geben und es deutlich auf die Ebene des Erwachsenen-Ichs zurückbringen. Sie beweisen dem anderen Gesprächspartner, daß Ihr Erwachsenen-Ich zu sprechen begonnen hat.

Um das zu erreichen, muß man lernen, sich selbst zuzuhören. Es ist wichtig zu hören, was man sagt, in dem *Moment*, wo man es gerade sagt. Außerdem ist es wichtig, sich seiner inneren (Gefühls-)Reaktionen bewußt zu sein; zu wissen, was man fühlt, in dem Augenblick, wo man es fühlt. (Denn die Gefühle lösen unsere Worte aus.) Es ist zwar nicht immer nötig zu sagen, was man fühlt, aber es läßt andere Leute erkennen, daß man versucht, sich aus seinen automatischen Reaktionen des Eltern-Ichs oder Kindheits-Ichs zu befreien. Das gibt ihnen vielleicht den Mut, es genauso zu machen. Wer Leuten gegenüber ausfallend wird oder Mitgefühl erlangen will, handelt in seinem Eltern-Ich oder Kindheits-Ich. Wer seinen Standort identifiziert und sagt: »Ich fühle mich ärgerlich« oder »Ich fühle mich deprimiert« oder »Ich höre mich selbst unproduktive Dinge sagen«, der handelt in seinem Erwachsenen-Ich.*

Der Begriff der Rückkoppelung (Feedback)

Wir sehen uns selten so, wie andere uns sehen. Selbst wenn wir lernen, uns selbst sorgfältig zuzuhören, müssen wir ständig kontrollieren, wie wir uns im Umgang mit anderen verhalten. Dafür gibt es mehrere Möglichkeiten. Die einfachste ist, darauf zu achten, wie Leute auf das reagieren, was wir tun. Spontane Reaktionen sind am zuverlässigsten. Sie können aber nur richtig interpretiert werden, wenn man das Verhalten und die Vorurteile (falls solche bestehen) des anderen kennt. Oft sieht er uns mit den Augen seines Eltern-Ichs oder Kindheits-Ichs, und es kann schwierig sein, die dadurch entstandene Verzerrung richtig zu deuten. Spontanreaktionen stellen eine relativ unverfälschte, ehrliche Art der Rückkoppelung (Feedback) dar. Schon aus diesem Grund sollte man genauer auf sie achten. Viele verbergen ihre Reaktionen, um sich selbst zu schützen, oder weil sie uns nicht »verletzen« wollen. Damit bieten sie uns gar keine nützlichen Informationen.

Besser und zufriedenstellender ist das Feedback, wenn es durch einen Vertrag unseres Erwachsenen-Ichs mit dem Erwachsenen-Ich einer anderen Person (Ehegatte, Freund, Geschäftspartner) zustande kommt. Durch einen solchen Vertrag gelangen wir an die nicht wertende, nicht kritisierende und nicht verzerrte Information, wie uns ein anderer sieht – ohne daß dieser damit einen bestimmten Zweck verfolgt oder eine Forderung stellt. Wenn er gefragt wird, antwortet er nur das, was er wirklich sieht. Er achtet auf den geheimen Zweck (falls vorhanden) Ihrer Transaktionen – ein Zweck, der vielleicht Ihrem Kindheits-Ich bekannt, aber Ihrem Erwachsenen-Ich nicht be-

* Vergewissern Sie sich, daß Sie solche Dinge nicht sagen, weil Sie eine Transaktions-Reaktion hören wollen. Beispiel: Sie sagen: »Ich fühle mich ärgerlich« und erwarten, daß der andere sagt: »Das tut mir leid«, oder »Okay, ich verziehe mich«. Der Zweck liegt darin, Ihr Erwachsenen-Ich zum Sprechen zu bringen; nicht Ihr Eltern-Ich, wenn andere nicht Ihren Erwartungen entsprechen.

wußt ist. Er achtet auf den Nutzeffekt, den Sie aus dem, was Sie tun, ziehen. Er achtet darauf, was Sie fühlen und was Sie daraus machen. Er achtet darauf, wie Sie ihr Streicheln bekommen. Er beobachtet, ob Sie in Ihrem Eltern-Ich sind – z. B. die Schuld auf andere schieben, werten, kontrollieren – oder in Ihrem Kindheits-Ich – schmeicheln, Ausflüchte machen, unkontrolliert sind. Er wird Sie auf alles aufmerksam machen, was er sieht und was Ihnen nicht bewußt zu sein scheint.

So ein Vertrag ist nur möglich, wenn keine »Bedingungen« enthalten sind. Der andere muß bereit sein, Sie mit den gegebenen Informationen machen zu lassen, was Sie wollen. Er muß auch zusehen können, daß Sie gar nichts damit anfangen. Er muß anerkennen, daß es Ihr Leben ist und nicht seins; daß der Vertrag dazu dient, Ihnen zu helfen, und nicht, Ihnen seine Forderungen aufzuerlegen. Er darf kein Interesse daran haben, Sie so zu manipulieren, daß Sie seinen persönlichen Ansprüchen entsprechen. Er darf nicht insgeheim das Bedürfnis haben, die dargebotenen Informationen zu verwässern oder zu verzerren.

Voraussetzung für einen solchen Vertrag ist natürlich, daß man weiß, daß man in keinem Fall gezwungen ist, die Informationen zu verwerten. Sie könnten ja auch falsch sein. Der andere hat vielleicht etwas übersehen, oder er ist nicht lange genug in seinem Erwachsenen-Ich geblieben, um richtig auszudrücken, was er sah. Oder seine Informationen sind irreführend, da er mit seinen Begriffen redet und nicht mit Ihren. Wenn er seine Stimme erhebt und Ihnen sagt, was Sie tun »sollten«, wenn er etwas übelnimmt, dann wissen Sie, daß er sein Erwachsenen-Ich verlassen hat. Wenn Sie spüren, daß er irgendeine Art des Drucks auf Sie ausübt, dann ist das für Sie ein Zeichen, daß er, zumindest zeitweise, den Vertrag gebrochen hat.

Der wertvollste Bestandteil des Vertrages ist die Einsicht, daß die Informationen im Grunde genommen nur dazu da sind, sich selbst besser prüfen zu können. Obwohl die Daten, die man von seinem Vertragspartner bekommt, oft richtiger sind als die, die man selbst über sich gewinnt, bleibt es doch letztlich einem selbst überlassen, was man damit anfangen will. Das letzte Wort hat man selbst.

Wie man sich selbst im System sieht

Jede Gruppe mit mehr als zwei Leuten – eine Familie, ein Club, eine Abteilung in einer Firma – kann als System betrachtet werden. Gleichgültig wieviel Leute dazu gehören, hat jedes System einen einzigartigen Charakter – eine besondere Eigenart, die es von allen anderen Systemen unterscheidet. In jedem System haben die Leute eine andere Art von zwischenmenschlichen Beziehungen, mit denen sie etwas zum Geschehen innerhalb des Systems beitragen oder ihm etwas entziehen. Wenn man eine Person aus dem System herausnimmt, kann sich das ganze System verändern.

Der bedeutendste Faktor in einem System sind die unterschwelligen Gefühle, die es beherrschen.

Das System der Gefühle

Immer wenn mehrere Leute beisammen sind, treffen sowohl die verschiedenen, dominierenden Lebensanschauungen aufeinander wie auch die vorübergehenden Gefühle, die mit den jeweiligen Umständen verbunden sind – wie aufmerksam oder müde jemand gerade ist, ob er unter Streß steht, oder welche Einstellung er zu den anderen hat. Unter diesen Umständen wird ein System von Gefühlen geschaffen – hervorgerufen durch die Kombination und Interaktion der Gefühle aller Beteiligten.

Dieses System der Gefühle ist tonangebend für alle vorkommenden Transaktionen. (Ob die Dinge gut verlaufen oder schlecht, wird oft auf der Gefühlsebene bestimmt.) Es ist eine greifbare, *fühl*bare Realität. Man braucht nur in einen Raum mit deprimierten Menschen zu gehen, und schon ist man auch deprimiert. Geht man in einen Raum mit fröhlichen Menschen, schon ist man auch fröhlich. Ähnliche Gefühle verstärken einander. (Zwei glückliche Leute bewirken mehr Freude, als einer allein es könnte.) Gegensätzliche Gefühle wirken oft trennend. (Der eine fühlt sich gut, der andere schlecht, und das System ist irgendwo in der Mitte.)

Es ist nützlich zu erkennen, wie jemand zum Gesamtgefühl innerhalb des Systems beiträgt – wer die O.K.-Stimmung und wer die

Nicht-o.k.-Stimmung ausstrahlt. Wer die Spannung oder den Druck erzeugt, wer davon befreit. Gefühle des O.K.-Seins und des Nicht-o.k.-Seins sind unvereinbar miteinander. Wenn beide im selben System vorhanden sind, trachtet jedes danach, die Oberhand zu gewinnen. Beide Gefühle reagieren äußerst empfindlich auf Belastungen. Während sich jemand mit der Nicht-o.k.-Einstellung aufgrund der Interaktionen hinterher besser fühlen mag und einigen Trost findet, wird sich jemand mit der O.K.-Einstellung möglicherweise hinterher zu seiner Bestürzung schlechter fühlen.

Oft werden wir in Nicht-o.k.-Systeme verstrickt, ohne es zu merken. Gefühle sind gewissermaßen ansteckend. Wenn wir z. B. in ein System geraten, in dem die Gefühle von Nicht-o.k. vorherrschen, in dem die Leute mit unproduktivem Zeitvertreib, wie »Ist es nicht schrecklich« und »Armer Teufel« oder destruktiven Spielen, wie »JEHIDES« und »Macht den Sieger unter euch aus«, beschäftigt sind, dann stehen wir gewöhnlich unter dem ungeheuren Zwang, uns den Spielen anzuschließen und uns ebenfalls schlecht zu fühlen.

Wer die Lage nicht eindeutig durchschaut, läßt sich möglicherweise leicht in ein Gefühl des Nicht-o.k.-Seins hineinziehen. Wenn wir uns schützen und versuchen, unser eigenes O.K.-Sein zu bewahren, indem wir uns den Spielen nicht anschließen, riskieren wir, aus dem System ausgeschlossen zu werden. Die meisten Nicht-o.k.-Systeme dulden nicht sehr lange eine gesunde Person unter sich.

Systeme unter Druck oder Spannungen

Manche Systeme sind anstrengender als andere. In manchen Familien lebt es sich weniger lustig, und für manche Firmen arbeitet man weniger gern. Spannungen innerhalb eines Systems können viele Ursachen haben. Aber gewöhnlich lassen sie sich auf eine Person zurückführen, die unter sich selbst oder anderen leidet (oft aufgrund des Eltern-Ichs) oder die sich einfach (aus dem unglücklichen, deprimierten Kindheits-Ich heraus) schlecht fühlt. Das System ist mit Spannungen belastet, wenn diese Person darauf besteht, daß andere ihre schlechten Gefühle anerkennen oder darauf reagieren. Wenn jemand in seinem Eltern-Ich mit etwas unzufrieden ist (dem Leben, den Ereignissen, der Arbeitsleistung, dem Lächeln eines Untergebenen), dann verlangt er meist, daß andere seinen Forderungen Genüge tun, seinen Erwartungen entsprechen und den gleichen inneren Druck verspüren wie er selbst (bzw. sich den gleichen Druck auferlegen). Seine Unzufriedenheit im Eltern-Ich spiegelt oft die Unzufriedenheit wider, die seine Eltern früher mit ihm empfanden. Ist er in seinem ängstlichen, verwundbaren Kindheits-Ich, besteht er oft darauf, daß andere seine unguten Gefühle aufnehmen, seine Wunden versorgen (was häufig zur Masche geworden ist) oder in irgendeiner anderen Weise ihm die Bürde erleichtern, die er mit sich herumträgt. Eigentlich möchte er, daß andere sich mit ihm schlecht fühlen.

Spannung tritt in einem System nicht auf, wenn derjenige, der sie zu schaffen versucht, bei den anderen keine Reaktion hervorlocken kann, sondern vielmehr dann, wenn die anderen nicht frei und unbekümmert darauf reagieren.

Der Präsident einer großen Herstellerfirma, ein wahres Finanzgenie, war ernannt worden, als sich die Firma in ernsten finanziellen Schwierigkeiten befand. Damals hatte er die Firma vor dem Untergang bewahrt. Aber als er dann weiterhin Präsident blieb, verursachte er unerträgliche Spannungen im System. So gut er mit Geld umgehen konnte, so schlecht konnte er es mit Leuten. Obwohl er das wußte, war er nicht bereit, nun, da die Krise vorbei war, auf sein hohes Gehalt und seinen Titel zu verzichten. Er beschloß nicht aufzugeben, komme was da wolle. Bald fühlte er sich von jedem in seiner Umgebung bedroht. Er entließ Leute aus völlig irrationalen Gründen: Sie waren nicht »richtig« für den Job; sie waren »Schwächlinge«; man mußte ihnen eine Lehre erteilen; man mußte ein Exempel statuieren; sie waren unloyal (d. h. sie hatten widersprochen). Er behandelte die ihm unterstellten Führungskräfte wie Kinder, rief sie häufig überraschend in sein Büro, überstürzte sie ohne Begründung mit Fragen und schickte sie kommentarlos wieder weg. Er traf über ihren Kopf hinweg Entscheidungen, ohne es ihnen zu sagen. (Das merkten sie erst später, wenn sich ihre eigenen Untergebenen über die regulären Anweisungen hinwegsetzten und herauskam, daß sie direkt dem Präsidenten Bericht erstatteten.)

Er wies den Leuten Arbeit zu, die weniger ihren Stärken als vielmehr ihren Schwächen entsprach. Seinem Verkaufsdirektor, dessen

Stärke die Anwerbung und Ausbildung von Leuten im Außendienst war, befahl er im Büro zu bleiben und ihm mehr »zur Verfügung« zu stehen. Seinem Verwaltungsdirektor, dessen Stärke in der Verwaltungsarbeit im Hauptbüro lag und der mit Verkäufern nicht so gut zurechtkam, befahl er, mehr Zeit in den Niederlassungen zu verbringen und den dortigen Außendienstleistungen »behilflich« zu sein.

Er spielte seine Untergebenen gegeneinander aus. Er pflegte drei oder vier in sein Büro kommen zu lassen, einen von ihnen erbarmungslos fertigzumachen, und die übrigen dazu zu zwingen, sich an seinem JEHIDES-Spiel zu beteiligen. Wenn jemand nicht mitmachte, wurde er als unloyal bezeichnet. Das Verhalten des Präsidenten hatte zur Folge, daß unter seinen Untergebenen ein immer stärkeres, unüberwindbares Mißtrauen entstand.

Es gab buchstäblich keine Methode, auf die Anforderungen des Präsidenten auf angenehme Weise zu reagieren und das System intakt zu halten, d. h. die Leute als Team arbeiten zu lassen. War jemand anderer Meinung als der Präsident, riskierte er seine Entlassung. Stimmte er zu, riskierte er, in das Netz des Mißtrauens und der Intrige mit hineingezogen zu werden und sein Gefühl für menschliche Würde und Selbstrespekt aufzugeben. Die Wahl zwischen persönlichem Weiterkommen und Verlust der persönlichen Integrität war nicht gerade angenehm. Diejenigen, die sich aus finanziellen Erwägungen dafür entschieden, im System zu bleiben, sahen sich in eine Lage gebracht, die sie emotional nicht länger aushalten konnten.

Da wir sowohl zu Hause wie auch bei der Arbeit in einem System stecken, ist es nützlich zu erkennen, wie wir das System beeinflussen und wie wir von ihm beeinflußt werden. Sehr oft nehmen Leute große Spannungen in Kauf, deformieren sich innerlich und geben lebenslange moralische Prinzipien auf, nur um sich einem System anzupassen, nur um drin zu bleiben oder es intakt zu halten. Das gilt für Familien-Systeme genauso wie für Firmen-Systeme. Immer wieder beugen sich erwachsene Männer und Frauen, die bereits eigene Kinder haben, widerwillig den irrationalen Forderungen ihres Eltern-Ichs, und das, wie sie meinen, »zum Besten der Familie«. Gegen ihr besseres Wissen, aus Angst, jemanden im Familien-System zu verletzen oder nur um das System intakt zu halten, finden sie sich mit allen möglichen emotionalen Erpressungen ab.

Immer wieder zwingen sich reife Geschäftsleute in einem System zu bleiben, das ihrem persönlichen Wohlbefinden abträglich ist – in einem Unternehmen, das vom irrationalen Eltern-Ich oder angstvollen Kindheits-Ich eines Chefs regiert wird, der das System in ein Chaos verwandelt.

Oft fallen die Leute in eine selbstgestellte Falle: Sie müssen in einem unangenehmen System bleiben, wegen ihrer Angst (sie könnten den Job verlieren und keinen neuen finden), wegen ihrer unzureichenden Planung (um mit den Nachbarn Schritt zu halten, können sie es sich nicht leisten, zu kündigen oder Zeit für eine Arbeitssuche zu verschwenden) oder wegen ihrer sinnlosen Eltern-Ich-Daten (nur Feiglinge geben auf, Loyalität zum Arbeitgeber geht vor persönlichen Zielen, keiner will einen Gescheiterten). Auf diese Weise bleibt zwar das System intakt (und die Leute im System), aber die Deformierung der Persönlichkeit und das System werden unerträglich. Wenn die Leute das System nicht irgendwie ändern können oder vor ihm geschützt werden, bleibt ihnen nur die Wahl, das System zu verlassen oder sich darin schlecht zu fühlen.

Wie man das System o. k. macht

Wir können zu einem System beitragen oder uns ihm entziehen, indem wir den Druck auf andere entweder verstärken oder sie davon befreien. Selbst wenn wir nicht immer einen positiven Beitrag leisten können, ist es uns fast immer möglich, einen negativen Beitrag zu vermeiden: wenn wir lernen, wann wir andere einem Druck aussetzen, und wenn wir uns Mühe geben, das zu vermeiden.

Wie man seine Forderungen an die Umwelt identifiziert

Diedicke, ein Steuerberater Ende Vierzig, stellte ungewöhnlich hohe Leistungsansprüche. Er war stolz darauf, seinen Klienten nur ausgezeichnete Arbeit zu liefern. Eines Morgens benachrichtigte ihn ein Klient, daß irgendwie versäumt wurde, einen an ihn geschickten Brief zu unterzeichnen. Diedicke wandte sich mit hochrotem Kopf und hervortretenden Augen an seine Sekretärin: »Warum, um alles in der Welt, haben Sie diesen Brief ohne Unterschrift hinausgehen lassen!«

Wie viele von Diedickes anscheinend harmlos klingenden Fragen drückte das in Wirklichkeit eine harte Forderung aus. Es war eine irrationale Forderung, die außer acht ließ, daß seine Sekretärin auch nur ein Mensch ist. Es war eine Forderung mit der versteckten Botschaft: »Sei perfekt!«

Doris, eine fähige, siebenundzwanzigjährige Sekretärin, hatte einen Chef, der häufig das Büro verließ und nicht sagte, wohin er ging. Das verursachte Doris endlose Schwierigkeiten. Sie wußte nie, was sie sagen sollte, wenn jemand anrief und sie fragte, wo der Chef sei. (Sie hatte das Gefühl, daß eine gute Sektretärin immer Bescheid wissen sollte, wohin der Chef gegangen sei und wann er wieder zurückkäme.) Eines Tages, ihr Chef war gerade für einen Augenblick auf die Toilette gegangen, fiel es ihr besonders schwer, jemandem seine Abwesenheit zu erklären. Als er zurückkam, platzte sie gereizt heraus: »Warum sagen Sie mir nie, wohin Sie gehen!«

Das mag zwar lustig klingen, aber ihr Chef war äußerst verblüfft über die Forderung, die er aus dieser Frage heraushörte. Ohne zu spüren, was Doris fühlte, hörte er nur die starke, zwingende Forderung, die hinter ihrer Frage steckte: »Ich will wissen, wo du bist, *jede* Minute!«

Oft, wenn wir in unserem strengen, kritischen Eltern-Ich oder im ängstlichen, Nicht-o.k.-Kindheits-Ich sind, stellen wir unbeabsichtigt irrationale Forderungen an unsere Umgebung. Diese Forderungen werden auf viele Arten ausgedrückt. Manches davon scheint unbedeutend und belanglos zu sein, manches sehr subtil. Aber gleichgültig, wie unbedeutend, belanglos oder subtil die Forderungen ausgedrückt werden, sie verursachen fast immer Spannungen innerhalb des Systems. Sie haben einen negativen Einfluß auf eine andere Person (oder Personen) und veranlassen sie, entweder die Forderung anzunehmen (und sich schlecht zu fühlen) oder sie zurückzugeben (und Unstimmigkeiten hervorzurufen). Es kann kaum jemand in einem System bleiben, ohne letzten Endes auf die von anderen gestellten Forderungen eingehen zu müssen. Hinter jeder Forderung steht gewöhnlich ein unbewußtes Nicht-o.k.-Sein — das Bedürfnis zu herrschen oder irgendeine schreckliche Erwartung. Dieses Nicht-o.k.-Sein verstärkt gewöhnlich die Position »Ich bin o.k. – Du bist nicht o.k.« (und deshalb kann ich Forderungen stellen), oder »Ich bin nicht o.k. – Du bist o.k.« (und deshalb muß ich dir Forderungen stellen, um mein eigenes Nicht-o.k.-Sein zu bestärken). Es setzt gewöhnlich das O.K.-Gefühl der übrigen Menschen im System großen Belastungen aus.

Ein System funktioniert am besten, wenn jeder Beteiligte sich selbst wohl fühlt und auch ein gutes Gefühl für die anderen im System hat; wenn jeder die Einstellung »Ich bin o.k. – Du bist o.k.« hat und keine speziellen Forderungen an seine Mitmenschen stellt. Das System funktioniert am reibungslosesten, wenn jeder in der Lage ist, andere positiv zu streicheln, oder, wenn er sie nicht streicheln kann, wenigstens bereit ist, sie »sie selbst« sein zu lassen und ihnen zu erlauben, »ihren eigenen Kram« zu machen – ohne Ressentiments oder Beschuldigungen irgendeiner Art vorzubringen.*

Machen Sie Ihre Forderungen rückgängig

Stahl, ein Abteilungsleiter, der zu Hause Schwierigkeiten hatte, übertrug seine Spannungen aufs Büro. Er war jähzornig geworden und setzte seine Untergebenen unter Druck. Diese reagierten mit zunehmenden Ressentiments, wodurch für Stahl noch mehr Probleme entstanden. Eines Tages beschloß er, Abhilfe zu schaffen und offen zuzugeben, daß er zu den Spannungen beitrug. Als seine Sekretärin ins Büro kam, sagte er mit gedämpfter Stimme: »Ich habe in letzter Zeit viele Enttäuschungen erlebt und ich weiß, daß es schwer war, mit mir auszukommen.«

Seine Sekretärin, die recht häufig ihre Meinung sagte, antwortete gereizt: »Na, da bin ich aber froh, daß Sie das merken. Aber das hilft mir nicht viel weiter!«

Das tat es dann auch nicht, denn bald darauf stritten sich beide ärger als je zuvor. Stahls Erwachsenen-Ich-Bewußtsein hatte zwar das

---

* In einem Unternehmen heißt »seinen eigenen Kram machen« nicht etwa, daß man tut, was man will, ohne Rücksicht auf die Unternehmensinteressen. Es heißt, daß man seine Arbeit erledigt, in seinem eigenen, persönlichen Stil – aber ihr selbstverständlich gerecht wird. (S. Kap. 10 für die Einstellung von »Ich bin o.k. – Du bist o.k. – und die Umgebung ist o.k.«)

Thema zur Sprache gebracht, aber seiner Sekretärin nicht die Spannungen genommen. Nichts war geklärt worden.

Um das System o.k. zu machen, genügt es normalerweise nicht, nur unsere verborgenen Forderungen zuzugeben. Wenn wir sagen: »Ich bin böse«, oder »Ich bin frustriert«, oder »Es war schwer, mit mir auszukommen«, dann sprechen wir nur über eine Person – über *uns!* Aber ein System umfaßt mehr als nur eine Person. Es umfaßt *mich* und *dich*. Eine Bemerkung über *mich* ist unvollständig, weil sie nicht das System als Ganzes erfaßt. Sie handelt nur von einem im System. Wenn ich sage: »Ich weiß, es war schwer, mit mir auszukommen«, dann kann das leicht die Eltern-Ich-Annahme zum Ausdruck bringen: »Ich glaube, du mußt nach wie vor mit mir auskommen und dich anpassen – oder!« (Genauer gesagt, ich bin o.k., aber du bist es nicht!)

Um das System zum Funktionieren zu bringen, muß jede Bemerkung, die ich über die von mir gestellten Forderungen äußere, durch eine zusätzliche Bemerkung ergänzt werden. Mein Erwachsenen-Ich muß hinzufügen: »Es ist schwer, mit mir auszukommen, aber das ist mein Problem, und was immer Sie tun, ist in meinen Augen o.k.!« oder »Ich habe zwar im Moment Schwierigkeiten mit meinem O.K.-Gefühl, aber das heißt nicht, daß ich Sie dadurch beeinträchtigen will. Sie sind in meinen Augen nach wie vor o.k.« Wenn man so vorgeht, macht man jede versteckte Forderung, die in der eigenen Handlungsweise oder den eigenen Worten enthalten gewesen sein mag, rückgängig. Sie befreit den anderen ausdrücklich von der Vermutung, in irgendeiner Weise auf das eigene Nicht-o.k.-Sein reagieren zu müssen.

Die Situation kann auch umgekehrt sein. Jemand anderes ist für die schlechte Stimmung verantwortlich und stellt Forderungen an mich. In dem Fall kann man weit weniger tun, um das System wieder in Ordnung zu bringen. Ich kann z. B. den anderen nicht dazu zwingen, seine Forderungen einzustellen. Ich kann jedoch klarstellen, wie seine Forderungen auf mich wirken. Ich kann deutlich machen, auf welcher Basis ich bereit bin, im System zu bleiben. (Ich kann auch meine Bereitschaft erklären, im System zu bleiben, wenn auf der Ebene des Erwachsenen-Ichs ein Vertrag geschlossen wird, um die Schwierigkeiten zu klären.) Ein solches Vorgehen bringt natürlich ein gewisses Risiko mit sich. Man muß tatsächlich bereit sein, das System zu verlassen.

Der andere ändert sich möglicherweise nicht, er empfindet Ihre Deutlichkeit als Drohung, oder er eskaliert seine Forderungen zu einem einseitigen »Tumult«-Spiel. Wenn er das tut, dann bestätigt er nur, daß das System in keinem Fall o.k. geworden wäre. Ihre Deutlichkeit hat Ihnen sicher viele Monate oder gar Jahre erspart, in denen Sie vergeblich auf etwas gewartet hätten, was nie eingetreten wäre. Es ist jedoch für den anderen nur von Vorteil, das System intakt zu halten und zu erfahren, wie sein Nicht-o.k.-Sein das System als Ganzes beeinträchtigt. (Wenn er das nicht einsieht, dann wird er wahrscheinlich sein ganzes Leben lang nicht aufhören, Systeme zu unterminieren.) Wenn es Ihnen gelingt, einen Vertrag auf Erwachsenen-Ebene mit ihm zu schließen, einen Vertrag, der Ihnen gestattet, seine Aufmerksamkeit in einer ihm nützlichen Weise auf sein Nicht-o.k.-Sein zu richten, dann können Sie vielleicht das System zusammenhalten und es gleichzeitig in Ordnung bringen. Das Risiko ist nicht gering. Aber die einzige Alternative wäre die Fortführung eines Nicht-o.k.-Systems ohne Hoffnung auf wirkliche Veränderung.

Wie man sich ändern kann (wenn man daran interessiert ist)

Nicht jeder möchte etwas an sich ändern. Aber die meisten versuchen es trotzdem gelegentlich. Sie bemühen sich, in ihrem Leben gewisse Dinge zu ändern – vielleicht um es produktiver, erfreulicher, oder in mancher Hinsicht weniger selbstzerstörend zu gestalten. Leider sind viele dieser Bemühungen zum Scheitern verurteilt. Zu oft sind wir uns einfach nicht sicher, was wir wirklich wollen. Wir beschließen z. B., daß wir im Leben weiterkommen wollen; sobald wir aber sehen, welche Folgen das nach sich zieht, überlegen wir es uns noch einmal. Wir möchten geduldiger werden, mehr Verständnis für andere haben, aber wenn wir merken, wieviel Mühe und Konzentration das erfordert, geben wir bald auf. Manchmal sagt uns unser Eltern-Ich dieses (»Arbeite hart und verdiene viel Geld«) und unser Kindheits-Ich jenes (»Sei glücklich und genieße das Leben«). Ohne Plan, wie wir diese beiden Botschaften miteinander vereinen können (hart zu arbeiten und gleichzeitig das Leben zu genießen), schwanken wir hin und her; weder richtig hart arbeitend noch das Leben so genießend, daß es uns wirklich befriedigt.

Es ist nicht ungewöhnlich, daß jemand in seiner Kindheit eine gemischte Botschaft erhält. Schreiber, ein sechsunddreißigjähriger Marketingdirektor, hatte von seiner Mutter sowohl die Botschaft »sei glücklich« als auch »arbeite hart« mitbekommen. (»Sei glücklich« kam als versteckte Botschaft von ihrem Kindheits-Ich zu seinem Kindheits-Ich, »arbeite hart« wurde deutlich von ihrem Eltern-Ich zu seinem Eltern-Ich ausgesprochen.) Schreiber hat aus seinem Leben ein Drama gemacht, in dessen Verlauf er in regelmäßigen Abständen versucht, das Dilemma der beiden widersprüchlichen Botschaften zu lösen. Da sein Drehbuch nicht nach Lösung verlangt, geht er frustriert und verwirrt durchs Leben. (Seine Mutter fand nie eine Lösung, und sein Vater auch nicht. Sein Vater stimmte immer seiner Mutter zu und gab so das Vorbild, nach dem Schreiber sich in seiner Verwirrung richtete.) Schreiber arbeitet mäßig hart in einem Job, den er nur bedingt mag. Er fühlt, daß irgend etwas falsch ist. Er wartet darauf, daß irgendein Wunder geschieht und alles wieder ins Lot rückt. Obwohl nichts geschieht, ist er immer noch nicht bereit, eine harte Entscheidung zu treffen, um den Dingen eine positive Wendung zu geben.

Wenn wir merken, daß wir uns nicht ändern, heißt das, daß wir es in Wirklichkeit gar nicht wollen! Die Leute ändern nur das, was sie wollen und wenn sie es wollen. Oft glauben wir, daß wir uns ändern wollen, und probieren es auch, aber wenn sich dieser Vorgang öfters abspielt, gehört auch das Probieren wahrscheinlich zu unserem Drehbuch. Wir spielen damit, uns zu ändern, aber wir meinen es nie richtig ernst. Um uns wirklich zu ändern, müssen wir es wirklich *wollen*.

Entscheiden Sie, was Sie wirklich wollen

Wenn man sich ändern will, lautet die erste Regel: Entscheiden Sie, was Sie ändern *wollen*! Nicht was Sie zu wollen glauben, oder was Sie vielleicht wollen, oder was ein anderer (oder Ihr eigenes Eltern-Ich) glaubt, was Sie wollen, sondern das, was Sie wirklich WOLLEN! Dieses Wollen muß tief aus Ihrem natürlichen Kindheits-Ich kommen. Lassen Sie sich Zeit, um darüber nachzudenken. Tun Sie's gründlich. Wenn Sie merken, daß Sie in Wirklichkeit gar nicht das wollen, was Sie zu wollen glaubten, strafen Sie sich nicht selbst! Fühlen Sie sich nicht schuldig! Erkennen Sie, daß Sie es im Augenblick einfach nicht wollen. Seien Sie mit dieser Entscheidung zufrieden, denn es ist Ihre wirkliche Entscheidung. Später können Sie vielleicht Ihre Meinung ändern, aber für den Augenblick ist es wohl produktiver, wenn Sie an etwas anderem arbeiten. Mehr können Sie nicht erreichen, bevor Sie sich nicht fest für etwas entschlossen haben und bereit sind, bei dieser Entscheidung zu bleiben.*

Schließen Sie einen Vertrag

Wenn Sie sich einmal dafür entschlossen haben, was Sie wollen, dann ist der nächste Schritt, daß Sie einen Vertrag schließen. Einen Vertrag mit sich selbst. Er hilft Ihnen, daß Sie bekommen, was Sie wollen. Es muß ein ehrlicher und vernünftiger Vertrag sein. Mit einem unehrlichen Vertrag täuschen Sie nur sich selbst.

1. Teil

Der erste Teil Ihres Vertrages muß eine klar umrissene, verwendbare Erklärung dessen sein, was Sie wollen. Die Erklärung muß so abgefaßt sein, daß der Vertrag durchführbar wird. Ihr Wille muß präzise und praktisch ausgedrückt sein, nicht mit vagen Ausdrücken wie »ich möchte erfolgreich sein« oder »ich möchte glücklich sein«. Er muß so ausgedrückt sein, daß man von Zeit zu Zeit seinen Fortschritt messen kann. »Glück« und »Erfolg« als allgemeines Ziel lassen sich nicht messen. Damit die Verträge von der Sorte »Glück« und »Erfolg« funktionieren, müssen sie so abgefaßt sein, daß sie bestimmte Fragen beantworten. »Ich möchte glücklich sein – wann?« (Morgens, wenn ich aufstehe. Wenn ich meine Kunden treffe. Wenn ich abends nach Hause komme und meine Frau in der Tür stehen sehe.) Oder »Ich möchte Erfolg haben – wobei?« (Eine Gehaltserhöhung im nächsten Herbst zu bekommen. Mit meinem Haushaltsgeld auszukommen. Rechtzeitig im Büro zu sein.)

---

*) Mehr über den Vorgang der Entscheidungsfindung und über das, was man aufgeben muß, s. Kap. 10.

Je mehr der Vertrag wie eine Betriebsanleitung aussieht, desto besser. Am besten funktionieren jene Verträge, in denen Sie identifizieren können, was Sie *nicht mehr tun wollen.* (Ich möchte mich nicht mehr unglücklich fühlen, wenn ich abends nach Hause komme. Ich möchte nicht mehr erst dann einen Plan fürs Haushaltsgeld aufstellen, wenn die Hälfte davon schon ausgegeben ist. Ich möchte mir im Büro des Chefs nicht mehr so vorkommen, als ob ich auf den Mund gefallen wäre.) Um es so genau zu definieren, muß man erst eine Weile überlegen, was man wirklich tut! Ein solches Vorgehen hat den Vorteil, daß es leichter ist, mit etwas aufzuhören, was man kennt, als mit etwas anzufangen, was man nicht kennt. Auch den Fortschritt kann man so leichter kontrollieren. Wenn wir aufhören, in unserem Eltern-Ich oder Kindheits-Ich zu leben, gelangen wir automatisch in unser Erwachsenen-Ich. Wenn wir aufhören, in der Vergangenheit oder Zukunft zu leben, kommen wir automatisch in die Gegenwart. Indem wir etwas *nicht* tun, war wir gewöhnlich tun, erreichen wir indirekt das schwer greifbare, aber oft wichtigere Ziel, unser Erwachsenen-Ich einzuschalten und in der Gegenwart zu leben.

2. Teil

Wenn man sich dafür entschieden hat, was man will, muß man überlegen, was man tun will, um das zu erreichen. Teil 2 besteht aus dem Abschnitt »Was ich tue«. Es ist ein wichtiger Unterschied zwischen dem, was man tun will, und dem, was man tut. Was man tun will, wie deutlich auch immer es ausgedrückt sein mag, bleibt trotzdem nicht viel mehr als müßige Spekulation und Wunschdenken. Was man tut, ist die Praxis, die aus dem Wunschdenken greifbare Verträge macht. Um zu bestimmen, was in den Abschnitt »Was ich tue« hineinkommt, kann man sich ein paar Fragen stellen:

1. Wenn zu einer Entscheidung etwas gehört, was Sie nicht tun (aber tun wollen), fragen Sie sich: »Wie hindere ich mich selbst daran, das zu tun, was ich will?« (Wie stelle ich das an? Was tue ich, um es zu vermeiden?)

Beispiele

Wie hindere ich mich daran, meine Arbeit zu genießen?

Wie hindere ich mich daran, zu entspannen?
Wie hindere ich mich daran, spontan zu sein?
Wie hindere ich mich daran, befördert zu werden?

2. Wenn zu einer Entscheidung etwas gehört, was Sie tun (aber nicht mehr tun wollen), fragen Sie: »Wie tue ich das, was ich nicht länger tun will?« (Wie bleibe ich dabei? Was läßt es mich weiterhin tun?)

Beispiele
Wie mache ich mich unglücklich?
Wie ängstige ich mich selbst?
Wie stelle ich es an, gedemütigt zu werden?
Wie hindere ich mich daran, Berichte rechtzeitig vorzulegen?

Akzeptieren Sie keine »Ich weiß nicht«-Antworten von sich selbst. Ein »Ich weiß nicht« kommt von Ihrem Kindheits-Ich, das gelegentlich versucht, Ihre Bemühungen zu sabotieren. Wenn das vorkommt, hören Sie einfach nicht auf Ihr Kindheits-Ich und suchen Sie weiter nach einer Antwort, bis Sie eine finden. Letzten Endes wird es immer eine genaue Antwort durch Ihr Erwachsenen-Ich geben.

Ihre Antworten auf Ihr »Wie hindere ich mich daran. . .« können so vielfältig sein wie Ihre Wünsche. Wir hindern uns auf vielfache Weise daran, das zu tun, was wir wollen. Hier nur ein paar Möglichkeiten:

Ich hindere mich daran, zu tun, was ich will, weil ich mich selbst davon überzeuge, daß ich es nicht wollen sollte. (Ich bin im Eltern-Ich und hindere mich daran, das Leben zu genießen.)

Ich hindere mich daran, zuviel zu wollen, indem ich mich daran erinnere, daß ich das nicht wert bin (so wie es mir meine Eltern immer gesagt haben).

Ich bleibe angespannt, indem ich die Zähne zusammenbeiße.

Ich bleibe überarbeitet, weil ich nie irgend etwas zu Ende bringe.

Ich bleibe überarbeitet, weil ich zu niemandem nein sagen will — besonders nicht zu meinem Chef. Ich hindere mich daran, nein zu sagen, indem ich ängstlich bleibe und nicht lerne, aus meinem Erwachsenen-Ich heraus zu erklären, was ich leisten und was ich nicht leisten kann.

Ich hindere mich daran, meinen Job zu mögen, weil ich nicht weiß, was ich mag.

Ich hindere mich daran, einen guten Job zu bekommen, weil ich glaube, daß die Welt mir meinen Lebensunterhalt schuldet. (Ich habe nie gelernt, mir selbst etwas zu verschaffen, als ich jung war.)

Ich erschöpfe mich selbst, indem ich den Atem anhalte.

Ich bleibe weiterhin ein Opfer des Systems, weil ich immer mit meinen Nachbarn Schritt halte.

Ich ängstige mich, indem ich mich nicht auf das konzentriere, was ich tue, und indem ich meine Gedanken abschweifen lasse.

Ich hindere mich daran, neue Leute kennenzulernen, weil ich bei dem Gedanken, nichts zu sagen zu haben, in Panik gerate. (Ich habe nie einen Zeitvertreib gelernt.)

Ich hindere mich daran, mich zu ändern, weil ich mich nicht frage, was falsch ist. Ich frage nicht, was falsch ist, weil ich nicht merke, wie schlecht es um eine Sache steht.

Manchmal mögen Ihre Antworten töricht, trivial oder albern erscheinen. Aber was auch immer dabei herauskommt – es ist *Ihre* Antwort. Was für Sie in einem bestimmten Augenblick wirklich ist, das ist Ihre Wirklichkeit. Bleiben Sie dabei! Vielleicht ist es eine wichtige Erkenntnis!

Wenn Sie Ihre Fragen »Wie hindere ich mich selbst daran. . .« ehrlich beantworten, dann werden Sie eine ganze Liste von Dingen haben, die nicht mehr getan werden sollen. Ihre nächste Entscheidung ist, ob Sie sie beenden wollen oder nicht. Machen Sie deutlich, welche Dinge sie aufgeben wollen und welche nicht. Sie können immer vom Vertrag zurücktreten, aber machen Sie sich Ihren Rücktritt deutlich.

Wenn die ersten Antworten auf diese Fragen unbefriedigend sind, wenn sie Ihnen nicht genügend Daten bieten, um damit einen vernünftigen Vertrag zu machen, dann fragen Sie weiter.

Beispiel:

Zugrunde liegender Wunsch: Ich möchte wissen, was um mich herum vorgeht, besonders wenn ich mich in einer Unterhaltung befinde.

Frage: Wie hindere ich mich daran, aufmerksam zu sein?

Antwort: Ich rede auch dann weiter, wenn die anderen schon lange nicht mehr zuhören.

(Aber ein Vertrag, mit dem Reden aufzuhören, macht Sie noch nicht aufmerksamer für Ihre Umgebung. Also fragen sie weiter.)

Frage: Was tue ich, um immer noch zu reden, auch wenn die anderen schon nicht mehr zuhören.

Antwort: Ich lege Wert auf eine Feststellung und bin so von meinen Erklärungen in Anspruch genommen, daß sie mir wichtiger sind als die Tatsache, ob jemand zuhört oder nicht.

Frage: Warum nehmen mich meine Erklärungen so in Anspruch?

Antwort: Ich überzeuge mich selbst davon, daß die Leute glauben werden, ich sei dumm, wenn ich nicht alles richtig erkläre. Aber das ist Unsinn! Sie hören schon nicht mehr zu! Ich glaube, ich bin nur dabei, mich selbst zu streicheln, weil ich so gut Bescheid weiß!

So bekommen Sie heraus, was Sie tun müssen, um Ihren Vertrag zu erfüllen. Im obigen Beispiel führte die letzte Antwort zu einem »Was ich tue«-Vertrag, der lautet: »Ich höre auf, immer eine passende Antwort zu wissen. Anstatt endlos weiterzureden, achte ich mehr darauf, wie die anderen reagieren und was sie denken.«

Sowohl das Kindheits-Ich wie auch das Erwachsenen-Ich arbeiten zusammen, um diesen Teil des Vertrages auszuarbeiten. Während der Anreiz und die endgültige Entscheidung vom Kindheits-Ich kamen, wurden die Fragen vom Erwachsenen-Ich gestellt. Das Erwachsenen-Ich nimmt dann auch einen »Wirklichkeitstest« vor und überprüft, ob diese Lösung durchführbar ist.

3. Teil

Um sicherzugehen, daß das Nicht-o.k.-Kindheits-Ich in letzter Minute einen Strich durch die Rechnung macht, besteht der letzte Teil des Vertrages aus der Frage: »Woran merken die anderen, daß ich meinen Vertrag erfüllt habe?« Das heißt, welchen sichtbaren Beweis gibt es für meinen Erfolg? Wenn Ihre Antwort lautet: »Das können die anderen nicht merken. Das merke nur ich«, dann dürfen Sie die Antwort nicht akzeptieren. So machen Sie sich die Sache zu einfach. (Wenn keiner merkt, daß Sie Ihren Vertrag erfüllt haben, dann weiß auch keiner, ob Sie gemogelt haben. Und mogeln geht zu einfach.) Hören Sie nicht auf, Ihren Vertrag zu schreiben, bis Sie eine klare Auskunft darüber haben, wie andere wissen sollen, ob Sie Ihren Vertrag erfüllt haben. Ein klarer, funktionsfähiger, deutlicher Vertrag kann so aussehen:

1. Teil

Mein Vertrag lautet, daß ich mich vom Eltern-Ich meines Chefs nicht einfangen lasse.

2. Teil

Ich erreiche das, indem ich mir bewußt werde, wann er in seinem Eltern-Ich spricht, und indem ich erkenne, daß das nicht wirklich etwas mit mir zu tun hat.

3. Teil

Die Leute können bestätigen, daß ich meinen Vertrag gehalten habe, weil sie fühlen, daß meine Reaktionen o.k. sind.

oder:

1. Teil

Mein Vertrag lautet, daß ich dem Teil meiner Arbeit, den ich am wenigsten mag, nicht aus dem Weg gehe.

2. Teil

Ich erreiche das, indem ich die Zeit abschätze, die ich dafür benötigen werde, mir die Zeit nehme und es tue.

3. Teil

Die Leute merken, daß ich meinen Vertrag erfüllt habe, weil ich nie mehr mit der Arbeit im Rückstand bin.

oder:

1. Teil

Mein Vertrag lautet, daß ich nicht mehr im angepaßten Kindheits-Ich handeln werde.

2. Teil

Das erreiche ich, indem ich:

a) eine Entscheidung treffe auf der Basis dessen, was ich tun will (gleichgültig was andere denken, was ich tun müßte, und ohne Rücksicht auf mein Eltern-Ich).
b) die Entscheidung mir selbst und allen anderen Betroffenen deutlich mache.

c) glaube, daß meine Entscheidung vernünftig ist und von meinem Erwachsenen-Ich kommt.
d) zu meiner Entscheidung stehe, stolz darauf bin und sie ohne Zögern ausführe.

3. Teil

Die Leute merken, daß ich meinen Vertrag gehalten habe, denn:
a) ich bin kein Nervenbündel mehr.
b) ich habe mehr Zutrauen zu mir selbst und bin selbstsicherer.
c) ich halte mein Wort und stehe dazu.

Der genaue Wortlaut eines Vertrages ist deshalb wichtig, weil er für den, der den Vertrag macht, dann real ist, und weil er anderen mitgeteilt werden kann.

Wie hindere ich mich daran, meinen Vertrag einzuhalten?

Die Aufstellung eines Vertrages und die Bekanntgabe an andere garantiert jedoch noch nicht, daß Sie den Vertrag auch einhalten. Um die Einhaltung des Vertrages zu sichern, müssen Sie ihn von Zeit zu Zeit anschauen. Nur so können Sie Ihren Fortschritt messen. Wenn Sie feststellen, daß Sie keine großen Fortschritte machen, können Sie sich fragen: »Wie hindere ich mich daran, meinen Vertrag einzuhalten?« In den meisten Fällen wissen Sie sicher die Antwort. Sie können dann die geeigneten Schritte unternehmen, um wieder auf den rechten Kurs zu kommen.

Mit ein bißchen Übung werden Sie allmählich lernen, vernünftige Verträge zu machen. Bei den ersten klappt es vielleicht noch nicht so recht. Aber rückblickend werden Sie feststellen, daß es Verträge waren, die Sie nicht wirklich wollten, oder daß Sie sich gezwungen hatten, gewisse Dinge zu tun, die Sie eigentlich nicht tun wollten. Sie stellen fest, daß es in Wirklichkeit gar keine vernünftigen Verträge waren und daß Sie sich hinderten, sie einzuhalten, indem Sie sie von Anfang an unvernünftig machten. Wenn Sie weiter daran arbeiten, werden Sie immer mehr Geschick entwickeln. Jede neue Entdeckung bringt Sie dem Erfolg etwas näher und hilft Ihnen, mehr persönliche Autonomie zu erlangen.

KAPITEL 8

Wie man nutzbringende Entscheidungen trifft

Die Frage »Was soll ich tun?« ist von der Menschheit wohl öfter gestellt worden als jede andere Frage. Die Anwort darauf hat ihr Leben bestimmt, ihre Geschäfte und letzten Endes auch das Schicksal ihrer Nationen. Wie die Menschen jedoch zu ihren Entscheidungen gekommen sind, das ist ein Vorgang, den nur wenige beachten und den noch weniger Leute verstehen.

Die Frage »Was soll ich tun?« (die wir alle uns schon gestellt haben) drückt das Bedürfnis des Kindheits-Ichs nach einer Lösung der Probleme durch das Eltern-Ich aus. (»Was *sollte* ich tun?«) In der Kindheit war die wirksamste und sicherste Methode, die Antwort vom Vater oder der Mutter zu bekommen. Wenn die Eltern-Ich-Daten fehlen, überlegen sich die Kinder entweder selbst etwas (mit ihrem Erwachsenen-Ich) oder reagieren direkt auf äußere Anreize, aufgrund ihrer Angst, ihres Instinkts oder aus einer Laune heraus (aus ihrem Kindheits-Ich). Wenn sie heranwachsen, machen sie es weiterhin so. In Situationen, wo einst ihr Kindheits-Ich dominierte, wird es auch weiterhin dominieren. Dasselbe gilt für das Eltern-Ich. Während die Entscheidungen des Eltern-Ichs und Kindheits-Ichs oft nicht voraussagbar sind, lassen sich die Situationen, in denen Entscheidungen von diesen beiden Ich-Zuständen getroffen werden, sehr gut voraussagen.

Wir alle haben ein Verhaltensmuster für das Treffen von Entscheidungen. Wir heben unser Eltern-Ich, Erwachsenen-Ich und Kindheits-Ich für bestimmte Situationen auf. Wenn unser Eltern-Ich oder Kindheits-Ich dran sind, wird das Erwachsenen-Ich ausgeschlossen. Jeder von uns ist anders. Obwohl die meisten glauben, daß die wirklich wichtigen Entscheidungen von unserem Erwachsenen-Ich kommen – oder von unserem Eltern-Ich und Kindheits-Ich mit Billigung des Erwachsenen-Ichs –, ist das typischerweise nicht der Fall. Die Wirklichkeit lautet in den meisten Fällen: einmal im Eltern-Ich, immer im Eltern-Ich; einmal im Kindheits-Ich, immer im Kindheits-Ich. Und wenn sich das Drehbuch ändert, dann heißt das: einmal funktionsgestört, immer funktionsgestört.

Entscheidungen des Kindheits-Ichs

In den meisten Fällen merken wir nicht, wann unser Eltern-Ich oder Kindheits-Ich die Oberhand hat. Das geht Menschen aller sozialen Schichten so, gleichgültig welche persönlichen Leistungen sie vollbracht haben. Tragisch wird es, wenn einflußreiche Persönlichkeiten Fehlentscheidungen aus ihrem Kindheits-Ich heraus treffen, ohne daß dies von ihren gleichrangigen Mitarbeitern bemerkt wird.

Im Sitzungszimmer eines großen Industrieunternehmens saßen vierzehn Vorstandsmitglieder bequem an einem runden Tisch und hörten dem Vorstandsvorsitzenden zu – einer starken Persönlichkeit Ende Fünfzig. In den vergangenen sechs Monaten hatte das Unternehmen in den roten Zahlen gewirtschaftet. Der Vorsitzende erklärte, wie das zustande gekommen war, wie die Firma die Produktnachfrage falsch beurteilt hatte, sich bei den Tarifverhandlungen verrechnet und den Konjunkturrückgang nicht vorausgesehen hatte. Er stand aufrecht da und sagte mit dröhnender Stimme: »Meine Herren, obwohl wir in letzter Zeit Rückschläge hatten, bereiten wir uns jetzt darauf vor, den voraussichtlichen Konjunkturaufschwung zu nutzen. Statt Arbeitskräfte zu entlassen und die Produktion zu drosseln, weil der Verkauf rückläufig ist, planen wir, unsere Verluste wieder aufzuholen, indem wir weitere Anleihen aufnehmen und den Betrieb auf Hochtouren bringen. Wenn der Konjunkturaufschwung kommt, sind wir gerüstet.«

Zwei Vorstandsmitglieder rutschten in ihren Sesseln herum und fühlten sich sichtlich unbehaglich. Das war riskant – den Betrieb auf Hochtouren zu bringen, während die Konjunktur rückläufig war. Im Wirtschaftsausschuß herrschte Uneinigkeit darüber, wann der Aufschwung kommen würde. Wenn er nicht bald käme, würde die Firma noch tiefer in die roten Zahlen geraten. Irgendwie übersah der Vorsitzende einige der wichtigsten Fakten in diesem Fall. Der wirtschaftliche Aufschwung hatte *noch nicht* stattgefunden, und die Firma verlor bereits Geld, weil sie nicht alle hergestellten Produkte verkaufen konnte. Obwohl es Zeiten gibt, in denen eine Firma ein kalkuliertes Risiko eingehen muß, war es diesmal nicht angebracht. Der Vorsitzende schien mehr mit seinem Motto »Handle oder stirb« beschäftigt zu sein, um sein Gesicht zu wahren und sein vorheriges schlechtes Abschneiden wiedergutzumachen, als damit, die Sachen so zu entscheiden, wie es für die Firma am besten war.

Obwohl der Plan riskant war, beschloß der gesamte Firmenvorstand, den Vorsitzenden gewähren zu lassen. Die Atmosphäre in ihrem Hause war gepflegt. Streit und Unannehmlichkeiten wurden gemieden. Es herrschte eine merkwürdige Etikette – Etikette, die es einem Mitglied verbot, die Handlungen eines anderen Mitglieds, einschließlich des Vorsitzenden, ernsthaft in Frage zu stellen. Ihn in Frage zu stellen bedeutete ihn herauszufordern; und ihn herauszufordern bedeutete ein Mangel an Vertrauen (was ihn vielleicht für immer in seiner Funktion beeinträchtigen könnte).

So sagten die beiden Vorstandsmitglieder (denen es unbehaglich gewesen war) nichts. Als abgestimmt werden mußte, ging der Antrag des Vorsitzenden ohne ernsthafte Diskussion durch. Sechs Monate später, als der Konjunkturaufschwung nicht eingetreten war und die Firma in Konkurs stand, bestritt jedes Vorstandsmitglied energisch, daß irgendwer die verheerenden Folgen der andauernden Wirtschaftsflaute hätte voraussehen können.

Diese Geschichte, die in den Annalen von Unternehmenstragödien nicht ungewöhnlich ist, zeigt zwei verschiedene, gefährliche Entscheidungen von Kindheits-Ichs. Die erste, vom Vorsitzenden getroffene Entscheidung, hatte mit seiner Neigung zu tun, nicht warten zu können, bis der rechte Zeitpunkt gekommen war, sondern lieber einen letzten angestrengten Versuch zu machen, sich zu rechtfertigen – solange er noch die Macht dazu hatte. Es war eine Entscheidung auf Biegen oder Brechen. Offensichtlich stand der Vorsizende unter dem Druck seines eigenen Eltern-Ichs oder dem (wirklichen oder eingebildeten) Druck des Eltern-Ichs seiner Vorstandsmitglieder, entweder etwas Spektakuläres zu tun oder seinen Hut zu nehmen. Für sein Kindheits-Ich war es gleichgültig, ob er durch eigenes Zutun unterging (entlassen wurde oder zum Rücktritt gezwungen wurde) oder ob er das ganze Schiff mit sich untergehen ließ (die Firma in Konkurs brachte). Für ihn war das Risiko in beiden Fällen das gleiche. Aber mit diesem äußersten Versuch, die Dinge zu retten, indem er das Firmenvermögen aufs Spiel setzte, hoffte sein Kindheits-Ich, daß er möglicherweise sein Ansehen wahren, alles zum Besten wenden und ruhmreich weiterregieren könnte.

Die zweite Kindheits-Ich-Entscheidung wurde unglücklicherweise von den Vorstandsmitgliedern getroffen. Es war eine Entscheidung, die Struktur ihres Systems aufrechtzuerhalten, die Entscheidung, ihren »Club« intakt zu halten (und dadurch letzten Endes das System zu zerstören). Es war eine Entscheidung, die wirklichen Daten, die ihr System als Ganzes bedrohten, zu ignorieren und statt dessen die Geheimverträge über Etikette, über zu meidende Themen und das Vertrauen, das man ineinander haben soll, einzuhalten. Es war eine Entscheidung des Kindheits-Ichs jedes einzelnen Vorstandsmitgliedes, vor allem die Geheimverträge einzuhalten. Kein Wunder, daß das Kindheits-Ich des Vorsitzenden glaubte, freie Hand zu haben, wenn das Kindheits-Ich eines jeden Mitgliedes den Antrag mit unterzeichnete.

Viele Systeme halten sich intakt durch die Verwendung von Geheimverträgen. Diese Verträge begrenzen die Verhaltensweisen, in denen die Mitglieder des Systems miteinander umgehen, auf gewisse, vorher festgelegte, »sichere« Transaktionen. Besonders die Daten der Wirklichkeit, die in ein System eindringen können, werden begrenzt. (Wie viele Familien bleiben zusammen, aber machen sich auf diese Weise unglücklich?) Wenn die Geheimverträge das Eindringen von wirklichen Daten so beschränken, daß das System verletzbar wird (weil realistische, äußere Kräfte aktiv auf seine Zerstörung hinarbeiten), dann müssen die Geheimverträge letzten Endes offengelegt werden, oder das System bricht zusammen. Gibt es keine äußerlich einwirkenden Kräfte (wie in vielen Familien und bürokratischen Organisationen), dann bleiben die Geheimverträge vielleicht intakt, aber sie dienen nur dazu, die Komplexe und Träumereien der Beteiligten aufrechtzuerhalten und zu verstärken.

Entscheidungen des Eltern-Ichs
Die Gefahr von Schlagwörtern des Eltern-Ichs

Eines Tages, vor vielen Jahren, überlegte ein General hin und her, ob er einer kriegführenden Nation, die gerade in ein kleines, befreundetes Land eingedrungen war, den Krieg erklären sollte. Um eine Entscheidung ringend, versammelte er seine Ratgeber um sich; er schätzte die Stärke seiner Armee ab, die Fähigkeit des kleineren Landes, der Invasion standzuhalten, und er bedachte die Auswirkungen andauernder Kämpfe auf alle drei Länder. Er untersuchte sorgfältig alle Daten, die zur Aufhellung des Problems dienen konnten. Trotzdem konnte er sich nicht entschließen. Schließlich meldete sich ein Ratgeber zu Wort. »General«, sagte er, »ich bin erstaunt, wie lange es dauert, bis wir diesem Land, das so freundlich zu uns war, zu Hilfe kommen. Wozu sind Freunde da, wenn man nicht auf sie zählen kann?«

»Ja, wirklich«, sagte der General, »wozu sind Freunde da, wenn man nicht auf sie zählen kann. Wir erklären den Krieg!« Und damit überantwortete der General sein Land einem Krieg, der zwölf lange Jahre dauerte. Zwölf Jahre, die das Land buchstäblich all seiner produktiven Hilfsquellen beraubten und die Zehntausenden von jungen Männern das Leben kosteten.

Der General fand, wie viele Leute, wenn sie unter Druck stehen, eine leichte Lösung für sein Problem, indem er das Vorgehen seines Erwachsenen-Ichs (Daten zu verarbeiten) aufgab und bereitwillig die alte, schlagwortartige Botschaft seines Eltern-Ichs aufnahm (»Halte zu deinen Freunden«). Wenn unser Erwachsenen-Ich keine deutliche Lösung weiß, wenn die gegebenen Informationen weder für noch gegen eine Entscheidung sprechen, dann greifen wir, ohne Rücksicht auf die sorgfältig zusammengetragenen Daten, gern auf eine vereinfachte Eltern-Ich-Lösung zurück. Geeignet oder nicht, hat die Eltern-Ich-Lösung den Vorteil, daß sie keinen Gedanken erfordert und daß sie einen von der Frustration befreit, keine Erwachsenen-Ich-Lösung zu finden. Vorausgesetzt, die zu Rate gezogenen Eltern-Ich-Phrasen sind universell genug, findet überdies unsere Lösung, ob sie nun für das vorliegende Problem zutrifft oder nicht, weltweite Zustimmung. Ein verführerischer Aspekt der Eltern-Ich-Daten ist, daß sie oft in griffige Phrasen gekleidet sind – in leicht verständliche Slogans, die mühelos von Generation zu Generation weitergegeben werden können. (»Kinder darf man nicht verwöhnen«; »Freunde darf man nicht im Stich lassen«; »Feinden darf man nicht vergeben«.) Diese Schlagworte drücken Ideen in vereinfachter (oft zu sehr vereinfachter) Form aus. Obwohl die Ideen, bevor sie auf Eltern-Ich-Schlagworte reduziert wurden, einmal Ideen eines Erwachsenen-Ichs gewesen sein mögen, verlieren sie bei der Übertragung oft ihren Sinn. Leute, die solche Informationen in ihr Eltern-Ich aufnehmen, ohne zu wissen, wie sie ursprünglich entstanden, benutzen sie vielleicht ihr Leben lang unterschiedslos in Situationen, für die sie nie gedacht waren.

Schlagworte des Eltern-Ichs sind besonder nützlich für Politiker, Generäle und andere Anführer großer organisierter Menschengruppen. Sie versorgen sie mit einfachen Begriffen, um die sich ihre Anhänger scharen und mit denen sie sich identifizieren können. Gemeinsame Eltern-Ich-Daten geben den Leuten ein Gefühl der Einheit. Das ermöglicht es ihnen, ihre Anführer besser zu unterstützen. (Wer könnte den universellen Appell, die »Richtigkeit« des Satzes: »Halte zu deinen Freunden« bestreiten. Für die Anführer selbst ist es oft wichtiger, die Probleme mit Eltern-Ich-Lösungen anzugehen, die jeder akzeptieren kann, als Erwachsenen-Ich-Lösungen zu finden, die niemand versteht. Für sie ist es nicht so wichtig, ob eine Eltern-Ich-Lösung funktioniert, sondern ob alle anderen zustimmen, daß man sie probieren solle.)

Schlagworte des Eltern-Ichs für jede Gelegenheit

Herr Leo, Leiter der Treuhandabteilung einer Bank, nahm alle Effektentransaktionen seiner Bank vor. Leo verhandelte direkt mit Maklerfirmen, kaufte und verkaufte Aktien für das Treuhandportefeuille. Eines Tages wollte er tausend Aktien verkaufen, die im Sinken begriffen waren. Er rief seinen Makler an. Eine neue Stimme war am Telefon.

Leo: Ich möchte tausend Stück von Magnum Industries zu $21^1/_2$ verkaufen.

Stimme: Ist klar.

Leo: (besorgt, die Stimme könnte mit der richtigen Handhabung telefonischer Aufträge nicht vertraut sein) Haben Sie das? Tausend Stück zu $21^1/_2$?

Stimme: Wird gemacht. Tausend Stück von Magnum zu $21^1/_2$.

Leo: Gut. Vielen Dank.

Leo hatte ein ungutes Gefühl, weil er nicht mit seinem üblichen Makler gesprochen hatte – vielleicht hätte er nach ihm fragen sollen. Aber er war sehr beschäftigt, und seiner Ansicht nach war es Sache der Maklerfirma und nicht die der Bank, dafür zu sorgen, daß die Dinge richtig erledigt wurden.

Später am Tag erfuhr Leo, daß die Maklerfirma die tausend Stück nicht *verkauft*, sondern statt dessen *gekauft* hatte! Die Stimme am Telefon war die eines neuen Angestellten, der in der Aufregung die Kaufaufträge mit den Verkaufaufträgen verwechselt hatte. Leo war außer sich. Anstatt seine Aktien verkauft zu haben, besaß er jetzt die doppelte Menge. Ohne zu zögern, ergriff er den Telefonhörer, wählte die Nummer der Maklerfirma und gab bekannt, daß seine Bank keine Geschäfte mehr mit der Firma machen würde. Am nächsten Tag, als er sein Vorgehen seinem Teilhaber erklären wollte, sagte er: »Für Irrtümer ist in unserem Geschäft absolut kein Platz. Ein solcher Fehler ist unentschuldbar!«

Eine interessante Entscheidung. Jedoch kaum eine vernünftige. Gewiß keine, die die langjährigen, guten Leistungen der Maklerfirma berücksichtigte, oder die unguten Gefühle, die zwischen der Maklerfirma und der Bank entstehen könnten. Sicher keine Entscheidung, die sich, vom Erwachsenen-Ich-Standpunkt aus, um die Qualität der im Telefongespräch mitgeteilten Daten kümmerte.

Leos Partner, der aus Leos Worten die Eltern-Ich-Daten über unentschuldbare Fehler heraushörte und der fand, daß sie für diese Situation irrational und ungeeignet waren, wußte nicht, was er tun sollte. Er fühlte sich wie viele von uns, wenn sie mit einem irrationalen Eltern-Ich konfrontiert werden, völlig hilflos. Bevor er jedoch gar nichts unternahm, beschloß er, mit Leo Eltern-Ich-Daten auszutauschen. Vielleicht, wenn er es geschickt anstellte, konnte er in Leo eine Reaktion auslösen, die ihn dazu brachte, seine Meinung zu ändern.

Partner: Herr Leo, ist das nicht ein bißchen hart? Haben die Leute das wirklich verdient? (Eltern-Ich: Man soll die Leute nicht hart anfassen, wenn sie es nicht wirklich ›verdienen‹.)

Leo: Kein bißchen! Sie wissen wie es in unserem Geschäft zugeht! (Keine echten Eltern-Ich-Daten. Bloß eine irrationale Rechtfertigung für einen irrationalen Standpunkt.)

Partner: Aber Herr Leo! Einen Fehler darf jeder mal machen. (Direkte Konfrontation widersprüchlicher Eltern-Ich-Daten: »Einen Fehler darf jeder mal machen« gegen »Keiner darf einen Fehler machen.«)

Leo: Na schön, ein Punkt für Sie. Aber wenn ich einmal nachgebe, muß ich immer nachgeben. (Konzession eines Eltern-Ichs an ein anderes: »Ein Punkt für Sie«, gefolgt von einer Abwandlung des Eltern-Ich-Schlagwortes: »Tust du's für einen, muß du's für alle tun.«)

Partner: Schon gut, aber können Sie nicht diesmal eine Ausnahme machen? (Bitte um Gnade, die voraussetzt, daß Leos richtendes Eltern-Ich auch Mitleid zeigen kann.)

Leo: Ich weiß nicht. Ich denke noch mal drüber nach. Aber ich müßte schon einen verdammt guten Grund haben, damit ich meine Meinung ändere! (Der einzige Grund für Leo wäre, wenn er so bedroht, gequält oder möglicherweise auch belohnt würde, daß es ein nochmaliges Nachdenken wert wäre. Es ist zweifelhaft, ob die bloße Konfrontation mit unterschiedlichen Eltern-Ich-Daten eine Sinnes-
Die Änderung einer Eltern-Ich-Entscheidung nur durch Konfron-
änderung bei ihm bewirkt.)
tation eines Eltern-Ichs mit einem anderen Eltern-Ich zu erreichen, ist ein ziemlich unsicheres Unterfangen. Der traditionelle Standpunkt des Eltern-Ichs ist der, daß es immer recht hat – ohne Rücksicht auf die Daten. Das Eltern-Ich ist weder an den wirklichen Daten interessiert noch an den Folgen seiner Handlungen. Nur durch Zufall oder wenn das Eltern-Ich allmählich verblaßt, kann mit dieser Methode irgend etwas Sinnvolles erreicht werden.

Der vorangegangene Dialog ist typisch für viele, die sich aus Entscheidungen ergeben, die auf Eltern-Ich-Basis getroffen wurden. Viele Unterhaltungen zwischen Leuten in führenden Stellungen – Führungskräften und Chefs (vor Gericht z. B. zwischen Anwälten, Richtern und Geschworenen) – haben den Austausch von relevanten (oder irrelevanten) Eltern-Ich-Botschaften zum Inhalt. Beide Seiten äußern die Schlagworte, die am ehesten das Eltern-Ich des anderen beeinflussen könnten. Ein Austausch von wirklichen Daten findet kaum oder nur in ganz geringfügigem Maße statt. Zweck der Unterhaltung ist es, genügend Eltern-Ich-Daten anzuführen, um den Gegner auszuschalten oder seine Position zu schwächen. Die Realität ist nicht von Bedeutung. Gewöhnlich gewinnt derjenige, der den größten Vorrat an passenden Eltern-Ich-Schlagwörtern hat, oder der, der sie am wirkungsvollsten vorbringt.

In Firmen wird viel Zeit und Energie darauf verschwendet, die Anwendbarkeit von Eltern-Ich-Schlagworten auf gegenwärtige Situationen zu prüfen. Für manche ist es die sicherste Art, etwas zu entscheiden (anerkannte Eltern-Ich-Daten werden selten in Frage gestellt); für andere wiederum ist es die einzige Möglichkeit (weil sie nichts Besseres wissen). Einige der am häufigsten verwendeten Eltern-Ich-Schlagworte sind besonders verführerisch. Hier ein paar Beispiele:

Bleib bei der Firmenpolitik (»Das ist sicherer, Edmund. . .«)

Mitten im Rennen wechselt man nicht die Pferde. (»Wir können jetzt nicht klein beigeben, Christian.«)

Die Firma (die Familie, das Unternehmen, der Staat) geht vor. (»Es ist mir egal was Ihre Frau sagt, Herr Hacker. Entweder Sie gehen in den Kongo, oder Sie sind arbeitslos.«)

Geschäft ist Geschäft, und Schnaps ist Schnaps. (»Ich kann dich nicht mit nach Miami nehmen, Magda. Alle Seminare im Lido sind harte Arbeitsseminare.«)

Bleib deinen Grundsätzen treu. Schließ keine Kompromisse. (»Diesen Preiskrieg werden wir gewinnen, Bert, auch wenn wir dabei Pleite machen!«)

Laß dich nicht ausnutzen. (»Es ist besser, wir lassen uns nicht weiter helfen, Friedrich. Vielleicht ist das ein Trick.«)

Obwohl die Anwendung solcher Schlagworte oft eine Quelle der Heiterkeit ist, stiftet sie auch viel Verwirrung und manchmal großes Unheil. Leute, die wirklich glauben, daß man seinen Grundsätzen treu bleiben muß, brauchen nur irgendeinem veralteten, ungeeigneten Grundsatz aufzusitzen, um alle möglichen Probleme für sich und andere zu verursachen. Leute, die Eltern-Ich-Schlagworte in *jeder* Situation anwenden, um nicht weiter denken zu müssen, begrenzen ihre Fähigkeit, wirksam mit den wirklichen Lebenssituationen in einer sich ständig wandelnden Welt fertig zu werden. Ihre Entscheidungen sind vielleicht schnell getroffen, aber das Dilemma besteht weiter.

Das Problem der Eltern-Ich-Schlagworte ist, daß sie keinen vernünftigen Ersatz für die Gedanken des Erwachsenen-Ichs bieten. Sie geben einfache Richtlinien für ein einfaches Leben. Aber denkenden Leuten bringen sie oft mehr Verwirrung als Klarheit.

Die Neigung, sie zu verwenden, kann sehr stark sein. Es ist oft leichter, ein Schlagwort zu finden, als alle verfügbaren Daten zu prüfen und trotzdem keine Antwort zu finden. Die Versuchung, die Wirklichkeit in Schlagwörter zu pressen, ist sehr stark.

Glücklicherweise verwenden nicht alle Leute, die ihre Entscheidungen in Eltern-Ich-Schlagworten ausdrücken, auch Eltern-Ich-Methoden, um zu ihnen zu gelangen. Viele Eltern-Ich-Schlagworte sind tatsächlich kurzgefaßte Ausdrücke von echten Erwachsenen-Ich-Entscheidungen – das Endresultat des Denkvorgangs des Erwachsenen-Ichs, das zur Erleichterung der Kommunikation auf ein Schlagwort reduziert wurde. (»Bleib bei der Firmenpolitik«, kann z. B. der Ausdruck einer Erwachsenen-Ich-Entscheidung sein, wenn die Gründe für ein Abweichen von der Firmenpolitik nicht für das Risiko sprechen.) Ob es sich um eine echte Erwachsenen-Ich-Entscheidung handelt, stellt man am besten fest, indem man herausbringt, wie jemand zu seiner Entscheidung gelangt ist. Wenn das nicht möglich ist, dann kann man nur abwarten, wie die Entscheidung in die Wirklichkeit und in den zukünftigen Ablauf der Ereignisse hineinpaßt.

Manchmal enthüllt sich das Eltern-Ich von selbst, nämlich dann, wenn es versucht, seine Position zu rechtfertigen. Mit traditionellen Eltern-Ich-Phrasen kann ein geschickter Redner eine gute Fassade aufbauen. Mit vielen bedeutungsvollen Worten kann er lange Zeit buchstäblich nichts sagen. Zum Beispiel: »Wir haben ihn entlassen, weil er nicht fleißig genug war. Er war nicht fleißig genug, weil er zuwenig getan hat. Er hat zuwenig getan, weil er zu verwöhnt war. Er war verwöhnt, weil er schlecht erzogen war. Er war schlecht erzogen, weil er keine Moral mitbekommen hat. Er hat keine Moral mitbekommen, weil ...« (weitere Eltern-Ich-Begründungen).

Oder: »Sie werden es nie zu was bringen, weil Sie sich keine Mühe geben (oder es nicht versuchen). Sie geben sich keine Mühe, weil Sie faul sind. Sie sind faul, weil...« etc.

Das Eltern-Ich dreht sich im Kreis, benutzt seine eigenen, immer wiederkehrenden alten Phrasen und versucht so, das Leben in den Griff zu bekommen. (Obwohl es manchmal der Sache nahekommt, klappt es nie so richtig.)

Wie wir uns von Eltern-Ich-Polaritäten in eine Schablone pressen lassen

Geissler, Personalchef in einem großen Jugendamt, hatte eine schwierige Entscheidung zu treffen. Zwei seiner Bewährungshelfer (deren Aufgabe es war, von Schule zu Schule zu fahren, um straffällig gewordene Jugendliche zu überwachen) hatten darum gebeten, sich nicht mehr morgens um 8 Uhr im Büro melden zu müssen. Die beiden Helfer wohnten ziemlich weit vom Gericht entfernt, und die Schulen, in die sie gehen mußten, befanden sich in der Nähe ihrer Wohnung. Die Fahrt jeden Morgen zum Gericht und dann zurück zu ihren Schulbezirken dauerte mehr als eine Stunde ihrer kostbaren Zeit. Die Bewährungshelfer machten bereits Überstunden, und die Hin- und Herfahrt schien eine nutzlose Erschwernis zu sein. Geissler stand vor einer schwierigen Wahl. Sein Eltern-Ich sagte ihm, daß jeder morgens um acht im Büro erscheinen müsse. Aber er wußte, daß der Fall seiner beiden Helfer ungewöhnlich war. »Andererseits«, sagte er zu sich selbst, als er über die Frage nachdachte, »ihr Job ist bereits ziemlich attraktiv. Warum sollte ich ihn noch attraktiver machen?« Die Lösung schien für Geissler in der Frage zu liegen, ob die Bitte selbst fair war oder nicht. Wenn sie fair war, sollte er ihr nachgeben. War sie nicht fair, dann sollte er ihr nicht nachgeben.

Woher sollte er sicher sein, ob sie fair war? Sicher würde das Verwaltungspersonal es übelnehmen, wenn man einer solchen Bitte nachkäme. Diese Leute mußten nach wie vor um 8 Uhr erscheinen. Aber die Bewährungshelfer arbeiteten länger und mußten manchmal auch einen Jugendlichen am Abend zu Hause besuchen. Das konnte sogar zweimal in der Woche vorkommen. Außerdem herrschte bei ihnen gewöhnlich ein Mangel an Arbeitskräften, so daß sie mehr Fälle zu bearbeiten hatten als normalerweise üblich. »Trotzdem«, dachte Geissler, »die Vorschriften für die einen zu ändern und für die anderen nicht könnte wie Begünstigung aussehen. Das gibt vielleicht mehr Schwierigkeiten, als die Sache wert ist.« Fairneß war, so schien es Geissler, ein schwer faßbarer Begriff. Er wußte, daß seine Bewährungshelfer, verglichen mit Leuten, die in anderen Städten eine ähnliche Arbeit ausübten, bereits unterbezahlt waren.

Warum sollte er ihnen nicht helfen, wenn er die Gelegenheit dazu hatte? Sie blieben sowieso nur aus Loyalität zu ihm, sie könnten jederzeit gehen und woanders bessere Jobs kriegen – bestimmt für ein viel besseres Gehalt. »Verflucht«, dachte Geissler, »die Entscheidung ist schwerer, als ich dachte.«

Je mehr Geissler darüber nachdachte, desto unsicherer wurde er. Seine Frustration wuchs. Je mehr er in seiner Schablone »Fairneß« hin und her schwankte, desto weniger war er in der Lage, das Problem zu seiner Zufriedenheit zu lösen. Je mehr er sich an seine Schablone klammerte, desto stärker wuchs seine Frustration. Und je stärker seine Frustration wuchs, desto mehr bestand die Wahrscheinlichkeit, daß er sich letztlich, erschöpft, für eine Möglichkeit entscheiden und die Bitte entweder als »fair« oder »nicht fair« einstufen würde – je nachdem, wann seine Erschöpfung gerade ihren Höhepunkt erreichte.

Dieser Vorgang geschieht nur allzu häufig beim Treffen von Entscheidungen: Man versucht, die Umstände in einen Entweder-Oder-Rahmen zu pressen. Die Realität muß entweder auf das eine oder auf das andere Extrem einer Streitfrage zutreffen (fair oder nicht fair, gut oder schlecht, richtig oder falsch). Die Einfachheit ist verführerisch. Sind wir einmal davon überzeugt, daß eine Ansicht fair, gut oder richtig ist, dann können wir sie ohne zu zögern unterstützen! Diese Methode funktioniert gut (und wirksam), wenn man genügend Eltern-Ich-Daten hat, um eine Situation richtig einzustufen – wenn unser Eltern-Ich genau weiß, daß etwas eindeutig fair, richtig und gut ist. (Aber die Entscheidung ist nur zutreffend, wenn die entsprechenden Eltern-Ich-Informationen zufälligerweise auch zutreffend waren.) Diese Methode funktioniert jedoch kaum, wenn wir keine Eltern-Ich-Daten haben oder wenn es Situationen sind, in denen die Eltern-Ich-Daten unzureichend sind.

Je mehr wir versuchen, die Realität in diesen vorher festgelegten, einschränkenden Rahmen zu pressen, desto frustrierter werden wir und desto ungeeigneter werden die Entscheidungen. Die Wirklichkeit hat, wie sich herausstellt, nichts mit Fairneß (Richtigkeit, Schlechtigkeit etc.) zu tun.

Diese »Extreme«, die wir so oft bei der Entscheidungsfindung benutzen, diese beiden Pole in einer bestehenden Wertskala werden Polaritäten genannt. Wie die Eltern-Ich-Schlagworte stellen die Polaritäten einfache Methoden dar, die vom Eltern-Ich einer Generation zum Eltern-Ich der nächsten Generation weitergegeben werden, um damit komplexe Situationen zu lösen. Früher, als das Leben in vieler Hinsicht einfacher war als heute, konnte man Menschen und Situationen vielleicht eher verstehen, wenn man sie polarisierte – fair oder nicht fair, richtig oder falsch, schwach oder stark, hoch oder niedrig, dumm oder schlau (die Liste ist wirklich ohne Ende). Wenn jemand ein Freund war, konnte man sich auf ihn verlassen; man konnte für ihn sorgen, ihm helfen, ihn unterstützen und von ihm abhängig sein. War er ein Feind, konnte man ihn verachten, ignorieren, fürchten, bekämpfen und ihn vernichten. Aber man hatte auch mehr Eltern-Ich-Daten zur Verfügung, um festzustellen, ob jemand Freund oder Feind war! Er war ein Freund, wenn er dieselbe Sprache (oder denselben Dialekt) sprach, wenn er in dieselbe Kirche ging, dieselbe Hautfarbe hatte oder derselben politischen Partei angehörte. Wenn jemand kein Freund war, mußte er ein Feind sein!

Heute liegen die Dinge nicht mehr so einfach: Die Menschen sind häufig weder Freund noch Feind; Freunde gehören oft einer anderen Rasse an (von der Religion ganz zu schweigen), Feinde sehen oft aus wie Freunde und handeln, wie es einst Freunde taten. Wenn wir versuchen, das gegenwärtige Leben in die Polaritäten der Vergangenheit hineinzupressen, zwingen wir uns oft nur selbst in Schablonen und bringen uns dazu, Probleme mit veralteten, ungeeigneten Bezugssystemen anzugehen.

Geisslers Entscheidung wäre viel einfacher zu treffen gewesen, wenn er seine Fairneß-Schablone und die Eltern-Ich-Polaritäten vermieden und sich nur dem Problem gewidmet hätte, wie er die Arbeit seiner Mitarbeiter am effektivsten gestalten konnte (was wahrscheinlich seine Aufgabe war). Da er mit Leuten umging, hätte er sich nur mit dem Inhalt seiner Transaktionen in der Gegenwart und mit der Art seiner Beziehung zu den Bewährungshelfern befassen müssen. Handelten seine Bewährungshelfer wirklich in ihrem Erwachsenen-Ich? Waren sie echt daran interessiert, mehr Zeit für produktive Arbeit zu gewinnen? Waren sie tatsächlich daran interessiert, Zeit und Energie zu sparen? Wenn sie nicht ins Büro fahren müßten, würden sie ihre Zeit dann produktiver nutzen?

Wenn die Antwort auf diese Fragen immer »ja« war, dann spielte es wirklich keine Rolle, ob die Helfer um 8 im Büro waren. Nur die

Telefonistinnen, bestimmte Verwaltungsangestellte und ein paar Sekretärinnen *mußten* um diese Zeit im Büro sein (damit der Betrieb lief). Andererseits, wenn die Bitte der Bewährungshelfer wirklich von ihrem unzufriedenen Kindheits-Ich kam – wenn sie nur ihren Vorteil suchten, nur ihre Arbeit auf Kosten der anderen verringern wollten und es die übrige Belegschaft spüren ließen, wenn sie Vergünstigungen erhielten, dann hätte es von vorneherein keinen Grund gegeben, die Frage überhaupt in Erwägung zu ziehen.

Wenn Geissler der Bitte stattgegeben hätte, wäre sein einziges Problem gewesen, seinen Schritt der übrigen Belegschaft zu erklären. Aber ein echter Erwachsenen-Ich-Vertrag zwischen zwei oder mehreren Erwachsenen-Ichs kann dem Erwachsenen-Ich eines dritten (hier der Belegschaft) immer klargemacht werden. Wenn einige Angestellte das nicht hätten hören wollen (mit ihrem Erwachsenen-Ich) und lieber beleidigt oder verletzt darauf reagierten (mit ihrem Kindheits-Ich), dann hätten sie sich selbst als Spannungsfaktor im System isoliert. Sie hätten gezeigt, daß sie vorsichtig von ihrem negativen Einfluß Gebrauch machen wollten, um auf den Ausgang der Ereignisse einzuwirken. (Negativer Einfluß wird vom Eltern-Ich oder Kindheits-Ich ausgeübt, wenn es Drohungen, Manipulationen oder Angst anwendet, um andere vom Handeln abzuhalten.) Geissler hätte dann gewußt, auf welche Angestellten er in Zukunft am ehesten verzichten konnte. Bis auf wenige Ausnahmen ist ein ernsthaftes Erwachsenen-Ich wertvoller als ein widerspenstiges, manipulierendes Kindheits-Ich.

Für Geissler war es die beste Lösung, die Vorschriften, Richtlinien und Polaritäten der Vergangenheit zu vergessen und sich auf die Gegenwart zu konzentrieren. Wenn die Leute aus ihrem Erwachsenen-Ich handelten, konnte er diese Transaktionen erkennen und darauf bauen. Er konnte diese Transaktionen dazu verwenden, andere Beziehungen in der Organisation zu stärken. Wenn Leute aus ihrem Eltern-Ich oder Kindheits-Ich heraus handelten, konnte er diese Transaktionen identifizieren und gleichzeitig die Grenzen ihrer Handlungsmöglichkeiten erkennen. Leute, die aus dem Eltern-Ich oder Kindheits-Ich heraus handeln, brauchen Vorschriften, nach denen sie sich richten können, und pflegen in Situationen, wo ihr Kindheits-Ich mehr Freiheit hat, als es vertragen kann, ungünstig zu reagieren.

Wie unsere Drehbücher uns davon abhalten, Entscheidungen zu treffen

Wenn wir unsere Fähigkeiten beim Treffen von Entscheidungen verbessern wollen, suchen wir typischerweise nach neuen Ideen, Techniken und Regeln, um unsere Ziele zu erreichen. Wir konzentrieren uns auf ein neues Verhalten und neue Wege, etwas zu tun, und vergessen völlig unser altes Verhalten, unsere alten Wege und all die Dinge, die wir vorher getan haben (und immer noch tun), die uns daran hindern, Entscheidungen so zu treffen, wie wir es gerne wollen. Das kann ein tragischer Fehler sein. Bevor man neue Verhaltensweisen lernt, ist es oft wichtiger, die alten zu *verlernen.* Viele von uns sind mit Drehbüchern beladen, die ihr Erwachsenen-Ich daran hindern, Entscheidungen zu treffen. Unsere Drehbücher verursachen Schwierigkeiten, nicht nur weil sie ungeeignete Lösungen des Eltern-Ichs und Kindheits-Ichs für Probleme vorschlagen, sondern auch weil sie uns so blockieren und verwirren, daß wir überhaupt keine Entscheidungen treffen. Unentschiedenheit, so frustrierend sie auch sein mag, ist nicht notwendigerweise ein abstrakter, charakterlicher »Makel«, den das Schicksal wahllos auf ahnungslose Individuen niedergehen läßt. Sehr oft ist das ein leicht identifizierbares Element eines Drehbuches – das Ergebnis früherer Erlebnisse, bei denen es für Entscheidungen nie einen Nutzeffekt gab.

Häufig entstehen solche Situationen, wenn jemand als Kind tüchtig geschlagen wurde und er nun für immer an der Ermahnung klebt: »Tu, was du gesagt kriegst, und mach keine Schwierigkeiten.« Bevor es einen Fehler riskiert und die Möglichkeit einer Strafe auf sich nimmt, lernt ein solches Kind frühzeitig, daß der sicherste Weg, etwas zu entscheiden, der ist, jemand anderen zu fragen. Wenn es älter wird, trifft es Entscheidungen nur aufgrund dessen, was die Leute ihm sagen. Wenn niemand da ist, der ihm sagt, was zu tun ist, oder wenn er nicht daran denkt, zu fragen, dann tut er gar nichts. Dieses Verhaltensmuster erstreckt sich auf alle seine Entscheidungen. Es geht hier nicht um das »im Zweifelsfall fragen«, sondern um das »immer fragen« (und wenn niemand etwas sagt, »nichts tun«). Jemand kann mit dem ewigen Fragenstellen so beschäftigt sein, daß er, selbst wenn man es ihm sagt, immer noch nichts tut. Er geht oft herum, fragt die Leute, was er tun soll, beantwortet sich seine Fragen selbst (von seinem Eltern-Ich), tut aber immer noch nichts, weil sein Nutzeffekt nur im Fragenstellen und Beantworten liegt – nicht im Handeln! (Das wäre zu riskant.) Er bleibt in seinem negativen Drehbuch stecken, nach dem Motto: »Riskiere nie eine Entscheidung!«

Die Schablone Eltern-Ich/Kindheits-Ich

Herr Westrich, zweiundvierzig Jahre alt, Führungskraft im mittleren Management einer Speditionsfirma, ist auf ähnliche Weise blokkiert. Eines Tages, als Westrich entscheiden wollte, was er mit einem Angestellten tun sollte, den er übernommen hatte und den er nicht mochte, stellte er fest, daß er seit Monaten vermieden hatte, irgend etwas wegen dieses Mitarbeiters zu unternehmen. Westrich wollte ihn entlassen; aber er entließ ihn nicht, weil er keinen stichhaltigen Grund dafür fand, und er wußte daß er sich letzten Endes nur schuldig fühlen würde. Der Angestellte hatte Probleme mit seiner Arbeit. Als guter Chef wußte er, daß er ihm, wenn er ihn nicht entließ, bei der Überwindung der Schwierigkeiten helfen sollte. Aber das tat Westrich auch nicht. Ihm zu helfen, wenn er ihn in Wirklichkeit entlassen wollte, war einfach zuviel verlangt. So blieb Westrich tatenlos und entschied sich für gar nichts.

Westrich sagte später: »Mein Eltern-Ich sagt, was ich tun sollte, mein Kindheits-Ich sagt, was ich tun will. Und ich baue mir eine Schablone zurecht, nach der ich mich in jedem Fall schlecht fühle. (Ich fühle mich schuldig, wenn ich tue, was mein Kindheits-Ich sagt, und bin voller Ressentiments, wenn ich tue, was mein Eltern-Ich sagt.) Um mich nicht schlecht zu fühlen, tue ich am besten gar nichts (davon überzeuge ich mich selbst). Aber da ich die Frage nicht lösen kann, bleibe ich ängstlich und fühle mich unbefriedigt.«

Westrichs Fall ist nicht ungewöhnlich. Viele Leute haben Aufzeichnungen, die ihre Gefühle an ihr Verhalten binden. Ihre Aufzeichnungen sagen: »Wenn du das und das tust, wirst du automatisch so und so fühlen. Die einzige Möglichkeit das Gefühl zu verhindern, ist das Verhalten zu meiden.« Diese Botschaften schaffen die Nicht-Entscheiden-Können-Schablonen, in denen das Eltern-Ich sagt: »Tu nicht, was das Kindheits-Ich will.« Diese Forderung wird unterstützt durch die Androhung eines starken (Schuld-)Gefühls; und das Kindheits-Ich sagt: »Tu nicht, was das Eltern-Ich sagt, was du tun sollst.« Es stützt diese Forderung durch ein ebenso starkes Gefühl (Ressentiment, Beleidigtsein). Wenn man glaubt, daß die Gefühle an das gebunden sind, was man tut, dann kann die Entscheidung, die schlechten Gefühle von beiden Seiten zu vermeiden, oft zu völliger Aktionslosigkeit führen. Die Angst, die sich jedoch aus der ungelösten Situation ergibt, kann viel schlimmer und von längerer Dauer sein als die beiden Gefühle, die man vermeiden wollte. (Diese Angst kann dann zur Manie werden.)

Die Schablone Kindheits-Ich/Kindheits-Ich

Viele Leute halten sich auf andere Weise zurück, Entscheidungen zu treffen: Sie lernen es nie, das Dilemma zu lösen, das sich aus zwei widersprüchlichen »Wünschen« ergibt. Das Dilemma wird illustriert durch das bekannte Bild vom verwöhnten Kind, das auf dem Boden sitzt und weint, weil es den Kuchen nicht behalten und zugleich essen kann. (Es stellt sich vor, es könnte beides haben. Leider ist die Wirklichkeit anders.) In seiner Enttäuschung behält es weder den Kuchen, noch genießt es das Essen. Viele Leute mit diesem Verhaltensmuster wurden zwar in ihrer Jugend nicht verwöhnt, lernten es aber trotzdem nicht, sich zwischen zwei widersprüchlichen Wünschen zu entscheiden. (Ich will dies und ich will jenes, aber ich kann nicht beides haben; und wenn ich nicht bestimmen kann, welcher »Wunsch« am meisten verspricht, kann ich gar keinen erfüllen.)

Eng damit verwandt ist das Problem der ambivalenten Gefühle für eine Person oder Sache, Herr Beckmann, ein fünfunddreißigjähriger Diplom-Ingenieur, wollte seinen Job seit einiger Zeit aufgeben. Er war sechs Jahre vorher von Herrn Peter, einem alten Korpsbruder, eingestellt worden. Beckmann und Peter hatten im College eine lustige Zeit zusammen verbracht. Aber sobald sie zusammen arbeiteten (und Peter Beckmanns Chef wurde), war es aus mit der einstigen guten Beziehung ihrer Kindheits-Ichs. Es wurde ersetzt durch eine sehr unbehagliche Beziehung zwischen Eltern-Ich und Kindheits-Ich. Peter, der sich in der Rolle des »Chefs« sah, begann nur mehr aus seinem Eltern-Ich heraus zu handeln und viele unrealistische, irrationale Forderungen an Beckmann zu stellen. (»Mach dies«, »mach jenes«, »mach das besser«, »Was ist los mit dir?«, »Kannst du das nicht besser machen?«)

Zuerst hatte Beckmann versucht, ihre gute Beziehung aufrechtzuerhalten, indem er sich Peters Wünschen fügte. Er spielte den »guten Jungen«, kam Peters Forderungen nach und versuchte, so gut es ging, seinen Erwartungen zu entsprechen. Aber die Aufgabe war nicht zu erfüllen. Peters Eltern-Ich war völlig irrational. Seine Forderungen an Beckmann spiegelten den Druck und die Frustration wider, mit der er selbst nicht fertig wurde. Je nach Intensität des Drucks änderten sich auch seine Forderungen. Peters Forderungen hatten mit Beckmann kaum etwas zu tun. (Es war Peter, der sich schlecht fühlte.) Aber das wußte Beckmann nicht, und ihre gegenseitige Beziehung verschlechterte sich. Verwirrt, verletzt und entmutigt, weigerte sich Beckmann immer noch, einen neuen Job zu suchen, weil, wie er sagte, »Peter immer noch ein Freund war«.

Manchmal, wenn die Spannung unerträglich wurde, versuchten Peter und Beckmann die Freundschaft zu retten, indem sie nach der Arbeit auf ein paar Drinks gingen. Ihre Spannung löste sich, sie frischten Erinnerungen auf, und eine Zeitlang ging alles besser. Aber das hielt nicht lange an. Nach kurzer Zeit tauchte Peters Eltern-Ich wieder auf, und für Beckmann war die Situation noch schlimmer als vorher.

So lief ihre Beziehung seit sechs Jahren. Zunehmende Spannung, verstärkter Druck, ein paar Drinks, Streit vorübergehend beigelegt; zunehmende Spannung, verstärkter Druck, ein paar Drinks, etc. Die letzten zwei oder drei Jahre hatte Beckmann immer wieder daran gedacht, zu gehen. Wie er sagte: »Ich kann mich einfach nicht entschließen. Es geht hier wirklich schlimm zu. Aber gerade wenn ich mich entschlossen habe zu kündigen, gehe ich mit Peter mal wieder weg, und wir haben einen Mordsspaß. Dann entschließe ich mich aus irgendeinem Grund, doch noch zu bleiben. Aber das ist ein Circulus vitiosus. Binnen kurzem kann man mit Peter wieder nicht mehr auskommen. Ich mag Peter wirklich gern, und er ist ein fähiger Mann. Ich verstehe wirklich nicht, warum er immer so ist.«

Beckmann mag Peter, aber dann mag er ihn wieder nicht. Er will kündigen, aber dann will er wieder bleiben. Er wartet darauf, daß sich seine Gefühle deutlich in eine Richtung verlagern und dann beständig bleiben. Aber das passiert nie. Beckmann leugnet die Wirklichkeit seiner gemischten Gefühle. Er möchte alles schwarz oder weiß sehen, damit er *feste* Entscheidungen treffen kann. Aber seine Gefühle wollen nicht in diese Schablonen passen. Er empfindet für eine Person sowohl gute als auch schlechte Gefühle. (Er mag Peters Kindheits-Ich, nicht aber sein Erwachsenen-Ich.) Seine Vorstellung ist, daß eines Tages Peters Eltern-Ich verschwindet und der Konflikt sich auf wunderbare Weise lösen wird.

Aber Peter hat in sechs Jahren kein Zeichen der Änderung merken lassen. Manchmal sieht es zwar so aus, als wolle er sich ändern, aber nur um Beckmann zu veranlassen, im Job zu bleiben. Peter braucht Beckmanns Sachkenntnis und will nicht, daß dieser geht (daher die Ausgeh-Abende nach der Arbeit). Aber er will nicht, daß Beckmann so engagiert ist, daß er versucht, ihn zu ändern. Durch versöhnende Gesten hält Peter dieses unbehagliche Gleichgewicht aufrecht und versichert sich Beckmanns Dienste. Beckmann wiederum, der seine Entscheidungen auf klaren, unzweideutigen Gefühlen aufbauen will, behält seine Unentschiedenheit für immer bei.

Für Beckmann ist der einzige Ausweg: seine ambivalenten Gefühle zuzugeben, seinen Standort zu identifizieren und zu erkennen, daß das, worauf er hofft, möglicherweise nie eintrifft. (Es ist in sechs Jahren nicht eingetroffen, und ohne triftigen Grund wird sich Peter bestimmt nicht ändern.) Nur so kann sich Beckmann befreien und Entscheidungen treffen, die auf der Wirklichkeit beruhen und nicht auf seiner eigenen Vorstellung, wie er das Leben sehen möchte. Das Leben ist eben nicht eindeutig.

Die Vorstellung vom »Weihnachtsmann« und andere Möglichkeiten, Entscheidungen zu verhindern

Die Neigung, jahrein, jahraus in einer Traumwelt zu leben und immer zu warten, zu hoffen und sich etwas zu wünschen, ist ein ernstlicher Hinderungsgrund für das Treffen von Entscheidungen. Sie wird oft die Vorstellung vom »Weihnachtsmann« genannt (»Mach dir nur keine Sorgen – und vor allen Dingen, unternimm bloß nichts«, weil schließlich der Weihnachtsmann kommen und alles in Ordnung bringen wird). Diese Philosophie ist in unserer Gesellschaft weit verbreitet. Sie spiegelt die naiv optimistische (und für manche religiöse) Ansicht wider, daß wir nur brav sein und uns um unseren eigenen Kram kümmern müssen, damit letzten Endes alles von allein in Ordnung kommt. Wenn diese Philosophie des »Abwartens und Hoffens« einmal in unserem Drehbuch ist, dann kann es leicht vorkommen, daß wir für immer warten und hoffen. Leider sind die Belohnungen, die uns für dieses Verhalten versprochen werden, nicht in dieser Welt zu haben.

Eine andere wirksame Methode, Entscheidungen zu vermeiden, wird von den sorglosen Leuten praktiziert, die »glauben«, Entscheidungen zu treffen sei nicht »lustig«. Ihre Einstellung ist, daß Entscheidungen treffen »ernst sein« bedingt und daß die damit verbundenen Dinge im Grunde genommen Anti-Kindheits-Ich sind. Sie haben in ihrer Jugend beobachtet, daß die Leute Spontaneität und Freude verlieren, wenn sie erwachsen werden und Verantwortung auf sich nehmen. (Alle Erwachsenen in ihrem Leben hatten Ernst und Vergnügen nie miteinander vermengt.) Deshalb entschied der Heranwachsende, daß die einzige Möglichkeit, sich selbst zu retten, darin besteht, Kind zu bleiben, Entscheidungen zu vermeiden, sich aller Verantwortung zu entziehen und allen Dingen fern zu bleiben, die mit Erwachsen- und Ernst-Sein zu tun haben. Wer so durchs Leben geht, bewahrt sich möglicherweise die Spontaneität, aber auf Kosten seiner Autonomie.

Andere vermeiden Entscheidungen, indem sie einen Tag so und den anderen Tag so entscheiden (Raucher z. B.). (Die Entscheidung ist: Entscheidungen zu ändern.) Manche treffen Entscheidungen, ohne zu wissen, wie sie sie ausführen sollen. (Es besteht kein Plan, um von Punkt A zu Punkt B zu kommen.) Solche Leute treffen in Wirklichkeit nur unvollständige Entscheidungen. In der Theorie haben ihre Entscheidungen etwas mit ihren Handlungen zu tun, aber in der Praxis stimmen ihre Handlungen nicht mit dem überein, was sie angeblich entschieden haben. Sie sind wie Diplomaten, die zu Hause im Schaukelstuhl sitzen und entscheiden, wann und wie sie mit Rußland oder China internationale Handelsbeziehungen aufnehmen wollen, ohne daß ihnen praktische Einrichtungen zur Verfügung stünden, mittels derer sie ihre Entscheidungen mit den wirklichen Geschehnissen verbinden könnten.

Wer seine Fähigkeit, Entscheidungen zu treffen, wirklich verbessern will, tut gut daran, zuerst zu prüfen, wie er sich daran hindert und in der Vergangenheit gehindert hat, Entscheidungen so zu treffen, wie er gerne möchte. Viele unserer Schwierigkeiten beruhen auf früheren unbewußten Entscheidungen, die mit dem im Widerspruch stehen, was wir jetzt tun wollen. Wir hindern uns daran, Entscheidungen in der Gegenwart zu treffen, weil wir bereits früher beschlossen haben, etwas anderes zu tun. Wenn wir unsere früheren Entscheidungen verstehen (z. B. »Fragen ist besser als selbst entscheiden«; »Wenn Eltern-Ich und Kindheits-Ich nicht übereinstimmen, dann vermeide das schlechte Gefühl, indem du gar nichts tust«; »Wenn du den Kuchen nicht behalten und gleichzeitig essen kannst, dann vergiß das Ganze«; »Wenn irgendwas nicht klappt, dann warte einfach auf den Weihnachtsmann«; »Wenn du Entscheidungen triffst, dann ist das Leben nicht mehr lustig«), dann können wir uns dazu durchringen, *neue* Entscheidungen zu treffen, und zwar solche Entscheidungen, die auf unserem gegenwärtigen Leben beruhen und nicht auf dem, was uns in der Vergangenheit einmal einen wichtigen Nutzeffekt versprochen hat.

Entscheidungen des Erwachsenen-Ichs, die auf der Realität beruhen

Realistisch betrachtet, werden viele Situationen am geeignetsten vom Eltern-Ich oder Kindheits-Ich geregelt und nicht vom Erwachsenen-Ich. Eltern-Ich-Entscheidungen sind oft am wirksamsten (vor allem wenn es darum geht, »wie« etwas gemacht wird) und am schnellsten zur Hand (was wichtig ist, wenn schnelles Handeln erforderlich ist). Richtlinien und Vorschriften des Eltern-Ichs sind oft die einzige Möglichkeit, Leute zu etwas zu bewegen, die durch andere, weniger zwingende Methoden nicht zu bewegen wären. Entscheidungen des Kindheits-Ichs sind oft die lustigsten, erfreulichsten; in Situationen, die Kreativität und Intuition erfordern, findet das Kindheits-Ich oft neue Wege etwas zu tun — neue, einfallsreiche Lösungen für alte, verwirrende Probleme, auf die das Erwachsenen-Ich nie gekommen wäre.

Sich selbst überlassen, können Eltern-Ich und Kindheits-Ich jedoch großen Schaden anrichten. Sie können Unglück und Verderben bringen, wo ein Augenblick klaren Nachdenkens die Situation gerettet hätte. Nur unter dem wachsamen Auge des Erwachsenen-Ichs können Eltern-Ich und Kindheits-Ich wirksame Lösungen für Situationen bringen, in denen das Erwachsenen-Ich allein vielleicht nicht so wirksam gewesen wäre. Ein wirklich funktionierendes Erwachsenen-Ich weiß, wann es Eltern-Ich oder Kindheits-Ich zu Rate ziehen soll. Es läßt sich von der Realität leiten. Es hat die Freiheit und die Flexibilität, aus allen möglichen Alternativen die geeignetste herauszusuchen.

Interessanterweise ist es oft schwierig, zu sagen, ob jemand *unter Aufsicht des Erwachsenen-Ichs* im Eltern-Ich oder Kindheits-Ich handelt oder ob er einfach »herausgelockt« wurde und keine Kontrolle über die Situation hat. Der beste Hinweis ist die Geschwindigkeit, mit der er aus dem Eltern-Ich oder Kindheits-Ich wieder *herauskommt.* Wir alle können schnell *hineinkommen*, aber schnell wieder herauskommen können wir nur dann, wenn wir wirklich unter der Kontrolle des Erwachsenen-Ichs stehen.

Um Eltern-Ich und Kindheits-Ich wirksam einzusetzen, muß man lernen, sie genau zu verstehen. Man muß wissen, wie das Kindheits-Ich kreativ ist, wie es spielt, was es fürchtet und welches seine verletzbaren Punkte sind. Man muß sein Eltern-Ich erkennen, seine festgelegten Anschauungen, seine Erwartungen und wie und wann es sich ausdrückt. Man muß fähig sein zu erkennen, wann Müdigkeit, Streß, Enttäuschung und Ungeduld die Gedankenvorgänge stören. Man muß wissen, wann Erschöpfung oder Ärger einen dazu bringen, nur das zu hören, was man hören will, die Dinge außer acht zu lassen, die man für irrelevant hält, und jeden Anspruch auf Objektivität hinwegzurationalisieren. Zusammen mit dem Verständnis wird man einen Sinn dafür entwickeln, wann Eltern-Ich und Kindheits-Ich helfen können und wann sie nicht berücksichtigt werden dürfen.

Auch wenn das Erwachsenen-Ich sich immer verantwortlich fühlt, ist nicht gewährleistet, daß damit die besten Ergebnisse erzielt werden. Man muß dafür sorgen, daß das Erwachsenen-Ich eine genügende Anzahl qualitativ wertvoller Daten bekommt, damit die Entscheidungen für die neu auftretenden Situationen geeignet sind. Auch ein gut geöltes, schnell funktionierendes Erwachsenen-Ich ist wertlos ohne angemessene Informationen. Während man Objektivität durch Bleiben im Erwachsenen-Ich erlangt kann eine umfassende Perspektive nur durch ausgedehntes Einholen von Informationen erreicht werden. Außerdem kann das Erwachsenen-Ich nicht wirksam sein, wenn es ewig wartet, um eine Entscheidung zu treffen. Es muß wissen, wann genügend Daten gesammelt wurden, um einen wahrscheinlichen Erfolg zu sichern. Und es muß bereit sein, falls nötig, auf der Basis des Wahrscheinlichen zu handeln. Zwar können Entscheidungen mit wirklichem Nutzeffekt manchmal vom Eltern-Ich oder Kindheits-Ich kommen; aber um Beständigkeit zu erreichen, muß das Erwachsenen-Ich immer die Verantwortung übernehmen. Es muß sowohl die Perspektive als auch die nötige Einsicht haben, um seine Aufgaben erfolgreich durchführen zu können.

Entscheidungen über Menschen

Zu den frustrierendsten Entscheidungen über Menschen gehören die, wann eine Beziehung geändert oder beendet werden soll. In Firmen heißt die wichtigste Frage oft: wann einstellen, wann entlassen, wann mit den Leuten zusammenbleiben in der Hoffnung, daß sie sich ändern, und was soll mit ihnen in der Zwischenzeit passieren? Vor diese Entscheidungen gestellt, reagieren die meisten typischerweise mit ihrem Eltern-Ich oder Kindheits-Ich, basierend auf dem, was, wie sie meinen, passieren sollte, oder auf dem, was passieren könnte, ohne Rücksicht auf die realistischen Wahrscheinlichkeiten.

Zwei Führungsspezialisten nahmen an einem Management-Seminar teil. Als sie in einer Pause Kaffee tranken, sagte einer zum anderen: »Mein größtes Problem ist die Motivation meiner Leute.«

Sein Kollege seufzte und nickte zustimmend mit dem Kopf. »Meins auch. Ich wünschte, mir fiele etwas ein, was wirklich funktioniert. Unsere Gehälter und Arbeitsbedingungen sind gut, und trotzdem habe ich ein paar Leute, denen alles egal ist. Ich habe alles mögliche versucht, um sie zu motivieren, aber nichts hilft.«

In ihrer ständigen Suche nach Daten der Realität erörtern Geschäftsleute häufig die Motivation. Leider betrachten sie sie oft als irgendein höchstes Mittel der Menschenführung, eine universell anwendbare Technik, die, wenn man sie einmal verstanden hat, andere

Personen dazu bringt, einem willig zu folgen. Weil sie eine Einrichtung mit universeller Anwendbarkeit suchen, übersehen die meisten, was sie direkt vor der Nase haben.

Die Menschen motivieren sich selbst! Sie motivieren sich, indem sie die gleichen Nutzeffekte suchen, die ihnen in ihrer Kindheit wichtig waren. Jeden Tag gewährt ihr Verhalten alle möglichen Hinweise auf diese Nutzeffekte. Manchmal fallen die persönlichen Nutzeffekte mit den Unternehmenszielen offenkundig zusammen. Beispielsweise, wenn eine leistungsorientierte Person hart arbeitet, um einem Eltern-Ich zu gefallen, und gleichzeitig solche Ergebnisse erzielt, die der Firma zugute kommen. Manchmal stehen die Nutzeffekte im Widerspruch mit den Unternehmenszielen. Das ist z. B. der Fall, wenn ein »Schlag-mich«-Spieler ständig und gezwungenermaßen versagt, ohne sich je zu ändern. Die professionelle Führungskraft ist verwirrt, wenn sie nicht erkennt, daß die Motivation, als Manipulation verstanden, nur darin besteht, herauszufinden, welcher Nutzeffekt für jemanden wichtig ist, und ihm dann zu helfen, ihn zu erreichen. Wenn ein Manager sagt, man könne einen »Schlag-mich«-Spieler nicht motivieren, dann hat er Unrecht! Man kann! In Wirklichkeit läßt sich ein »Schlag-mich«-Spieler genauso leicht dazu bringen, sich selbst zu schlagen und sein negatives Streicheln zu bekommen, wie eine leistungsorientierte Person dazu gebracht werden kann, hart zu arbeiten und ihr Streicheln für Leistung zu bekommen. Der Vorgang ist identisch. Der Unterschied ist nur, daß die Motivierung eines »Schlag-mich«-Spielers für das Unternehmen gewöhnlich keinen tieferen Sinn hat.

Führungskräfte, nicht bereit oder unfähig, diese Realität einzusehen, frustrieren sich weiterhin, weil sie versuchen, neue Belohnungen für Leistungen zu finden (Geld, Macht, Anerkennung, Ruhm, Gehaltserhöhung, Beförderung, Plüscheinrichtung); Belohnungen, die in Drehbücher passen sollen, in denen sie ohne Bedeutung sind. Sie versuchen dann, das Streicheln dem Drehbuch anzupassen (was nie funktioniert und die Frustration nur verstärkt), statt das Drehbuch dem Streicheln anzupassen (was manchmal funktionieren kann).

Viele Organisationen geben sich große Mühe, ihre Top-Manager ihren Top-Jobs anzupassen. Sie sieben die Manager sorgfältig aus, definieren die für den Job erforderlichen Voraussetzungen und achten darauf, daß die ausgewählten Männer entsprechend ihren persönlichen Kenntnissen und Fähigkeiten und ihrem tatsächlichen Interesse, in diesem Posten erfolgreich zu sein, eingesetzt werden. Sie versuchen alles übereinstimmen zu lassen: den Manager, seine Fähigkeiten, seine Interessen und den Job. Das ist eine ungeheuer schwierige Aufgabe. Nur wenig Drehbücher passen in unabhängig davon ausgedachte Jobspezifikationen. Wenn es zwischen dem Drehbuch eines Menschen und seiner Arbeitsumgebung (den Unternehmenszielen, den Jobspezifikationen) keine Übereinstimmung gibt, dann paßt sich derjenige entweder an die Firmenziele an (was Beklemmung und Streß erzeugt und nicht lange dauert), oder er folgt seinem Drehbuch ohne Rücksicht auf die Firmenziele (was Beklemmung und Streß bei seinen Vorgesetzten erzeugt und ebenfalls nicht lange dauert).

In ihren intuitiven Bemühungen, Übereinstimmung zwischen Jobspezifikationen und einzustellenden Leuten zu erzielen, beschränken sich die meisten Führungskräfte leider auf das starre Schema, Jobspezifikationen vorher zu bestimmen und anzunehmen, daß das Drehbuch eines Menschen unveränderbar ist.

Das kompliziert die Aufgabe. Wenn die Führungskräfte einmal jemanden eingestellt haben, dessen Drehbuch nicht in die Umgebung paßt, dann nehmen sie entweder den Streß auf sich, oder sie entlassen ihn wieder. Selten wird die einfachere und praktischere Lösung bedacht, die Umgebung an das Drehbuch anzupassen oder das Drehbuch an die Umgebung oder beides. Jobspezifikationen sind oft flexibler, als man denkt. (Die Leute versuchen sowieso, ihren Job innerhalb bestimmter Grenzen nach ihrem Drehbuch umzuformen.) Indem die Manager diese Realität anerkennen und den bewußten Versuch machen, die Grenzen zu definieren, innerhalb derer jemand ungestraft (und mit vollem Gehalt) handeln kann, könnten sie die Übereinstimmung zwischen Drehbuch und Umgebung wesentlich erleichtern. Sie können die Übereinstimmung fördern, wenn sie feststellen, welche Untergebenen wirklich veränderbar sind, und wenn sie lernen, diesen bei dem gelegentlich mühseligen, aber immer lohnenden Vorgang zu helfen.

In groben Umrissen kann man das durch Schaffung eines Systems erreichen, in dem bedingungsloses, positives Streicheln gegeben wird (einfach weil die Menschen Menschen sind) und in dem außerdem die Jobs so strukturiert sind, daß die Leute Gelegenheit haben, bedingtes

Streicheln für gute Leistungen zu bekommen. (Simple Jobs bieten nur wenig Gelegenheit für bedingtes Streicheln. Es ist nicht sehr wirkungsvoll, jemandem zu sagen, er habe seine Arbeit gut gemacht, wenn selbst ein Schwachkopf sie hätte erledigen können. Auch das Zerstükkeln der Arbeit macht es einem unmöglich, irgendein Gefühl der persönlichen Leistung zu empfinden, und kann diesen Vorgang stören.) Gewinnorientierte Unternehmen, in denen jeder Mitarbeiter seinen Beitrag zum Firmengewinn (oder anderen Zielen) erkennen kann, sind besonders geeignet. In einer solchen Umgebung können Leute, die offenbar nicht auf positives Streicheln reagieren, dazu veranlaßt werden, ihre Drehbücher zu überprüfen, um festzustellen, welche Schwierigkeiten sie haben und was sie, falls überhaupt, dagegen tun wollen.

Entscheidungen über Systeme

Susanne, eine junge, begeisterte Lehrerin, die gerade vom College gekommen war, hatte Schwierigkeiten, sich dem Schulsystem anzupassen. Alles, was sie über das Unterrichten gelernt hatte, schien fehl am Platz zu sein. Susanne wollte eine gute Lehrerin sein, aber was sie auch tat, es schlug alles fehl. Sie war weniger daran interessiert, Stil und Haltung eines traditionellen Lehrers einzunehmen, als vielmehr die Kinder mit den aufregenden Möglichkeiten des Lernens vertraut zu machen. So bemühte sich Susanne, ein gutes Verhältnis zu ihren Schülern zu bekommen. Sie streichelte sie, forderte sie heraus und tat ihr möglichstes, um ihr Interesse am Lernen zu wecken.

Aber alles, was Susanne tat, traf auf Widerstand. Wollte sie anspruchsvollere Themen in ihren Lehrplan aufnehmen, wurde ihr das untersagt mit der Begründung, daß sonst der Lehrer in der darauffolgenden Klasse nichts mehr zu unterrichten habe. Wollte sie mit ihren Schülern Ausflüge in die Umgebung machen, sagte man ihr, das rechtliche Risiko, mit Kindern nach den Schulstunden und außerhalb des Schulkomplexes etwas zu unternehmen, sei zu groß. Nahm sie sich der straffällig gewordenen Schüler an, in der schwachen Hoffnung, sie vielleicht retten zu können, bat man sie, das zu unterlassen, da sie in den Verantwortungsbereich der Eltern und Bewährungshelfer eingriffe. Als sie einen Antrag der Schüler wegen Sicherheitsmaßnahmen,

Saaldienst, Aufenthaltsräumen und Feueralarmübungen unterschrieb, wurde sie getadelt, für die Schüler »Partei zu ergreifen«. Sie wurde sogar angegriffen, weil sie die in ihrem Alter übliche, jugendliche Kleidung trug, weil sie sich damit »zu sehr mit den Schülern identifizierte«.

Als all ihre Versuche, sich dem System anzupassen und eine gute Lehrerin zu werden, auf Widerstand trafen, wurde Susanne zunehmend verwirrt. Eines Tages erklärte sie ihr Dilemma einer Freundin und sagte: »Ich weiß wirklich nicht, was ich von diesem Schulsystem halten soll. Manchmal ist es so sinnlos!«

Darauf antwortete die Freundin mit bemerkenswerter Einsicht: »Wer hat dir gesagt, daß Systeme sinnvoll sein müssen?«

Das war's! Das war der springende Punkt bei Susannes Problem! Sie versuchte, einem sinnlosen System einen Sinn zu geben. Sie wollte alles, was sie gelernt hatte, und all ihren Instinkt, wie man Leute behandelt und Beziehungen aufbaut, in ein System pressen, das solche Dinge nicht zu schätzen wußte. Sie versuchte, eine gute Lehrerin zu werden in einem System, das nur Unfähigkeit belohnte. Ihre einzige Möglichkeit, sich dem System anzupassen, wäre, wenn sie ihren eigenen Realitätssinn aufgäbe und die spezielle Widersinnigkeit des Systems akzeptierte.

Wann immer wir ein System betreten oder ihm angehören, treffen wir, bewußt oder unbewußt, eine Entscheidung bezüglich des Systems. In den meisten Fällen nehmen wir an, daß das System sinnvoll ist. Aber weit gefehlt! Ob ein System sinnvoll ist oder nicht, hängt weitgehend von den Umständen seines Entstehens ab und von der Person oder den Personen, die darin die größte Macht ausüben. Viele Systeme werden geschaffen, um keinen Sinn zu geben. Sie spiegeln die Verwirrung und das Durcheinander der Umstände wider, unter denen sie entstanden sind. Ein durch Gesetz verankertes Schulsystem, das von uninformierten Schulbehörden überwacht, von Lehrern, die nicht lehren können, geführt und von Schülern, die nicht lernen wollen, besucht wird, ist nur ein Beispiel von vielen. Kein System, in dem der innere und äußere Zusammenhang nicht o.k. ist, in dem Leute aus unrealistischen, schlecht definierten Gründen zusammengebracht werden, in dem die Integrität des Menschen geleugnet wird, gibt jemals einen Sinn. Alle Versuche, ihm einen Sinn zu geben, sind nutzlos.

Das trifft besonders auf bürokratische Organisationen zu. Viele wurden vom Gesetzgeber eingerichtet, um spezielle Funktionen wahrzunehmen. Aber dann wurden sie mit Leuten besetzt, die weder mit den Zielen des Systems vertraut, noch in der Lage sind, die wichtigen Beziehungen herzustellen, die zu ihrer Erlangung notwendig sind. Es trifft aber auch auf nichtbürokratische Unternehmen zu, wenn eine verantwortliche Person (oder Personen) von bestimmten Komplexen geplagt wird, die sie unbedingt beibehalten und auf andere übertragen will. Diese Komplexe entstehen oft aus der Unvereinbarkeit von Eltern-Ich und Kindheits-Ich einer Person oder aus der Unvereinbarkeit ihres Eltern-Ichs und der Realität.

Der für ein System Verantwortliche gibt auch den Ton darin an. Entweder gestattet er den Mitgliedern, innerhalb des Systems selbst zu denken, oder er zwingt sie, ihr Verhalten seinen eigenen Eltern-Ich-Ansichten über das Leben anzupassen. Steht an der Spitze eines Systems jemand, der selbst verwirrt ist, wird er letzten Endes nur über Verwirrung regieren.

Der Verantwortliche in einem System, der Entscheidungen über Leute als Individuen oder als Teil des Systems trifft, muß sein eigenes Handeln mit seinem Erwachsenen-Ich in seinem realen Zusammenhang verstehen. Er muß wissen, »wo« die Leute stehen und was im System geschieht. Er muß sich bewußt sein, welche realen Möglichkeiten für eine Veränderung bestehen, und er muß eine ungefähre Vorstellung davon haben, in welchem Zeitraum eine solche Veränderung erfolgen kann. Er muß außerdem die Umstände kennen, unter denen ein positiver Wandel, realistisch betrachtet, nicht mehr wahrscheinlich ist.

KAPITEL 9

Die Kunst des Managements

Die durch die TA gewonnenen Einsichten können bei der Anleitung von Mitarbeitern ungeheuer wertvoll sein. Allein durch die Tatsache, daß man sich selbst besser kennenlernt, gelingt es einem, das Verhältnis zu anderen merklich zu verbessern. Ein Manager oder Vorgesetzter, der spürt, ob er in seinem Eltern-Ich oder Kindheits-Ich ist, ob er alte Aufzeichnungen abspielt oder mit den Augen und Ohren der Vergangenheit sieht und hört, hat alle Chancen, seinen zukünftigen Transaktionen eine nützlichere oder produktivere Richtung zu geben. Wenn er fühlt, wie es um andere steht, kann er dieses Wissen dazu benutzen, seine automatischen Reaktionen und Antworten zu ändern, um produktivere oder realistischere Ziele zu erreichen. Ein Manager oder Vorgesetzter, der einen Sinn für bedingungsloses Streicheln und für spielfreie »Ich bin o.k. – Du bist o.k.«-Beziehungen entwickelt, der merkt, wie solche Beziehungen die Kreativität fördern und die Leute dazu ermutigen, sich voll zu entfalten, der kann das Klima der gegenseitigen Interaktionen in jeder beliebigen Gruppe, für die er verantwortlich ist, dramatisch beeinflussen.

Der größte Gewinn besteht jedoch darin, daß ein Manager seine Fähigkeit entwickelt, einem Mitarbeiter aktiv zu helfen, einen positiven, produktiveren (vom Mitarbeiter angestrebten) Standpunkt zu erreichen. Es gibt viele Leute im Geschäftsleben mit Drehbüchern, die fordern, daß man ohne Erfolg arbeitet, vergeblich etwas versucht und Zeit so strukturiert, daß sie nur die Position »Ich bin nicht o.k.« bestätigt. Mit etwas Übung kann es dem Manager gelingen, seinen Leuten zu helfen, ihr Drehbuch umzuschreiben. Er kann ihnen helfen, sich ihrer selbst bewußt zu werden und mehr Autonomie über ihr Leben zu erlangen. So bewirkt er vielleicht, daß sich die persönliche Produktivität seiner Untergebenen erhöht und damit auch ihr wirtschaftlicher Wert für die Firma steigt. Das Geheimnis dabei ist, daß man zwar niemand ändern kann, aber daß viele Leute bereit sind, sich von selbst zu ändern, wenn man ihnen dabei hilft.

Im Grunde genommen muß ein Manager nur zwei Probleme meistern: Erstens muß er im Erwachsenen-Ich bleiben, auch wenn andere auf vielfache und bekannte Weise versuchen, sein Eltern-Ich oder Kindheits-Ich hervorzulocken. Zweitens muß er eine Atmosphäre des O.K.-Seins schaffen, in der die Mitarbeiter die schwierige und oft angsteinflößende Aufgabe übernehmen können, sich selbst neu zu programmieren. Das erste Problem – im Erwachsenen-Ich zu bleiben – ergibt sich nahezu ständig. Das zweite Problem kann gelöst werden, wenn man bewußt spüren lernt, »wo« jemand steht, wenn man seine Erwartungen gegenüber anderen abbaut und wenn man versucht, persönliches Vertrauen zu erlangen.

Spüren lernen, »wo« jemand steht
Wie man mit dem Nicht-o.k.-Kindheits-Ich umgeht

Fräulein Schirmer, eine junge Angestellte, war neu in der Buchhaltungsabteilung. Eines Morgens, als die Abteilungsleiterin vorbeikam, legte sie ihren Bleistift weg, sah mit entmutigtem Blick auf und sagte: »Diese Kalkulation kann ich nicht.«

Ihre Vorgesetzte, eine Frau Mitte Vierzig, die solche Klagen von Fräulein Schirmer mehrmals gehört hatte, antwortete: »Das sagen Sie immer, Fräulein Schirmer.« Das bestimmte den Ton für den Rest ihrer Unterhaltung.

»Ich weiß, ich kann eine Menge nicht.«

»Überhaupt nicht. Sie müssen sich nur mehr Mühe geben.«

»Aber ich versuche es ja. Es klappt einfach nicht.«

»Seien Sie nicht albern. So kommen Sie nie weiter.« (Geht weg.)

Fräulein Schirmer machte sich wieder an die Arbeit und war noch deprimierter als vorher. Ihr Verdacht hatte sich wieder einmal bestätigt. Sie war unfähig, und keiner verstand sie.

Diese Szene hätte ein konstruktiveres Ende finden können, wenn die Vorgesetzte gespürt hätte, wo Fräulein Schirmer stand, und wenn es ihr gelungen wäre, aus ihrem Eltern-Ich heraus ins Erwachsenen-Ich zu kommen. Sie hätte sich sagen können: »Wenn Fräulein Schirmer sagt, sie ›kann nicht‹, heißt das in Wirklichkeit, sie fühlt sich deprimiert oder unglücklich. Das widert mich an, weil sie es immer sagt und nie an ihre Arbeit geht. Mein Eltern-Ich läßt sich von ihrem Nicht-o.k.-Kindheits-Ich reizen. Und das will ich am allerwenigsten!«

Bei der Suche nach einer Erwachsenen-Ich-Antwort, die für Fräulein Schirmer annehmbar gewesen wäre, hätte sie darauf achten können, was Fräulein Schirmer fühlte. Als sie sagte: »Diese Kalkulationen kann ich nicht«, hätte sie antworten können: »Sie sehen deprimiert aus, Fräulein Schirmer«, oder »Sie sehen traurig aus« (oder »Sieht aus, als hätten Sie Schwierigkeiten« oder »Scheint anstrengend für Sie zu sein«).

Fräulein Schirmer, dankbar, jemanden zu haben, der sie versteht, hätte antworten können: »Das stimmt. Heute klappt überhaupt nichts.« Die Vorgesetzte hätte dann nicken können, ihr ermutigend auf den Rücken klopfen (sie streicheln) und dann gehen können. Fräulien Schirmer wäre dann sicher in viel besserer Verfassung wieder an ihre Berechnungen zurückgekehrt. So hätte die Vorgesetzte eine Erwachsenen-Ich-Bemerkung gemacht (wie Fräulein Schirmer ihr vorkam) und die wertende Bemerkung, die Fräulein Schirmer nur ihr Nicht-o.k.-Sein bestätigte, vermieden. (Sie gibt sich nicht genug Mühe. Sie ist albern. So kommt sie nicht weiter.) Sowohl die Vorgesetzte als auch Fräulein Schirmer hätten sich dann wohler gefühlt. Ein einfaches Nicken und ein freundlicher Klaps auf den Rücken hätten die Sache bekräftigt. Jedenfalls für die augenblickliche Situation.

Wenn man wissen will, wo jemand steht, ist es oft nützlich, nicht direkt auf das zu antworten, was er sagt. Wichtiger ist, daß man die geheime Botschaft seines Nicht-o.k.-Kindheits-Ich heraushört. Diese geheimen Botschaften haben einen Kode. Sie sind geheim in dem Sinn, daß sie nie deutlich ausgesprochen werden; aber in Wirklichkeit sind sie nicht so geheim. Jeder, der weiß, worauf er achten muß, kann sie entziffern. Die Kindheits-Ich-Ebene einer Transaktion ist die Gefühlsebene, und die Geheimnisse des Kindheits-Ichs betreffen seine Gefühle. Die Botschaften erfährt man, indem man nicht auf das hört, was die Worte sagen, sondern auf das, was die Worte über die Gefühle aussagen. Und wenn man nicht auf die Wote, sondern auf die verborgenen Gefühle antwortet, kann der Geheimkode fast immer entziffert werden.

Die Antwort auf der Gefühlsebene kann manchmal schwierig sein, besonders wenn man daran gewöhnt ist, nur auf Worte zu antworten. Wer daran interessiert ist, seine Reaktionen auf der Gefühlsebene besser zu beherrschen, stellt sich in solchen Situationen am besten vier Fragen:

1. »Was sagt derjenige wirklich (nicht verbal und kodifiziert) über seine Gefühle aus?«
2. »Welches Gefühl löst das in *mir* aus?« (Was fühle ich genau in dem Augenblick?)
3. »Wie reagiere ich darauf?«
4. »Will ich das?«

Nicht-o.k.-Interpretationen von täglichen Unterhaltungen

Herr Jäger, ein vierunddreißigjähriger Versicherungsvertreter, saß eines Morgens im Büro und wollte telefonisch Termine vereinbaren. Niemand schien jedoch an Versicherungen interessiert zu sein. Er konnte keinen einzigen Termin vereinbaren. Kurz vor zwölf kam sein Vorgesetzter ins Büro und lud ihn ein, mit ihm zum Mittagessen zu gehen. Als Jäger sein Jackett anzog, sagte er: »Ich kann am Telefon so schlecht Termine ausmachen.«

Sein Vorgesetzter, der wußte, daß das stimmte, antwortete: »Sie können nicht in allem gut sein.«

Von da an schien die Sache noch schlimmer zu werden.

»Aber ich glaube, ich werde nie besser.«

»Das dauert eben. Halten Sie sich trotzdem dran. Sonst haben Sie bald niemanden mehr, dem Sie was verkaufen können.«

»Wahrscheinlich fehlt mir irgendein Trick.«

»Bei Ihnen kommt's sicher mit der Übung.«

»Ich weiß nicht. Ich versuch's doch schon eine ganze Weile.«

Sein Vorgesetzter, der das Gefühl hatte, ihr Gespräch drehe sich im Kreis, beschloß die Diskussion zu beenden und sagte: »Wissen Sie was? Wenn Sie wirklich wollen, mache ich heute nachmittag ein paar Anrufe für Sie.«

Jäger antwortete: »In Ordnung«, in Gedanken immer noch mit seinen unguten Gefühlen beschäftigt. Dann gingen sie zusammen zur Tür hinaus.

Diese Unterhaltung täuscht. Sie scheint mit konstrukivem Ergebnis zu enden. Der Vorgesetzte bietet Jäger Trost, Ermutigung und anscheinend direkte Hilfe. Aber hilft er wirklich? Was wäre wohl geschehen, wenn der Manager Jägers Niedergeschlagenheit gefühlt und sich gesagt hätte: »Wenn Jäger sagt, er ist ›schlecht‹ am Telefon, heißt das, er fühlt sich entmutigt und nicht o.k. Ich weiß, daß es nicht seine Stärke ist, telefonisch Verabredungen zu treffen. Mein Impuls ist, ihn aufzumuntern und ihm seine schlechten Gefühle zu nehmen. Ich glaube, sie verursachen nur Unbehagen. Aber es gibt wirklich keinen Grund, ›tröstendes Eltern-Ich‹ zu spielen. Außerdem will ich nicht, daß mein Eltern-Ich die Verantwortung für die Erledigung seiner Telefongespräche übernimmt. Ehe ich mein Eltern-Ich hervorlocken lasse, antworte ich lieber mit meinem Erwachsenen-Ich und stelle fest, welches Gefühl er meiner Ansicht nach hat.«

Hätte der Manager die Dinge so betrachtet, wäre die Unterhaltung vielleicht so verlaufen:

»Ich kann am Telefon so schlecht Termine ausmachen.«

»Sie sehen entmutigt aus.«

»Ich glaube, ich werde nie besser.«

»Es scheint Sie wirklich zu beunruhigen.«

»Ja, mir fehlt, glaube ich, irgendein Trick.«

»Ich kenne das Gefühl. Wenn Sie wollen, können wir uns irgendwann mal zusammensetzen, um ihre Geschicklichkeit am Telefon etwas zu verbessern.«

»Vielen Dank. Das würde mich sehr freuen.«

So hätte der Manager den verborgenen Tücken des ersten Gesprächs aus dem Weg gehen können. In beiden Fällen benutzte Jäger das Thema Telefon als Ausrede für sein schlechtes Gefühl. Das hatte der Vorgesetzte in der ersten Unterhaltung nicht herausgehört. Er war sich nicht bewußt, daß er Jägers Nicht-o.k.-Sein durch seine Antworten bestärkte. Seine impulsiven Antworten hatten eine verheerende Wirkung auf Jäger, der, ohne daß sein Vorgesetzter es wußte, sie als Bestätigung dafür nahm, daß er wirklich nicht o.k. war. Jemand, der tief im Nicht-o.k.-Kindheits-Ich verstrickt ist, kann nämlich die Bemerkungen leicht auf schlimmste Weise auslegen. Beispiel:

»Sie können nicht in allem gut sein« könnte bedeuten: »Das stimmt. Sie sind wirklich nicht o.k. Leute, die o.k. sind, können alles.«

»Halten Sie sich dran, sonst haben Sie bald niemanden mehr, dem Sie was verkaufen können« könnte ausgelegt werden als: »Den Job werden Sie nicht mehr lange haben.«

»Bei Ihnen kommt's sicher mit der Übung« könnte heißen: »Da Sie bereits eine Menge Übung haben und es immer noch nicht können, sind Sie wohl bald erledigt.«

»Ich selbst werde ein paar Anrufe für Sie machen« könnte letztlich heißen: »Da sehen Sie's! Soweit haben Sie's gebracht. Sie sind schon so hilflos, daß Ihnen jemand die Telefongespräche abnehmen muß.«

In der zweiten Unterhaltung konnten die Bemerkungen des Vorgesetzten nicht falsch verstanden werden. »Sie sehen entmutigt aus«; »Es scheint Sie wirklich zu beunruhigen« und »Ich kenne das Gefühl« heißt: »Ich verstehe Sie, und es ist o.k.«*

Es gehören immer zwei zu einer Unterhaltung. Jeder Gesprächspartner hat seine individuellen Gefühle und Reaktionen. Das Geheimnis ist, daß man analysieren kann, was auf beiden Seiten der Transaktion vor sich geht. Wo stehen beide? Was fühlt der andere? Was fühle ich? Locken wir uns gegenseitig in etwas hinein? Will ich das? Wenn man das erst einmal identifiziert hat, hat man die Möglichkeit, ins Erwachsenen-Ich zu schalten und den Transaktionen eine neue Richtung zu geben.

Abbauen der eigenen Erwartungen
Wie Erwartungen Ärger verursachen können

Es war Gabys erster Tag bei ihrer neuen Arbeit. Gaby kam gerade von der Sekreätrinnenschule und war sehr darauf bedacht, einen guten Eindruck zu machen. Da sie ein bißchen nervös war, kam sie schon früher ins Büro. Sie wollte gleich zu Beginn einen guten Start haben. Ihr neuer Chef, der als Perfektionist bekannt war, hatte sie um 10 Uhr in sein Büro gerufen, um ihr etwas zu diktieren. Eine Stunde später, nachdem Gaby sich große Mühe gegeben hatte, lieferte sie ihre

---

* Übrigens, wenn Sie so vorgehen und Ihr Gesprächspartner scheint die Realität Ihrer Bemerkung nicht zu erkennen oder sie nicht als Streicheln zu empfinden, dann prüfen Sie Ihren Gesichtausdruck und Ihren Tonfall. Sie müssen immer ehrlich, aufrichtig und streichelnd sein.

erste Tipparbeit ab und wartete hoffnungsvoll auf ein Lob. Ihr Chef nahm das Getippte und überflog es flüchtig. Dann blickte er auf und sagte in ganz nüchternem Tonfall: »Das muß in Zukunft besser ausfallen, sonst werden Sie hier nicht alt.«

Bestürzt und sprachlos stand Gaby vor seinem Schreibtisch. Ihr Chef merkte, daß sie nichts darauf zu sagen hatte, und fuhr fort: »Die bringen euch in der Schule wohl nicht mehr allzuviel bei, was?« Gaby brach in Tränen aus und rannte aus dem Zimmer.

Übertrieben? Ungewöhnlich? Jeden Tag passiert so etwas in irgendwelchen Büros. Nur zwei Dinge sind dazu nötig. Eine Person beschließt im voraus, welches Verhalten sie von jemand anderem in einer bestimmten Situation erwartet. Und dann verhält sich derjenige anders als erwartet. Die erste Person, besonders wenn es der Chef ist, glaubt immer dann das Recht zu haben, das Eltern-Ich hervorzukehren und das Kindheits-Ich der anderen Person herauszulocken. Wenn das Kindheits-Ich sich nicht fügt, dann empört es sich. Immer wieder sabotieren unsere Erwartungen unsere Fähigkeit, auf der Erwachsenen-Ich-Ebene mit Leuten umzugehen.

Frank, Gebietsleiter einer Vertriebsgesellschaft für pharmazeutische Erzeugnisse, hatte gerade ein neu zu erschließendes Gebiet übertragen bekommen. Anstatt sofort neue Verkäufer einzustellen, wie es vielleicht sein Chef getan hätte, verbrachte er die erste Woche damit, Konkurrenzfirmen im neuen Gebiet aufzusuchen. Die meisten von Franks neuen Konkurrenten kannten ihn noch nicht, und er dachte, das sei eine gute Gelegenheit, wertvolle Informationen über ihre Arbeitsmethoden zu sammeln. Vielleicht ersparte ihm das kostspielige Fehler in der Zukunft.

Franks Plan funktionierte hervorragend. Am Ende der Woche kehrte er mit vielen nützlichen Informationen in sein Büro zurück. Gleich nach seiner Rückkehr ging er ins Büro des Chefs, um ihm von seinem Glück zu erzählen. Als er zur Tür hereinkam, merkte er jedoch sofort, daß etwas nicht stimmte. Noch bevor er die Tür hinter sich geschlossen hatte, wurde er angefahren: »Was ist los mit Ihnen, Herr Frank. Kann ich mich nicht mehr darauf verlassen, daß Sie eine Arbeit richtig anpacken?«

Völlig überrascht konnte Frank nur antworten: »Wie bitte?« Das Gespräch nahm seinen verhängnisvollen Lauf.

»Ich habe gehört, was sie in der letzten Woche gemacht haben. Ich wette, Sie haben keinen einzigen Verkäufer eingestellt, oder?«

»Nein, aber ich habe ein paar wertvolle Informationen gesammelt.«

»Es ist mir völlig egal, was Sie gesammelt haben. Wenn Sie ein neues Gebiet übernehmen, müssen Sie als erstes neue Verkäufer einstellen und nicht in der Gegend herumgondeln.«

»Tut mir leid.«

»Das soll Ihnen auch leid tun. Es gibt nur eine Art, in unserem Geschäft erfolgreich zu sein, und so, wie Sie es machen, ist es verkehrt. Ich möchte Sie in einer Woche hier wiedersehen, aber wehe, Sie haben nichts Brauchbares geschafft!«

Frank stolperte eilig zur Tür hinaus. Er war fix und fertig. Zum Glück fiel es ihm nicht schwer, innerhalb einer Woche etwas Brauchbares zu schaffen. Aber das Verhältnis zu seinem Chef würde wochenlang gespannt bleiben. Vielleicht würde es nie mehr so wie vorher werden.

Diese Situation hätte ein besseres Ende nehmen können. Jeder der beiden Männer hätte darüber nachdenken können, was er vom anderen eigentlich erwartete. Frank hätte die Konfrontation gänzlich vermeiden können, wenn er die Sache mit seinem Chef vorher abgesprochen hätte. Aber selbst wenn er sie nicht vorher abgesprochen hätte, hätte sein Chef sich sagen können: »Herr Frank hat ein neues Gebiet übertragen bekommen. Wenn er bei mir nicht Rückfrage hält, dann heißt das, daß er annimmt, ich habe genügend Vertrauen in seine Arbeitsweise. Ich merke, wie ich ärgerlich werde, denn ich erwarte, daß Frank alles so macht, wie ich es machen würde. Es fällt mir schwer, ein anderes Vorgehen zu verstehen. Aber der Frank ist ein schlauer Kopf. Vielleicht findet er eine bessere Möglichkeit. Das wichtigste ist, daß er seine Verantwortung kennt. Bestimmt will ich nicht mein Eltern-Ich hervorlocken lassen und ihm diese Verantwortung abnehmen. Und am allerwenigsten will ich, daß er sich dazu gezwungen fühlt, das gedemütigte Kind zu spielen.«

Als Frank die Tür öffnete, hätte sein Chef, ohne besondere Erwartungen zu haben, sagen können: »Hallo, Herr Frank, wie ist es diese Woche gelaufen?« Daraufhin hätte Frank begeistert die Ereignisse der letzten paar Tage schildern können, gleichzeitig erklärend, wieviel wertvolle Zeit er gewonnen hatte. Franks Chef, der seine Erwartungen abgebaut hatte, hätte diesen Erfolg zu schätzen gewußt. Er hätte sich sagen können: »Frank macht es nicht immer so, wie ich es tun würde, aber trotzdem scheint er damit Erfolg zu haben. Er ist wirklich ein schlauer Bursche.« Zu Frank hätte er sagen können: »Großartig«, und alles wäre in Ordnung gewesen.

Wir machen uns oft selbst das Leben schwer durch die Erwartungen, die wir an andere Leute stellen; besonders wenn es sich um Erwartungen handelt, die nicht laut und ausdrücklich vom Erwachsenen-Ich in einem Vertrag geäußert wurden. Das Verhalten von Leuten ist unvorhersehbar. Wenn sie nicht tun, was wir von ihnen erwarten, kann das ungute Gefühle in uns verursachen. Sind wir in der Position, das Eltern-Ich hervorkehren zu können, geschieht es dann leicht, daß die Beziehung zwischen den Erwachsenen-Ichs unterminiert wird. Kleine, belanglose Angelegenheiten verursachen oft die größten Schwierigkeiten, weil sie nicht ausdrücklich in einem Vertrag erwähnt wurden. Wenn jemand einem Punkt A (sehr wichtig) zustimmt, erwarten wir oft, daß er auch Punkt B, C und D (ziemlich unwichtig) einhält, auch wenn diese Punkte nie erörtert wurden! Je sicherer wir uns unserer Position sind, desto eher lassen wir unser Eltern-Ich hervorlocken. Aber es ist oft notwendig, daß die Leute die Dinge auf ihre Art machen. Was für uns gut ist, muß nicht auch für die anderen gut sein. Vorgefaßte Meinungen darüber, wie jemand etwas erledigen soll, stellen oft eine echte Behinderung dar.

Wie Erwartungen uns in Spiele verstricken

Thomas, ein zappeliger, junger Versicherungsvertreter, wurde eines Nachmittags, als er eigentlich bei der Arbeit sein sollte, von seinem Verkaufsleiter beobachtet, wie er gerade ins Kino ging. Das brachte den Verkaufsleiter in ein Dilemma. Er wollte zwar Thomas vor dem Kino nicht bloßstellen, aber er wußte, daß er am nächsten Tag mit ihm sprechen mußte. Den Rest des Tages grübelte er herum, was er eigentlich sagen sollte. Er war sicher, daß eine Bestrafung nicht das richtige war, aber er wußte auch, daß Thomas nicht weiterhin nachmittags einfach freinehmen und ins Kino gehen konnte. Schließlich entschloß er sich. Er würde Thomas dazu bringen, zuzugeben, daß er im Kino gewesen war. Hatte Thomas das zugegeben, dann würde er, der Vorgesetzte, die Sache für dieses Mal entschuldigen, ihn aber ausdrücklich davor warnen, es noch einmal zu tun.

Am nächsten Morgen rief der Verkaufsleiter Thomas in sein Büro. Er beschloß das Thema sachte anzuschneiden.

Verkaufsleiter: Hallo, Herr Thomas. Wie geht's?

Thomas: Danke gut. Ist irgendwas?

Verkaufsleiter: Nichts besonderes. Ich habe Sie nur gestern gesucht und konnte Sie nicht finden.

Thomas: Ich war außer Haus und habe ein paar Kunden besucht.

Verkaufsleiter: Jemand sagte, Sie hätten nachmittags frei genommen.

Thomas: Gestern nicht.

Verkaufsleiter: Sie haben den ganzen Tag gearbeitet?

Thomas: Sicher. Wenn Sie mich nicht finden konnten, heißt das nicht, daß ich nicht gearbeitet habe!

In dem Augenblick vergaß der Verkaufsleiter seine guten Absichten. Thomas hatte sich zu einer noch größeren Sünde verleiten lassen: er hatte gelogen! Und eine Lüge mußte bestraft werden. Der Verkaufsleiter fand sich wieder in einer Drehbuch-Situation, die er in seiner Kindheit oft erlebt hatte. Nichts lief so ab, wie er es erwartet hatte. Das Gespräch wurde fortgesetzt:

Verkaufsleiter: Erzählen Sie mir bloß keine Geschichten! Ich selbst habe Sie ins Kino gehen sehen! Für wie blöd halten Sie mich?

Thomas: Ich? Im Kino?

Verkaufsleiter: Ja, Sie! Jetzt reißen Sie sich mal zusammen und geben Sie es wenigstens zu.

Thomas: Da müssen Sie jemand anderen gesehen haben, um welche Zeit waren Sie denn im Kino?

Verkaufsleiter: Das spielt überhaupt keine Rolle! Ich ziehe Ihnen den halben Tag vom Gehalt ab, und wenn ich Sie noch einmal erwische, sind Sie entlassen. Jetzt verschwinden Sie hier und gehen Sie an die Arbeit!

Das war's mal wieder. Erst die Bestrafung und zum Schluß noch eine Drohung. Obwohl er das Eltern-Ich heraushalten und die direkte Strafe vermeiden wollte, endete er wieder damit, sein Eltern-Ich herauszukehren. Er hatte erwartet, daß Thomas die Rolle des Kindheits-

Ich übernehmen würde, d. h. die Rolle des Kindes, das seine Schuld eingesteht. Dann hätte sein Eltern-Ich dem Kindheits-Ich von Thomas »vergeben« können. Leider wählte Thomas' Kindheits-Ich eine andere Rolle. Es log, wie viele Kinder, wenn sie befürchten gestraft zu werden, wenn sie die Wahrheit sagen. Die ganze Szene war eine recht ausgeklügelte Form von JEHIDES.

Es wäre besser gewesen, wenn es dem Verkaufsleiter gelungen wäre, das Gespräch zu beginnen, ohne eine bestimmte Antwort von Thomas zu erwarten. Auf der Suche nach einer Erwachsenen-Ich-Lösung hätte er erkennen können, daß Thomas' Verhalten (in den produktivsten Stunden am Tag ins Kino zu gehen) ungereimt und widersinnig war. Zu Thomas hätte er sagen können: »Ich habe Sie zufällig gestern nachmittag ins Kino gehen sehen. Das ist sonst nicht Ihre Art, Herr Thomas. Wenn irgendwas los ist und ich Ihnen helfen kann, tue ich es gerne.« Thomas, erleichtert, daß er jemanden hatte, mit dem er über seine Probleme reden konnte, hätte antworten können: »Mein Gott, der ganze Streß in der letzten Zeit hat mich richtig fertiggemacht. Ich mußte irgend etwas dagegen unternehmen.« Thomas und sein Verkaufsleiter hätten dann auf konstruktive Weise das Problem das Thomas bedrückte, besprechen und es möglicherweise klären können.

Wie man Autonomie über seine Erwartungen erlangt

Irgendwelche Dinge zu erwarten, ist eine typische Beschäftigung des Kindheits-Ichs (das dann niedergeschlagen oder enttäuscht sein kann, wenn seine Erwartungen nicht erfüllt werden) und des Eltern-Ichs (das dann ärgerlich oder böse werden kann). Das Erwachsenen-Ich weiß, daß nur solche Dinge mit Bestimmtheit zu erwarten sind, die mit hundertprozentiger Wahrscheinlichkeit eintreffen werden – eine Wahrscheinlichkeitsquote, die sicher nicht auf menschliches Verhalten zutrifft. Wir versetzen uns oft selbst in Ärger, indem wir in der Vergangenheit bleiben, alte Aufzeichnungen abspielen und Dinge erwarten, die kaum geschehen werden.

Wenn wir wissen wollen, wie sehr uns unsere Erwartungen negativ beeinflussen, müssen wir darauf achten, wie oft wir uns über das ärgern, was andere tun (oder nicht tun). Oder wie oft wir uns von Ereignissen zu einem bestimmten Gefühl (Ärger, Niedergeschlagenheit, Enttäuschung) verleiten lassen. Wenn wir in eine dieser Fallen gehen, sind meistens unsere Erwartungen daran schuld.

Eine gute Methode, seine Erwartungen abzubauen, besteht darin, sich zwei Fragen zu stellen:

1. Wenn ich möchte, daß irgend etwas Bestimmtes geschieht und es geschieht dann nicht, reagiere ich darauf mit meinem Eltern-Ich oder mit meinem Kindheits-Ich?
2. Will ich das wirklich?

Viele unserer Erwartungen an andere Leute sind Teil unseres Vertrages, den wir mit diesen Leuten haben oder haben wollen. Diese Verträge besagen, daß gewisse Dinge geschehen sollen, und wir neigen dazu, die Leute an unsere persönlichen, oft vagen Vorstellungen über die Art des Vertrags binden zu wollen. Wir erwarten von jemand dieses und jenes. Wir übertragen auf ihn unsere innere Vorstellung, wie er sein sollte. Diese Vorstellungen sind gewöhnlich eine Wiederholung der alten Eltern-Ich-Aufzeichnungen und haben kaum etwas damit zu tun, wie derjenige wirklich ist. Wenn wir uns von der Bürde unserer Erwartungen befreien, dann befreien wir den anderen von dem Druck, den Geheimvertrag zu unterzeichnen. Wenn wir erkennen, daß der andere nicht dazu da ist, unseren Erwartungen zu entsprechen, und wenn wir beschließen, uns nicht mehr schlecht (ärgerlich, enttäuscht, verletzt, betrogen) fühlen zu wollen, wenn er unseren Erwartungen nicht entspricht, dann öffnen wir eine Tür zu unserem Erwachsenen-Ich. Vom Standpunkt eines Managers aus gesehen, ist es das beste, jemand anderem zu helfen, *sein* Erwachsenen-Ich zu sehen und nicht *uns* in irrelevante, unangenehme Gefühle zu stürzen.

Unsere Erwartungen abzubauen, kann oft schwieriger sein, als es klingt. Manchmal nehmen wir uns fest vor, mit unserem Erwachsenen-Ich zu reden, und legen uns sorgfältig unser Verhalten zurecht, nur um dann die wohlüberlegten Worte von unserem Eltern-Ich (oder Kindheits-Ich) ausgesprochen zu hören. Die *Worte* sind vom Erwachsenen-Ich, die *Stimme* ist vom Eltern-Ich. Die Transaktion ist verdorben. Ein Beispiel:

Jehl, Leiter der Konstruktionsabteilung in einem Ingenieurbüro, hatte Wagner für eine besonders schwierige Aufgabe ausgewählt. Er brauchte ein paar komplizierte Zeichnungen, die schnell und gut angefertigt werden mußten. Obwohl er einige Zweifel hatte, Wagner dafür heranzuziehen (Wagner konnte manchmal schlampig sein), wußte er, daß Wagner der beste Mann in der Abteilung war – wenn er wollte. Jehl strengte sich besondes an, um Wagner die Bedeutung des Projekts klarzumachen. Nach einem längeren Gespräch fühlte er sich schließlich sicher, daß er Wagner die Aufgabe überlassen konnte.

Zwei Tage später gibt Wagner die Zeichnungen ab. Sie sind ungewöhnlich schlampig. Jehl ist außer sich vor Wut. Aber er versucht, seine Führungsqualitäten zu verbessern, und will seinen Ärger nicht zeigen. Er weiß, daß das Problem nicht dadurch gelöst wird, daß er sich gehenläßt. Er läßt Wagner in sein Büro rufen und denkt darüber nach, wie er mit seinem Erwachsenen-Ich die Unterhaltung beginnen kann. Er beschließt, Wagner nur darauf hinzuweisen, daß die Arbeit schlampig ist. Keine Eltern-Ich-Bemerkungen. Keine Beschuldigungen. Kein Enttäuschtsein. Nur eine Erwachsenen-Ich-Bemerkung über eine Tatsache.

Jehl sagt sich: »Ich werde sagen, ›Herr Wagner, ich sehe, daß Ihre Schlampigkeit nicht besser geworden ist‹.« Ein befriedigtes Lächeln kommt über sein Gesicht. So würde er die Unterhaltung beginnen. Er würde sich nicht einfangen lassen! Plötzlich hält er inne. »Nein, das geht nicht. Schlampigkeit ist sicher ein Eltern-Ich-Wort. Ich sage, ›Herr Wagner, ich sehe, Ihre Arbeit ist nicht besser geworden‹.«

Jehl machte eine kurze Pause, um darüber nachzudenken, was er beschlossen hat. Es scheint in Ordnung zu sein, aber etwas stört ihn noch. Er rutscht unbehaglich im Stuhl hin und her. »Nein. Das geht auch nicht. *Verbessert* klingt auch nach Eltern-Ich. Vielleicht sage ich lieber: ›Herr Wagner, ich stelle fest, Sie haben nicht so sauber gearbeitet, wie Sie eigentlich sollten‹.«

Er machte wieder eine Pause, um nachzudenken. Sah so aus, als ob er es jetzt gefunden hätte. Schließlich sagte er sich: »Gut, das werde ich sagen.«

Er lehnte sich zurück und wartete auf Wagner. Plötzlich durchzuckt es ihn! »Halt! wenn ich sage, ›wie sie eigentlich sollten‹, dann klingt das, als ob ich ärgerlich wäre, weil er seinen Teil der Abmachung nicht eingehalten hat. Es klingt, als ob ich einen Geheimvertrag mit ihm hätte!«

Mit einem unhörbaren Seufzer der Enttäuschung sagt er sich: »Wie, um alles in der Welt bringe ich es fertig, nur bei den Tatsachen zu bleiben?« Nach einigen Minuten des Nachdenkens entschließt sich Jehl endgültig: »Jetzt weiß ich's. Ich sage: ›Herr Wagner, ich stelle fest, ihre Arbeit ist nicht so sauber wie sonst‹. (Pause.) Das ist die neutralste Bemerkung, die mir einfällt, verflucht noch mal!«

Wagner betritt das Büro. Jehl starrt ihn an und sagt: »Herr Wagner, ich stelle fest, ihre Arbeit ist nicht so sauber wie sonst«, wobei seine Stimme vor Sarkasmus trieft.

Wagner schrickt zurück. Zweifellos kriegt er jetzt einen Mordskrach!

Oft geht es nicht so sehr darum, die richtigen Worte des Erwachsenen-Ichs zu finden, sondern mehr, die Quelle unserer schlechten Gefühle zu identifizieren. Wir müssen die schlechten Gefühle erforschen, die uns in ein Spiel verstricken. Wenn Jehl sich gefragt hätte, wie er sich ärgerlich machte, dann würde er den Geheimvertrag festgestellt haben, an den er Wagner binden wollte (*Du* mußt dich richtig verhalten, damit ich gut dastehe [mich gut fühle]!). Wie sich herausstellt, glaubt Jehl, daß das Verhalten von Wagner und den anderen Mitarbeitern auf ihn »zurückfällt«. (Diese Einstellung ist in unserer Gesellschaft nicht unüblich. Sie ist tatsächlich die Ursache für viele unserer Geheimverträge.) Jehl hat sich darauf eingerichtet, sich gut zu fühlen, wenn sich die Leute gut benehmen, und schlecht, wenn sie sich schlecht benehmen. Er *erwartet*, daß sie sich gut benehmen. Ob ihr Verhalten tatsächlich auf ihn zurückfällt (in den Augen seines Chefs z. B.) spielt keine Rolle. Bevor Jehl nicht erkannt hat, was in ihm vorgeht – wie er sich selbst ärgerlich macht –, werden ihm alle erwachsen klingenden Worte nicht helfen, in sein Erwachsenen-Ich zu kommen. Erst wenn er erkennt, daß sein Gefühl nicht mit dem Benehmen anderer Leute in Verbindung zu bringen ist – d. h. daß er »Herr« seiner Gefühle ist –, erst dann gewinnt er Autonomie über das, was in ihm vorgeht, und kann seine Erwartungen abbauen.

Wie man eine Atmosphäre des Vertrauens schafft

Einer der wichtigsten Aspekte für eine Beziehung zwischen zwei Leuten ist der Grad des gegenseitigen Vertrauens. Im Geschäftsleben bestimmt oft die Bereitschaft der Angestellten, ihrem Vorgesetzten zu vertrauen, die Effektivität, mit der der Vorgesetzte arbeiten kann. Wenn man jemandem helfen will, Autonomie über sein Leben zu erlangen (sich zu ändern), ist Vertrauen oft der einzige Faktor, der zählt. Wer sich ändern möchte, wird das einfach nicht tun in der Gegenwart einer Person, der er nicht vertraut. Das Risiko ist zu groß. Er muß sich so auf sich selbst konzentrieren, daß er sich nicht verteidigen kann und sich völlig exponiert fühlt. Er muß, wenn er mit sich selbst beschäftigt ist, geschützt werden und nicht bedroht.

Wenn ein Vorgesetzter jemandem mitteilen will, daß man ihm vertrauen kann, dann muß er wissen, ob er sich tatsächlich selbst vertrauen kann. Wenn ich mir und jemand anderem vertraue, dann schließt mein Handeln automatisch die Möglichkeit ein, daß zwischen uns die Beziehung »Ich bin o.k. – Du bist o.k.« entsteht. Wenn ich mir selbst nicht traue (wenn ich mich unter Kontrolle halten muß; wenn ich Angst davor habe was ich anstellen könnte, falls ich mir erlaube, zu fühlen, zu leben, das Leben zu genießen oder einfach zu tun, was *ich* will; wenn ich mich vor meinen verborgenen Impulsen hüten muß; mich meiner Wünsche schäme; von »schlechten« Gedanken gequält werde), dann wird es mir schwerfallen, anderen zu vertrauen. Und das kann die Entstehung einer Beziehung von »Ich bin o.k. – Du bist o.k.« behindern.

Ein neuer Begriff der Ehrlichkeit

Herr Blank, ein gewissenhafter junger Abteilungsleiter, wußte, daß Herr Capeller in letzter Zeit nicht gut gearbeitet hatte. Er dachte, daß Capeller etwas bedrücken könnte, und wollte ihm helfen. Eines Morgens beschloß er, das Thema beiläufig anzusprechen: »Wie geht's immer, Herr Capeller?«

»Alles in Ordnung«, antwortete Capeller spontan.

Blank hätte wetten können, daß Capeller ihm auswich. Irgend etwas mußte los sein! Wie konnte er das herausfinden?

»Irgendwelche Probleme?« fragte er.

»Eigentlich nicht«, war die Antwort.

Das war nicht sehr befriedigend. Er mußte nachdrücklicher werden. Er sagte: »Sind Sie *sicher*, daß alles in Ordnung ist?«

»Ja.«

Blank machte eine Pause. Was konnte er sonst noch sagen? Seine Stimme bekam einen klagenden Tonfall. »Na gut, sagen Sie mir, wenn ich Ihnen helfen kann. . .«

»Okay.«

Blank ging langsam weiter. Jetzt wußte er genausoviel wie vorher. Seine Bemühungen hätten mehr Erfolg haben können. Aber irgendwie waren sie in das Spiel verfallen: »Sag's mir – Nein ich will nicht«, und Capeller war nicht aufrichtig zu ihm. Wie war das geschehen? Die Ursache war in Blanks Vorgehen zu suchen. Er hatte den Fehler gemacht, von sich aus zu beschließen, daß er Capeller helfen wollte. Da er Capeller nichts von seinem Entschluß gesagt hatte, stellte er die Beziehung »Ich bin o.k. – Du bist nicht o.k.« her. Von da an war für Blank nur noch wichtig, die gewünschten Informationen zu bekommen. Je schwieriger es wurde, desto nachdrücklicher ging er vor. Und je nachdrücklicher er vorging, desto widerstrebender wurde Capeller. Die Transaktion war auf Blanks immer stärker werdenden Wunsch nach Informationen ausgerichtet und nicht auf Capellers mögliche Hilfsbedürftigkeit. Daraus entwickelte sich schnell ein Spiel, denn Blank hatte für Capeller viele unbeantwortete Fragen aufgeworfen – warum Blank die Informationen brauche, wem er helfen wolle, und warum er glaube helfen zu können. Capeller hatte keinen Grund, einen Ehrlichkeits-Vertrag anzunehmen, nur um die unerklärte Neugier seines Chefs zu befriedigen!

Besser wäre es gewesen, Blank hätte sich Capeller zur Verfügung gestellt und es dabei bewenden lassen. Wenn er mit ihm redete, hätte er sich auf Erwachsenen-Ich-Bemerkungen über gegenwärtige Tatsachen, die vor allem ihn und nicht Capeller betrafen, beschränken können. Um eine Atmosphäre des Vertrauens herzustellen, ist es oft besser, sich auf seinen Anteil an der Transaktion zu konzentrieren. Man kann es dem anderen überlassen, für *sich* selbst zu sprechen. Dadurch wird ein System »Ich bin o.k. – Du bist o.k.« geschaffen.

Anstatt unaufrichtige Fragen zu stellen, hätte Blank offen sagen können: »Herr Capeller, irgendwas scheint Sie in letzter Zeit zu bedrücken; ich würde Ihnen gerne helfen, wenn ich kann.« Capeller wäre vielleicht überrascht gewesen zu erfahren, daß jemand von seinem Ärger wußte, und dankbar, daß man sich danach erkundigte. Er hätte vielleicht geantwortet: »Ja, ich bin froh, daß Sie darauf zu sprechen kommen. Ich habe in letzter Zeit wirklich Sorgen gehabt.« Dann hätte er dem Abteilungsleiter vielleicht von seinen Problemen erzählt.

Andererseits hätte Capeller immer noch abstreiten können, Sorgen zu haben, oder er hätte das Hilfsangebot ablehnen können. Er hätte antworten können: »Vielen Dank, aber es ist alles in Ordnung.« Daraufhin hätte Blank immer noch auf einen großen Vorrat an Antworten zurückgreifen können – vorausgesetzt, er blieb dabei, Erwachsenen-Ich-Bemerkungen über sich selbst zu machen. Er hätte z. B. sagen können: »Herr Capeller, ich mache mir wirklich Sorgen, wenn ich Sie so sehe«, und weiter: »Ich weiß nicht, warum es mich beunruhigt, aber ich würde mich viel besser fühlen, wenn ich darüber reden könnte.« Oder: »Ich glaube immer, ich müßte von jedem die Probleme lösen, sonst fühle ich mich nicht wohl.«

Selbst wenn Capeller dieses Mal zu verschlossen gewesen wäre, um sich Blank mitzuteilen, hätte Blanks Vorgehen jedoch klargestellt, daß er aufrichtig war und gerne bereit, offen über sich zu reden. Er hätte außerdem klargestellt, daß er für Capeller zur Verfügung stand, wenn dieser seine Hilfe brauchte.

Titz, Direktionsassistent der Zweigstelle einer großen Bank, ging ins Büro seines neuen Chefs. Titz hatte ein Problem, und er war sich nicht sicher, wie er es anpacken sollte. Solche Probleme hatte er früher immer mit seinem alten Chef besprochen. Er wußte nicht, inwieweit er seinem neuen Chef vertrauen konnte, aber das Problem drängte, und früher oder später mußte das Eis sowieso gebrochen werden. Als Titz ins Büro kam, begrüßte ihn der Direktor jovial.

Direktor: Na, Herr Titz, was machen Sie denn für ein Gesicht! Na los, jetzt legen Sie doch Ihre Kummermiene ab. Lächeln Sie lieber!

Titz: Das würde ich gerne machen. Aber ich muß mit Ihnen über ein Problem reden.

Direktor: Na, gut. Dafür bin ich ja da. Um bei Problemen zu helfen. Reden Sie nur ganz offen und ungeniert.

Titz bekam schlechte Vorahnungen, aber jetzt war es zu spät, und er begann zu reden.

Titz: Es tut mir leid, Sie damit belästigen zu müssen. Es ist wegen Herrn Sattler. Er ist seit fast zwanzig Jahren in unserer Firma. In letzter Zeit trinkt er eine Menge, und ich fürchte, es wird sich bald auf seine Arbeit auswirken. Ich habe mit ihm darüber geredet, aber es scheint nicht viel zu helfen. Er wird bald pensioniert, und es wäre äußerst bedauerlich, wenn irgendwas passieren würde. Ich weiß einfach nicht, was ich tun soll.

Es gab eine kurze Pause. Der Direktor brach das Schweigen.

Direktor: Hat es sich schon auf seine Arbeit ausgewirkt?

Titz: Nein.

Der Direktor schien eine Weile über das Problem nachzudenken. Dann lächelte er nervös.

Direktor: Ich glaube, da müssen Sie sich auf Ihr Fingerspitzengefühl verlassen, Herr Titz. Ich kenne Herrn Sattler nicht und kann Ihnen deshalb nicht viel helfen.

Titz: Na ja, ich dachte, vielleicht hatten Sie schon mal so eine ähnliche Situation.

Direktor: Kann ich eigentlich nicht sagen. Aber ich bin sicher, Herr Sattler will seinen Job nicht verlieren. Na, was halten Sie davon? Kann ich Ihnen sonst noch irgendwie behilflich sein?

Titz: Nein, nein. Es ist nur, weil Herr Sattler ein alter Freund ist.

Direktor: Herr Titz, jetzt machen Sie doch aus einer Mücke keinen Elefanten! Nun lächeln Sie. Und dann gehen Sie raus und zeigen es denen!

Titz stand langsam auf und ging zum Büro hinaus. Der Direktor hatte sich die größte Mühe gegeben, Herrn Titz »aufzumuntern«. Aber es hatte nicht geklappt. Die Leute lächeln nicht, weil man es ihnen sagt oder weil sie sollen. Sie lächeln, wenn sie glücklich sind. Und sie können nicht glücklich sein, wenn sie Sorgen haben. Statt sein Vertrauen zu erringen, war es dem Direktor gelungen, die geheime Botschaft zu überbringen, daß Titz die lästigen Probleme für sich behalten sollte. Jedesmal, wenn der Direktor seinen Mund öffnete, schrie es förmlich heraus: »Lassen Sie mich damit in Ruhe.« Nächstes Mal würde Titz besser Bescheid wissen.

Diese Szene hätte ein glücklicheres Ende verdient. Als Titz hereinkam, hätte der Manager sagen können: »Sie sehen besorgt aus.« (Eine Bemerkung des Erwachsenen-Ichs auf der Gefühlsebene.) Nachdem er sein Problem angehört hatte, hätte er sich sagen können: »Da möchte ich nicht so gern hineinverwickelt werden. Keine Ahnung, was ich da tun soll. Meine erste Reaktion ist, Herrn Titz das Problem wieder zuzuschieben. Ich glaube, mein Kindheits-Ich rennt erschrocken weg und versucht das Problem zu leugnen. Wenn ich will, daß Herr Titz jemals Vertrauen zu mir bekommt, kann ich ihn nicht zurückweisen. Am besten bin ich ehrlich mit ihm.« Zu Titz hätte er sagen können: »Ich verstehe Ihre Besorgnis. Leider kenne ich mich da auch nicht aus, und die Angelegenheit ist delikat. Ich fürchte, ich würde Ihnen die Sache nur verderben, anstatt Ihnen zu helfen. Aber irgendwas scheint Herrn Sattler zu bedrücken. Vielleicht können wir uns alle zusammensetzen und die Sache besprechen. Zumindest können wir Herrn Sattler wissen lassen, daß wir ihn verstehen.« Diese Unterhaltung hätte Titz zwar nicht geholfen, sein Problem zu lösen, aber es hätte dazu beigetragen, eine ehrliche Beziehung zwischen Titz und seinem neuen Chef herzustellen.

Manche Chefs wissen einfach nicht, wie sie zu ihren Angestellten aufrichtig sein sollen. Obwohl sie die Loyalität und das Vertrauen, das aus einer aufrichtigen, offenen Beziehung entsteht, haben wollen, lassen sie sich von ihrem armen, ängstlichen Kindheits-Ich ihre Management-Techniken diktieren. Oft hängen sie an ihren Eltern-Ich-Aufzeichnungen über die *Rolle*, die sie spielen (ein Chef zu sein) und die die Angestellten spielen. Wenn wir erst ein Rollenbild auf uns oder andere übertragen haben, dann türmen sich die Erfordernisse für diese Rolle vor unserem geistigen Auge auf und hindern uns daran, die Wirklichkeit zu sehen. Im Falle von Titz und seinem Chef wußte der Chef nicht, wie er seine Rolle, wie *er* sie sah (die Probleme von Titz zu lösen), erfüllen konnte. Und sein Kindheits-Ich hatte schon viel früher gelernt, unter solchen Umständen in Panik auszubrechen. (»Ich bekomme Angst, wenn ich nicht tun kann, was ich selbst von mir erwarte.«) Wenn man eine offene Beziehung herstellen und das Vertrauen einer anderen Person wecken will, muß man es vermeiden, die Bürde einer vorher festgelegten imaginären Rolle auf sich zu nehmen. Wenn man das weder von sich noch vom anderen erwartet, kann man sein Eltern-Ich und Kindheits-Ich daran hindern, Geheimbotschaften auszusenden und geheime Lösungen zu fordern. Man kann außerdem ehrliche Bemerkungen des Erwachsenen-Ichs darüber machen, wie man den anderen sieht und wo man selbst im Zusammenhang dieser Transaktionen steht.

Das bedeutet gewissermaßen eine neue Art der Aufrichtigkeit. Man akzeptiert die Verantwortung für seinen Beitrag zu den Gefühlen, die in einem System von Transaktionen hervorgerufen werden. Man wird sich bewußt, wie »ich selbst dazu beitrage, was geschieht«. Das heißt, daß man die Wahrheit über seine Gefühle erkennt und daß man bereit ist, diese Wahrheit anderen zu enthüllen. »Ich habe Angst.« »Ich fühle mich nicht in der Lage.« »Ich bin ärgerlich.« Ich fühle mich bedroht.« »Ich komme nicht mehr weiter.« »Ich fühle mich unwohl, wenn ich in der Nähe einer bestimmten Person bin. Aber das Gefühl ist in mir, nicht in ihr.« Wenn wir solche Bemerkungen machen, steilt unser Erwachsenen-Ich fest, wie unser Kindheits-Ich auf eine Situation reagiert. Das Erwachsenen-Ich ist eher in der Lage, eine aufrichtige Bemerkung zu machen, als das Eltern-Ich oder Kindheits-Ich, die beide irgendwelche versteckten Motive für ihr Tun haben können.

Manchmal sind solche freimütigen Bemerkungen im täglichen Umgang nicht angebracht. Die Leute verstehen sie vielleicht nicht oder können sie nicht akzeptieren. Dann helfen vielleicht schon etwas weniger direkte Worte wie: »Ich fühle mich etwas ärgerlich«; »Ich fühle mich etwas hilflos«; »Ich zweifle etwas daran« oder »Ich fürchte ein wenig, daß« etc., vorausgesetzt, sie soll ein echtes Gefühl widerspiegeln.

Echte Aufrichtigkeit bringt Aufrichtigkeit bei anderen hervor. Es ist im Grunde eine Frage der Identifikation, wo man steht und wie man anderen das deutlich macht. Man sagt: »Ich bin ein Mensch. Wie alle Menschen habe ich Zweifel an mir selbst, bin unsicher und habe gelegentlich Angst. Hier bin ich und fühle so, jetzt in diesem Moment. Ich verstehe, was es heißt ein Mensch zu sein und so zu fühlen. Du kannst mir sagen, was du fühlst, und ich werde es verstehen.«

Wie das Kindheits-Ich unsere bewußten Absichten sabotiert

Wenn wir durch Aufrichtigkeit eine Atmosphäre des Vertrauens herstellen wollen, gibt es eine große Gefahr, vor der wir uns hüten müssen. Diese Gefahr taucht ganz schnell auf und kann verheerende Folgen haben. Ralph, zweiundfünfzigjähriger Direktor einer großen chemischen Fabrik, hatte Schwierigkeiten mit Todd, seinem Chefchemiker. Todd war ein ausgezeichneter Chemiker, aber so kraftlos und unentschlossen. Er blieb im Detail stecken. Selten machte er ein Projekt alleine fertig. Er machte Ralph verrückt mit seiner rückgratlosen, feigen Haltung und seiner Unfähigkeit, Ralph gegenüber wie ein Mann aufzutreten. Aber am meisten geht Ralph das Getue von Todd auf die Nerven. Todd benimmt sich so weibisch, seine Hände flattern, er redet mit hoher Stimme, und er verhält sich, in Ralphs Augen, nicht so, wie sich ein Mann verhalten sollte.

Nun hat sich Ralph entschlossen, bei Todd nicht länger um den heißen Brei herumzugehen. Er sieht ein, daß er für einen Teil der Schwierigkeiten verantwortlich ist – weil er vorgefaßte Begriffe über das Verhalten von Menschen hat –, und er beschließt, etwas dagegen zu unternehmen. Er wird es mit Aufrichtigkeit versuchen und offen zu Todd sein. Er hofft, daß Todd genauso darauf reagiert.

Ralph ruft Todd in sein Büro und schließt die Tür hinter sich. Er holt tief Atem und beginnt mit ernstem Gesicht zu sprechen. »Herr Todd«, sagt er und nimmt seinen ganzen Mut zusammen, »ich möchte offen mit Ihnen reden.«

Bedeutungsvolles Schweigen, während Todd sich auf schlechte Nachrichten gefaßt macht. Ralph schluckt leicht und fährt fort: »Immer wenn wir zusammenkommen, läuft irgendwas mit uns schief. Und ich glaube, ich trage zu diesen Schwierigkeiten bei.«

Weiteres Schweigen. Todd ist erstaunt. Ralph ist so anders als sonst! Ralph fährt fort, die Verantwortung für seinen Anteil an den Schwierigkeiten zu übernehmen. »Aus irgendeinem Grund scheine ich immer ärgerlich über Sie zu werden, Herr Todd. . .«

Ralph zögert, er weiß nicht genau, wie er sich ausdrücken soll. Er sucht nach Worten, zögert wieder und spricht weiter: ». . . immer wenn Sie das alberne, weibische Grinsen aufsetzen!«

Todd ist wie gelähmt: »Was ist los mit meinem Grinsen?« fragt er zurück.

Und bevor Ralph antworten kann, weiß er, daß er alles verdorben hat. Seine guten Absichten haben sich in nichts aufgelöst. Es hatte damit begonnen, daß er die Verantwortung für seinen eigenen Ärger auf sich nehmen wollte, aber irgendwie endete es damit, daß er Todd wieder die Schuld zuschob.

Das ist ein gutes Beispiel dafür, wie die besten Absichten zunichte gemacht werden können. Wir erkennen unseren Anteil an einer schlechten Transaktion und entschließen uns, etwas dagegen zu unternehmen. Dann macht uns im letzten Augenblick unser Kindheits-Ich einen Strich durch die Rechnung. (Ich erkenne, daß ich mich schlecht fühle, aber dann schiebe ich die Ursache für das schlechte Gefühl weg von mir und auf jemand anderen.)

»Ich werde ärgerlich, wenn *Sie* das alberne Grinsen aufsetzen.«

»Ich bin enttäuscht, wenn *Sie* nicht hart arbeiten.«

»Ich fühle mich betrogen, wenn *Sie* schlechte Arbeit liefern.«

»Ich fühle mich unsicher, weil *Sie* mich nicht sicher machen.«

Das Kindheits-Ich hat besonders Angst vor seinen schlechten Gefühlen und denkt sich kunstvolle Ausflüchte aus, um die Verantwortung von sich zu schieben. In diesem Fall bestand seine Strategie darin, auf eine alte, sehr verführerische Aufzeichnung zurückzufallen. Ich fühle mich schlecht wegen *Dir*! *Du* bist verantwortlich für meine schlechten Gefühle! *Du* erweckst sie (in mir)! Wenn es meinem Kindheits-Ich gelingt, mich davon (und sei es in letzter Minute) zu überzeugen, dann errichte ich automatisch das System »Ich bin o.k. – Du bist nicht o.k.«. Ich mache den anderen für meine Gefühle verantwortlich, was mich davor bewahrt, sie mir selbst einzugestehen. Das schützt mich davor, mich selbst zu sehen, aber gleichzeitig zwingt es mich, den *anderen* dazu zu bringen. Es untergräbt meine Versuche, eine Atmosphäre des Vertrauens zu schaffen.

Wenn ich das tue, bin ich nicht aufrichtig. Der andere weiß intuitiv, daß meine schlechten Gefühle nicht an ihm liegen und daß er nicht dafür verantwortlich ist. Tatsächlich ist es so, daß ich mir selbst etwas zufüge, was mich so fühlen läßt. Ich spiele eine alte Aufzeichnung noch mal ab. Der andere erinnert mich vielleicht daran, die alte Aufzeichnung noch mal abzuspielen (durch das, was er sagt, tut, nicht sagt, nicht tut), aber es ist meine Aufzeichnung. Ich schalte sie an, und ich bin der einzige, der sie wieder abschalten kann.

Wenn ich die Verantwortung für meinen Anteil an einer schlechten Transaktion akzeptiere, bin ich fähig, eine Atmosphäre der Ehrlichkeit und des Vertrauens herzustellen. Dem kann ein anderer nur schwer widerstehen. Jemand, der sich nicht o.k. fühlt und mißtrauisch ist, wird eine Weile brauchen, um darauf zu reagieren. Zu Anfang bemüht er sich vielleicht herauszufinden, wo der Haken bei der Sache ist. Aber wenn er merkt, daß kein Haken dabei ist und daß er nicht reagieren muß, wenn er nicht will (das ist auch o.k., da ich meine Erwartungen an ihn abgebaut habe), dann wird er mit der Zeit auch aus sich herausgehen.

Dieses Vorgehen schafft deutlich die Position »Ich bin o.k. – Du bist o.k.« und bietet die beste Möglichkeit, jemanden zu streicheln. Die Leute reagieren darauf, weil es ihr Instinkt ist, auf bedingungsloses Streicheln zu reagieren. Sie reagieren, weil sie ganz im Innersten reagieren müssen. Die Möglichkeiten, diese Art der Beziehung zum Nutzen anderer Leute einzusetzen, sind buchstäblich grenzenlos.

KAPITEL 10

Die Beherrschung der tieferen Kunst des Managements

Wie man einem Menschen hilft, sich selbst klar zu sehen

Eine der großartigsten Aufgaben für eine Führungskraft ist die Motivation der für ihn arbeitenden Nicht-o.k.-Leute. Obwohl manche stärker in diesem Zustand befangen sind als andere, haben doch alle Barrieren aufgebaut, die verhindern, daß sie sich selbst klar sehen. Das größte Hindernis kann dabei sein, daß das Nicht-o.k.–Kindheits-Ich störrisch auf der Ablehnung von Wirklichkeitsdaten beharrt. Haben Sie jemals geschaudert, wenn Sie einen Schnappschuß von sich sahen? Oder wenn Sie Ihre Stimme vom Tonband hörten? Der kleine Schauder, den wir empfinden, diese Unwilligkeit, sich selbst zu erkennen, stammt von unserem Kindheits-Ich. Immer wenn wir uns nicht o.k. fühlen, lassen wir einfach nicht zu, daß wir uns selbst sehen. Indem wir unsere eigene, verinnerlichte Ansicht über uns selbst nähren, leugnen wir, daß wir uns ändern müssen.

Die größte Herausforderung für den geschickten Manager besteht darin, Informationen über jemanden zu bekommen, die über dessen Nicht-o.k.-Kindheits-Ich hinausgehen, und ihn dazu zu veranlassen, mit dem Erwachsenen-Ich zu reagieren. Viele Leute sind bereit, sich zu ändern, wenn sie einmal wissen, wie sie wirklich sind. Aber gewöhnlich dienen unsere Fragen und unser Verhalten eher dazu, das Kindheits-Ich hervorzulocken, als es zu vermeiden.

Hiebl, Assistent des Abteilungsleiters in einem Warenhaus, hat seinen Posten seit elf Jahren inne. Er wurde dreimal bei der Beförderung übergangen und sah vier Abteilungsleiter kommen und gehen. Er steht wieder zur Beförderung an, aber er wird sie nicht bekommen. Hiebls Chef hat ihn gerade in sein Büro rufen lassen, um ihm ein ehrliches Feedback zu geben, was los ist.

Wir schalten uns in die Unterhaltung ein, als Hiebl gerade niedergeschlagen im Sessel sitzt. Er sieht so aus, als ob das Gewicht der ganzen Erde auf seinen Schultern laste. Sein Chef spricht gerade.

»Herr Hiebl, die Schwierigkeit bei Ihnen ist, daß sie einfach die Leute nicht antreiben. Sie lassen sich von den Leuten auf der Nase rumtanzen.«

»Wie bitte?« fragt Hiebl mit einem verwirrten Gesichtsausdruck. »Sie können sich nicht genug behaupten«, fährt sein Chef fort, um sich verständlich zu machen. »Es sieht so aus, als wollten Sie nicht weiterkommen.«

»Ach so«, sagt Hiebl. Auf seinem Gesicht schimmert etwas Verständnis durch. Er denkt einen Augenblick nach, dann sagt er: »Aber ich will weiterkommen. Ich weiß nur nicht, was ich noch tun soll.« »Wenn Sie mich fragen«, antwortet sein Chef, »müssen Sie sich mehr Mühe geben, Herr Hiebl, und uns zeigen, daß Sie wirklich meinen, was Sie sagen.«

Hiebl holt tief Luft. Das ist der bekannte tote Punkt, die Sackgasse. So weit wie jetzt war er schon unzählige Male. Er antwortet langsam: »Aber ich gebe mir doch schon die größte Mühe...« seine Stimme bricht ab. Hiebls Chef sieht, daß er nichts erreicht hat. Er versuchte, Hiebl ein aufrichtiges Bild über sich zu geben, aber irgendwie war ihm das nicht gelungen.

Diese Episode hätte produktiver ausgehen können, wenn Hiebls Chef fähig gewesen wäre zu erkennen, daß all seine Kommentare, so ehrlich sie ihm auch vorkamen, nichts weiter als negative Bemerkungen von seinem Eltern-Ich waren. Sie stellten das negative Streicheln dar, das Hiebls Nicht-o.k.-Kindheits-Ich sein ganzes Leben gesucht hatte – ein Streicheln, auf das er *sofort* zu reagieren wußte. Die Bemerkungen klangen so:

»Du treibst die Leute nicht an.«

»Du läßt dir auf der Nase rumtanzen.«

»Du kannst dich nicht behaupten.«

»Du willst nicht weiterkommen.«

»Du mußt dir mehr Mühe geben.«

Wenn man einem Nicht-o.k.-Kindheits-Ich sagt, daß es nicht o.k. ist, dann ist das keine neue Information. (Das weiß das Kindheits-Ich schon.) Es ermöglicht dem Kindheits-Ich nur, die Unantastbarkeit seiner bereits depressiven Lebens-Anschauung aufrechtzuerhalten. Hiebls

Kindheits-Ich bringt die Leute dazu, ihm zu sagen, daß er nicht o.k. ist. Und in den elf Jahren, die er in seinem Job ist, haben seine Chefs immer willig mitgemacht.

Wie man sich auf die Realität der Gegenwart konzentriert

Wie können wir die Fälle vermeiden, in die Hiebls Chef geriet? Wie können wir jemand ein klares Bild von sich geben? Das Geheimnis besteht darin, sich von Eltern-Ich-Dialogen über das, was falsch an jemand ist oder wie er sich verbessern kann, freizuhalten und statt dessen nur von nachprüfbaren Wirklichkeitsdaten der Gegenwart zu reden. Das gilt vor allem für Daten, wie wir eine Person hier und jetzt, in diesem Augenblick, sehen.

Wäre Hiebls Chef so vorgegangen, hätte er sagen können: »Hiebl, Sie sehen aus, als ob das Gewicht der Erde auf Ihren Schultern lastet.«

Wenn Hiebl gefragt hätte: »Was meinen Sie damit?« dann hätte sein Chef antworten können: »Ich sehe, daß Sie sich in Ihren Sessel verkrochen haben.« Wenn Hiebl das bewußt geworden wäre, hätte er antworten können: »Ja, ich fühle mich niedergeschlagen.«

Ihre Unterhaltung hätte weitergehen können: »Weswegen?«

»Es ist, weil ich weiterkommen möchte und immer wieder steckenbleibe.«

»Ich höre, daß Sie sagen, Sie fühlen sich frustriert?«

»Ja, ich glaube, das stimmt.«

»Ein Teil von Ihnen scheint vorwärtskommen zu wollen und der andere scheint Sie zurückzuhalten.«

»Hmmm. Wissen Sie, so habe ich das noch nie betrachtet.«

Ihre Unterhaltung hat noch nichts gelöst, und oberflächlich gesehen, sieht es aus, als sei sie ziellos, aber sie *beginnt* Hiebl ein Bild von sich selbst zu geben.* Wenn Hiebls Chef weiterhin sein Bedürfnis unterdrückt, ihrer Unterhaltung eine Richtung zu geben, wenn er weiterhin seine Augen und Ohren für Hiebls Verhalten in der Gegenwart offen-

* Was Hiebl dann zu tun beschließt, ist eine andere Frage. Techniken, die ihm helfen, eine Entscheidung zu treffen, werden später in diesem Kapitel erörtert. Eines ist jedoch sicher. Wenn ihm sein Chef sagt, was er tun soll, dann bestätigt das nur sein Nicht-o.k.-Drehbuch. Das hilft ihm nicht, sich zu ändern.

hält und wenn er diese Daten so unverfälscht wie möglich an Hiebl zurückgiebt, dann gelingen ihm möglicherweise seine Bemühungen, Hiebl zu helfen, sich selbst zu sehen.

Die scheinbare Ziellosigkeit dieser Unterhaltung ist in Wirklichkeit ihre Stärke. Sie ist nur in dem Sinn ziellos, als sie nicht vom Eltern-Ich in Hiebls Chef geleitet oder kontrolliert wird; die Unterhaltung wird nicht von dessen Eltern-Ich dazu benutzt, Hiebl dazu zu *zwingen*, diese einseitige, wertende Ansicht über sein Verhalten auch zu sehen.

Das nicht so ziellose, sondern direkte Vorgehen, das von Hiebls Chef ursprünglich gewählt wurde (»Sie treiben die Leute nicht an« etc.), war nur in dem Sinn wirkungsvoll, als das Eltern-Ich des Chefs wußte, welche Worte es zu wählen hatte, sie schnell verwendete und sich dann gut fühlte, weil er das Problem so schnell (auf Eltern-Ich-Ebene) erfaßt hatte. Es war völlig wirkungslos in dem Sinn, daß es keinen Aufschluß gab über Dinge, die Hiebls Erwachsenen-Ich möglicherweise wissen wollte!

So ziellos und zeitraubend es scheinen mag, sich auf die Realität der Gegenwart zu konzentrieren – es ist eine äußerst wirksame Methode, das Erwachsenen-Ich von jemand anzusprechen (und ihn im Erwachsenen-Ich zu halten, wenn er einmal drin ist). Nachprüfbare Informationen über das, was hier und jetzt geschieht, können nicht so leicht geleugnet werden wie die Erinnerung an die Vergangenheit oder die Spekulation auf die Zukunft. Manchmal kann man so über das Nicht-o.k.-Kindheits-Ich hinauskommen, einfach weil die Informationen zu offensichtlich sind, um sie abzustreiten.

Tatsächlich ist ein solches Vorgehen die einzige Möglichkeit, Hiebls Verhalten zu ändern. Die anderen Alternativen bestehen darin, entweder gar nichts zu tun – alles so zu lassen und immer die nutzlosen alten Spiele zu spielen (so haben sie Hiebls Chef bislang daran gehindert, irgend etwas Positives wegen Hiebl zu unternehmen) – oder Hiebl zu entlassen (was man in elf Jahren nicht tat und was die meisten Firmen mit einem ehrlichen, anständigen Durchschnittsangestellten nur ungern täten).

Wenn wir nach Wirklichkeitsdaten suchen, um sie einer Person mitteilen zu können, ist es oft nützlich, wenn man sich darauf besinnt, was derjenige physisch tut. Endres, ein zweiundvierzigjähriger Geologe, sagte eines Tages zu seinem Vorgesetzten: »Ich frage mich, warum ich mich auf dieses Projekt nicht konzentrieren kann.« Der Vorgesetzte, der seinen Wunsch, eine Eltern-Ich-Antwort zu geben, unterdrückte, antwortete statt dessen mit einer Bemerkung darüber, wie er Endres in diesem Augenblick gerade sah. Er sagte, »Sie sehen verwirrt aus, Herr Endres.«

Als Endres antwortete: »Nein ich bin nicht wirklich verwirrt. Ich frage mich nur, das ist alles. . .« wußte der Vorgesetzte, daß er Endres' Erwachsenen-Ich nicht erreicht hatte. Er wußte auch, daß es keinen Sinn hatte, einen Machtkampf mit Endres' Kindheits-Ich anzufangen. (»Bist du doch.« »Nein, bin ich nicht.«) Er wußte, wenn er einen solchen Kampf gewänne, würde er nur Endres' Lebens-Drehbuch bestätigen. Er nahm statt dessen die verfügbaren physischen Daten zu Hilfe und sagte ruhig, »Ihr Körper scheint verkrampft zu sein, Herr Endres, und Ihre Hände flattern«. Einen Augenblick war es ruhig, bis Endres verdaut hatte, was er gerade gehört hatte. Als auch er sich bewußt wurde, in welchem Zustand er sich physisch befand, antwortete er nachdenklich: »Ich glaube, ich bin verwirrter, als ich dachte.«

Wenn wir unsere alten Nicht-o.k.-Aufzeichnungen wieder abspielen, dann geben wir physisch oft unsere zugrunde liegenden Nicht-o.k.-Gefühle wieder. Oft sind wir uns, während wir etwas tun, nicht bewußt, was wir tun. Wenn wir jemandem helfen, sich darüber bewußt zu werden, was er tut, wenn er von Nicht-o.k.-Gefühlen ergriffen ist, dann kann das sein Erwachsenen-Ich-Bewußtsein dafür schärfen, daß er ständig nur alte Aufzeichnungen in der Gegenwart abspielt. Physische Anzeichen, wie angespannte Muskeln, niedergeschlagene Haltung, nervöse Hand- und Fußbewegungen, geben deutlich sichtbare Informationen und können am wenigsten vom Nicht-o.k.-Kindheits-Ich geleugnet werden.

Interessante Aufschlüsse gibt auch der Beginn einer solchen Unterhaltung. Die Leute vermitteln den Eindruck, zu einer Selbstbetrachtung bereit zu sein, oft mit Redensarten wie Endres: »Ich frage mich, warum ich mich nicht konzentrieren kann.« Wenn jemand sich laut Fragen über sich selbst stellt oder fragt; warum er gewisse Dinge tut, ist er wahrscheinlich empfänglicher dafür, etwas über sich zu hören. Solche Gelegenheiten bieten ausgezeichnete Möglichkeiten, jemanden mit Informationen über sich selbst zu versorgen und ihm ein Feedback der Wirklichkeit zu geben. Es lohnt sich, diese Möglichkeiten wahrzunehmen, selbst wenn zunächst nur schwache Anzeichen dafür vorhanden sind (wie in Endres' Fall, als sein Kindheits-Ich sofort zum Vorschein kam und leugnete, ein solches Zeichen gegeben zu haben, »Ich bin nicht verwirrt, ich frage mich nur. . .«), weil die erfolgreiche Mitteilung von Wirklichkeitsdaten völlig von der Aufnahmebereitschaft der jeweiligen Person abhängt. Wenn jemand aufnahmebereit ist, dann hört er Ihnen zu. Wenn nicht, helfen alle Überredungskünste der Welt nichts, um ihn zum Zuhören zu bringen. Obwohl die meisten von uns es vorziehen, solche Informationen mitzuteilen, wenn sie selbst den Wunsch haben, ist es wirkungsvoller zu warten, bis der Empfänger von sich aus seine — wenn auch geringfügige — Bereitschaft äußert, sie zu hören.

Neutrale Worte wählen

Die große Schwierigkeit beim Mitteilen dieser Feedback-Informationen besteht in der richtigen Wortwahl. Die Worte müssen frei von jeglichen Eltern-Ich- oder Kindheits-Ich-Implikationen sein und müssen eine Botschaft so übermitteln, daß der Vorgang zur bloßen Übermittlung einer Information von einem Computer zum anderen wird.

Worte wie,

Sie sehen aus, als ob. . .
Ich bemerke, daß. . .
Ich höre, Sie sagen. . .
Ich bin mir bewußt, daß. . .
Ich sehe, daß. . .

sind hierbei besonders nützlich. Sie dienen dazu, jemand anderem ein Spiegelbild seiner selbst zu zeigen. Sie geben ihm gleichzeitig zu verstehen, daß es in Ordnung ist, so zu sein. (Wenn sich jemand ändern will, dann wird er hier ansetzen.)

Hören Sie auf die inneren Dialoge

Eine andere Möglichkeit, wirksame Feedback-Informationen zu geben, besteht darin, auf die inneren Dialoge zu hören, die in anderen

Leuten vorgehen. Manchmal scheint jemand gleichzeitig im Eltern-Ich und im Kindheits-Ich zu sein, oder er ist erst im einen, dann im anderen, wobei er schneller von einem ins andere schaltet, als die Augen folgen können. Wenn er wirklich hin und her schaltet, kann man von seinem Eltern-Ich und Kindheits-Ich Rückschlüsse auf das sich im Inneren abspielende Geschehen ziehen, durch die Dialoge, die die beiden miteinander führen. Dieser Dialog enthüllt sich manchmal in den gesprochenen Worten.

Forkert, ein zweiunddreißigjähriger Systemanalytiker, wandte sich in äußerster Verzweiflung an seinen Chef und sagte: »Ich weiß, ich sollte bei diesem Projekt besser arbeiten, aber ich will einfach nicht.« Anstatt diesen Ausbruch übel zu nehmen und auf Forkerts Kindheits-Ich so zu reagieren, daß Forkerts Nicht-o.k.-Lebensdrehbuch bestätigt würde (durch Strafe oder Entlassung), entschied sich Forkerts Chef für ein Feedback dessen, was er gehört hatte. Er sagte: »Ich höre, Sie führen innerlich einen Kampf mit sich selbst, Herr Forkert. Ein Teil in Ihnen (Eltern-Ich) sagt Ihnen, Sie sollten besser sein, und der andere Teil (Kindheits-Ich) rebelliert dagegen.« Forkerts Mund öffnet sich vor Erstaunen. »Haben Sie das gehört?« fragte er.

Diese inneren Dialoge, oft Symptom eines starken, inneren Konflikts, sind schwieriger zu hören, wenn sie in einem selbst vorgehen. Wer jedoch bei dem, was die Leute sagen, aufmerksam auf die Implikationen von Eltern-Ich und Kindheits-Ich achtet, wird bald im »Abhören« der Dialoge geübt sein. Braun, ein junger Ingenieur, murmelt, nachdem ihm gerade ein kostspieliger Fehler unterlaufen war, vor sich hin: »Was hast du nur wieder angerichtet. Du hast schon wieder alles vermasselt. Stimmt's?« Sein Chef, anstatt über Braun zu lachen, weil er Selbstgespräche führte, oder ihn in seinem tiefen Elend zu trösten, bemerkte: »Ich höre, Sie bestrafen sich im Inneren selbst, Herr Braun«. (In der Sprache der TA übersetzt: »Ich höre dein Eltern-Ich auf dein Kindheits-Ich einschlagen.«) Braun dachte einen Moment nach, dann antwortete er: »Wissen Sie, ich glaube Sie haben recht. So haben meine Eltern mit mir geredet, als ich noch klein war. Und jetzt tue ich es mit mir selbst!«

Viele inneren Dialoge zwischen Eltern-Ich und Kindheits-Ich zeigen den uralten Widerspruch zwischen dem, wie wir sein *sollten* (die Projektionen unserer Eltern, die wir in unser Eltern-Ich aufgenommen haben), und dem, wie wir *sind.* Sie geben auch den Widerspruch wieder zwischen dem, wie wir sein sollten, und dem, wie wir gerne wären! Wenn also das Eltern-Ich in uns sagt, daß wir perfekt sind, keine Fehler machen, ein vorzügliches Benehmen haben und stets bereit sind, uns aufzuopfern, dann weiß unser Kindheits-Ich, daß das nicht so ganz die Wahrheit ist.

Aber das Kindheits-Ich weiß auch, daß es dem Eltern-Ich nicht widersprechen soll – wenigstens nicht offen. Infolgedessen gibt es eine Menge Leute, die diese inneren Dialoge führen – sich schelten, mit sich streiten, gegen sich rebellieren – in einem nicht enden wollenden Kampf die beiden »Teile« in sich miteinander in Einklang zu bringen, die einfach nicht die Dinge auf dieselbe Art sehen wollen.

Die individuelle Verantwortung klären

Wenn man jemandem ein Feedback der Wirklichkeit gibt, dann ist es oft nützlich, ihm die volle Verantwortung für sein Handeln zu überlassen. Holzer, einem achtunddreißigjährigen, stellvertretenden Vizepräsidenten einer großen Bank, wurde die Beförderung zum Vizepräsidenten angeboten. Anstatt begeisterte Freudensprünge zu machen, zögerte Holzer, die Beförderung anzunehmen. Er konnte ein paar Nächte nicht schlafen und sah sehr bekümmert aus. Als ihn sein Chef fragte, was los sei, antwortete er: »Ich möchte das Geld, aber nicht die Verantwortung.«

Der Chef wollte Holzer helfen, damit er sah, wie er sich in seinem Kindheits-Ich verheddert hatte. Er vermutete, daß Holzers Kindheits-Ich nie gelernt hatte, mit Frustration fertig zu werden oder sich zu entscheiden, welcher seiner »Wünsche« den größten Vorteil versprach. (Vielleicht wurden in Holzers Kindheit alle Entscheidungen von seinen Eltern getroffen, und es gab nur wenig echte Lernmöglichkeiten.) Er hatte auch den Verdacht, daß Holzers Kindheits-Ich irgendwelche schrecklichen Erwartungen mit dem Übernehmen von Verantwortung verband und daß es die negativen Aspekte all der Dinge, die es nicht mochte, übertrieb. Wie dem auch war, Holzers Chef wollte sicher gehen, daß Holzer auch sah, was er sich selbst zufügte. Er wollte zu verstehen geben, daß Holzer der einzige war, der etwas dagegen unternehmen konnte. Er antwortete: »Ich höre, daß Sie sich selbst frustrieren.« (Er hätte auch sagen können: »Ich sehe, wie Sie sich selbst in Wut versetzen« oder »Ich habe das Gefühl, unter Verantwortung verstehen Sie etwas Unangenehmes« oder »Ich habe das Gefühl, Verantwortung ist etwas Schreckliches für Sie« oder »Sie scheinen sich selbst in Schrecken zu versetzen.«)

Als Holzer diese Worte von seinem Chef hörte, war er völlig verblüfft. »Tue ich das wirklich?« fragte er ungläubig. Dann, nach einer langen Pause, in der er seine Gedanken sammelte, sagte er ruhig: »Wissen Sie, ich bin Ihnen wirklich dankbar, daß Sie mir das gesagt haben. Ich wußte, daß irgendwas nicht stimmt, aber ich konnte es nie genau rausbringen.«

Manchmal ist es einfacher, jemandem zu erkennen helfen, was in ihm vorgeht, wenn man den Inhalt seiner Worte einfach ignoriert. Raith, ein achtundzwanzigjähriger Anwalt, hatte sich gerade vor seinem Seniorpartner ausführlich dafür gerechtfertigt, daß er für ein bestimmtes Projekt Hilfe brauche. Als er aufgehört hatte zu reden, blitzte in seinem Mundwinkel kurz ein verstohlenes Lächeln auf. Sein Seniorpartner antwortete nicht auf den Inhalt seiner Rede, sondern auf sein Lächeln. Mit verstehendem Tonfall sagte er: »Ich spüre, daß sie das Gefühl haben, mich auf den Arm genommen zu haben, Herr Raith.«

Herzog, ein sechsundzwanzigjähriger Buchhalter, hatte lange Zeit Angst, seinem Chef gegenüber ein bestimmtes Thema anzuschneiden. Eines Tages glaubte er genügend Mut gesammelt zu haben. Er ging entschlossen in das Büro des Chefs, um sein Glück zu versuchen. Als er sprechen wollte, begann er zu husten, stammelte und hielt die Hand vor den Mund. Sein Chef bemerkte sanft: »Sie hindern sich anscheinend am Sprechen, Herr Herzog.«

Bauer, ein langjähriger Fürsorgeangestellter, erklärte seinem Chef, warum er es nie bis zum leitenden Beamten gebracht hatte. Er unterbrach seine Erklärungen unbewußt mit kurzen, nervösen Lachern. Zum Schluß sagte er: »Leute anleiten ist nicht so einfach wie Sie denken. (Hicks.) Ich bin eben nicht dafür geschaffen. (Hicks. Hicks.)«

Sein Chef, der das Lachen bemerkte, sagte freundlich: »Ich höre Sie über sich selbst lachen, Herr Bauer. Könnte es sein, daß Sie insgeheim nicht aufsteigen wollten?«

Ironisches Gelächter wird oft vom Nicht-o.k.-Kindheits-Ich benutzt, das seine geheime Botschaft inmitten all dieser programmierten, oberflächlichen Vernunftserklärungen anbringen will. Damit offenbart sich das manipulierende, beherrschende Kindheits-Ich (das das Lebens-Drehbuch schreibt) als die wirkliche Macht im Leben eines Menschen.

Für ein Feedback der Realität eignen sich alle wahrnehmbaren Daten, solange sie jetzt in der Gegenwart stattfinden und die Chance haben, vom Erwachsenen-Ich des anderen aufgenommen zu werden. (Ist der andere sehr ärgerlich oder sehr ängstlich, sind alle Daten ungeeignet.) Nach Möglichkeit sollten diese Daten die spontanen Gesten, Sätze, Bewegungen und festen Redewendungen wiedergeben, die für das Eltern-Ich und Kindheits-Ich charakteristisch sind und die außerhalb des bewußten Erwachsenen-Ichs des anderen vor sich gingen. Das Feedback sollte so bald wie möglich nach der jeweiligen Beobachtung erfolgen und keinem anderen Zweck dienen, als das Verständnis des anderen für das wirkliche Geschehen zu schärfen.

Ist der andere nicht willens oder bereit, die Daten zu akzeptieren, dann wird er das deutlich zum Ausdruck bringen, indem er entweder die Daten kategorisch leugnet oder sie zur Kenntnis nimmt (er war sich der Daten sowie oberflächlich bewußt) mit den Worten: »Na und?« In beiden Fällen hat es keinen Sinn, den anderen zwingen zu wollen, eine Realität zu sehen, die er nicht sehen will. Das würde nur ein System von »Ich bin o.k. – Du bist nicht o.k.« schaffen und die gegenseitige Kommunikation keinesfalls erleichtern. Ein fähiger Manager beurteilt die Fähigkeit und Bereitwilligkeit des Untergebenen, sich zu ändern, und gestattet ihm, das auf seine Weise zu tun. Er überläßt dem Untergebenen auch das Tempo, das jedoch in einen bestimmten Zeitrahmen, der mit den Unternehmenszielen übereinstimmt, passen muß. (In sechs Monaten oder einem Jahr können sich Leute bedeutend verändern; nur selten genügen ein oder zwei Monate.) Es gibt Manager, die besorgt sind, sie könnten nicht den richtigen Moment für ein Feedback der Wirklichkeitsdaten finden, oder die Angst haben, es gäbe nie einen geeigneten Moment. Für diese Manager empfiehlt es sich, mit dem betreffenden Untergebenen einen besonderen Vertrag abzuschließen, wann er bereit sein wird zuzuhören (und wann er nicht bereit sein wird).

Wie man einem Menschen hilft, erwachsen zu werden (sich zu ändern)

Um jemand anderem helfen zu können, muß man erst seine eigenen Erwartungen abbauen. (Nicht, daß man nichts mehr von den Leuten erwartet. Aber man läßt sich nicht mehr reizen, wenn sie nicht tun, was man erwartet, und man begeht nicht den Fehler, unbeabsichtigt irgendwelche Erwartungen an sie zu stellen.) Man muß seine alten Eltern-Ich-Aufzeichnungen über die Leute und wie sie angeblich sind, vergessen. Man muß all die Redensarten und Ammenmärchen vergessen, die man früher einmal von der richtigen Behandlung von Leuten gehört hat. (Man soll die Angestellten nicht verwöhnen. Faulen Leuten muß man Beine machen. Niete bleibt Niete.) Man muß erkennen, daß es schwierig ist, längere Zeit im Erwachsenen-Ich zu bleiben, und muß deshalb darauf vorbereitet sein, daß früher oder später das Erwachsenen-Ich und Kindheits-Ich auftauchen werden; aber eben nach Möglichkeit nur das freundliche, zu Späßen bereite Kindheits-Ich und das warme, verständnisvolle Eltern-Ich. (Damit sie den anderen auf positive Art streicheln.) Man muß sich aktiv bemühen, ein System von »Ich bin o.k. – Du bist o.k.« zu erarbeiten, ein System, in dem der andere uns sicher vertrauen kann. Wenn das Kindheits-Ich eines Menschen einmal weiß, daß es uns vertrauen kann, daß man aus seiner Verletzbarkeit keinen Nutzen ziehen und die eigenen Erwartungen nicht auf es übertragen will, dann wird derjenige eher geneigt sein, an eine Änderung seiner Person zu denken.

Wer daran interessiert ist, anderen zu helfen, muß auch erkennen lernen, wann er sich selbst gegenüber aufmerksam und klar ist, wann er am besten in der Lage ist, die Realitätsdaten genau zu beobachten und sie jemand anderem zu erklären. Er muß fähig sein, sich selbst richtig einzuschätzen. Bevor er die beobachteten Daten an andere weitergibt, muß er wissen, wann sie von seinen eigenen Fehlwahrnehmungen getrübt und durch seine eigenen Denkvorgänge verzerrt werden. Er muß wissen, wann seine Daten höchstwahrscheinlich genau und wann sie ungenau sind. Ungenaue Daten gibt er nach Möglichkeit nicht weiter.

Münch, Leiter der Fakturenabteilung in einem öffentlichen Versorgungsbetrieb, hatte sich große Mühe gegeben, Amberger, seinem Untergebenen, ein klares Bild von dessen selbstzerstörerischem Verhalten zu geben. Nachdem er sich von seinem Erfolg überzeugt hatte, wartete Münch gespannt, daß Amberger sich ändern würde. Als Woche um Woche verging und nichts passierte, wurde Münch verwirrt. Schließlich konnte er sich nicht mehr beherrschen. Er wandte sich an Amberger und fragte: »Jetzt haben Sie doch so ein deutliches Bild von Ihrem Verhalten, Herr Amberger, warum tun Sie nichts dagegen?«

Überrascht rief Amberger aus: »Wie meinen Sie denn das? Ich *kann* nichts dagegen tun! So bin ich doch!«

Viele Leute werden sich ihr Leben lang nicht bewußt, daß sie die Fähigkeit haben, ihr eigenes Leben zu beeinflussen. Sie ändern sich nicht, weil sie nicht glauben, daß sie es können. Ihre Eltern-Ich-Daten sagen ihnen, sie können es nicht – die Leute in ihrem Lebens- und Erfahrungsbereich änderten sich nie. Sie sind beladen mit Eltern-Ich-Vernunft, die die Hilflosigkeit ihres Drehbuchs unterstützt. »Ich kann mich nicht ändern, weil ich so veranlagt bin.« (Die Theorie mit den Erbanlagen.) »Mein ›Unbewußtes‹ ist für meine Gefühle verantwortlich.« (Ich kann meinen Geist nicht beherrschen.) »Ich bin so, wie ich bin, und wenn ich mich ändern würde, wäre ich nicht mehr ich selbst.« (Die Theorie ›wer ich bin‹.)

Selbst Leute, die nicht mit diesen hoffnungslosen Eltern-Ich-Daten belastet sind, haben Schwierigkeiten, sich zu ändern. Sie wissen nicht, *was* sie ändern sollen. (Sie wissen nicht, was sie tun sollen, wenn sie sich einmal entschieden haben.) Und sehr häufig *wollen* sie sich nicht ändern. (Sie streicheln sich selbst für das, was sie tun, gleichgültig ob das funktional ist oder nicht.)

Es führt selten zu positiven Resultaten, wenn man den Leuten erzählt, was sie glauben sollen, was sie ändern sollen, wie sie es ändern sollen (es sei denn, die Leute sind bereit, sich von unseren Eltern-Ich-Daten beeinflussen zu lassen, oder sie stimmen zufällig mit ihnen überein). Wenn man jemand anderen nötigt, sich zu ändern, dann zwingt man höchstens sein Kindheits-Ich zu sagen, was man gerne hören will, damit es sich vom Druck befreit. Wenn die Grundanschauung einer Person nicht o.k. ist, dann wird sie nicht davon überzeugt, wenn man sagt, sie *ist* o.k. – dazu hat sie schon zu viele Daten in ihrem Leben gesammelt. Aber wenn man jemanden streichelt und offen mit ihm ist, stellt er vielleicht seine Daten in Frage. Wenn man objektiv mit den Tatsachen umgeht, ohne ihn zur Verteidigung seiner Position zu zwingen (auf die er letzten Endes ein Recht hat), kann man ihn vielleicht dazu bringen, seine Daten der Vergangenheit noch einmal zu überprüfen. Wenn er seine Unfähigkeit bejammert, kann man sagen: »Schau, in meinen Augen bist du ein guter und fähiger Mensch. Ich weiß, du siehst dich vielleicht etwas anders.« Das verändert nicht sofort seine Denkweise. Aber es läßt vielleicht Zweifel in ihm aufkommen, besonders wenn man auf einer festen Grundlage des Vertrauens und des Verständnisses aufbauen kann. Er denkt vielleicht: »Hier ist jemand, der mich versteht und der denkt, ich bin o.k. Vielleicht bin ich nicht so schlecht wie ich meine.«

Das wichtigste ist, den anderen soweit zu bringen, daß er zugibt, ein Problem zu haben, und daß er bereit ist, daran zu arbeiten. (Der Mensch braucht einen *Grund*, um sich zu ändern, und er muß wissen, daß er dazu fähig ist.) Druck wird ihn nicht dazu bringen, sich zu ändern, solange der Druck von unserem Eltern-Ich kommt und nur unseren inneren Wunsch ausdrückt, daß er sich ändern soll. Unser Erwachsenen-Ich braucht jedoch nicht aufzuhören, seine Meinung zu äußern, daß der andere die wirkliche Fähigkeit besitzt, sich zu ändern. (»Ich glaube, du kannst dich ändern, wenn du willst. Ich weiß, du glaubst etwas anderes.«) Ein solcher Druck des Erwachsenen-Ichs zeigt den uralten Widerspruch zwischen der O.K.-Lebensanschauung und der Nicht-o.k.-Lebensanschauung, zwischen Wirklichkeit und Unwirklichkeit. (Jeder mit einem funktionierenden Erwachsenen-Ich-Computer hat die Fähigkeit, Autonomie zu erlangen und sich zu ändern.) Auf die Dauer gesehen, ist das Erwachsenen-Ich eine starke Kraft. Das Erwachsenen-Ich muß nie mit der depressiven, unveränderbaren Ansicht eines Kindheits-Ichs übereinstimmen. Das Erwachsenen-Ich ist immer da, um einen anderen daran zu erinnern, daß seine Daten über sich ungenau und irreführend sein können.

Wer zur Eheberatung kommt oder sich in ärztliche Behandlung begibt, hat meistens den Punkt erreicht, wo er willens ist, sich zu ändern, weil er zu verletzend geworden ist oder weil die Belastung innerhalb des Familiensystems einfach zu groß wurde. Im Arbeitsleben ist der Faktor des Verletzens und der Belastung auch von großer Bedeutung. Aber der Punkt, an dem jemand bereit ist, an sich zu arbeiten, wird manchmal auch durch den kollektiven Druck einer Gruppe erreicht. Wenn jemand z. B. merkt, daß er der einzige ist, der sich nicht ändert. Oder wenn jemand feststellt, daß die schönsten Früchte *tatsächlich* in Nachbars Garten wachsen (wenn er sieht, daß Leute, die sich ändern, vorwärtskommen und sich besser fühlen), oder wenn er Wirklichkeitsdaten von seinem Chef und anderen Mitarbeitern bekommt, die ihm helfen, sein Drehbuch zu überprüfen. Dann werden all die selbstzerstörerischen Dinge aufgedeckt, die er in der Vergangenheit tat, aber nicht länger tun will.

Wie man die Ursache des Problems mit Fragen identifiziert

Wenn jemand den Punkt erreicht hat, daß er an sich arbeiten will – wenn er beschlossen hat, daran zu arbeiten –, dann ist es wichtig, ihm beim Durchdenken des Problems zu helfen. Man muß seinem Erwachsenen-Ich helfen, das Verhalten seines Eltern-Ichs und Kindheits-Ichs zu überprüfen; man muß ihm helfen, den speziellen Aspekt seines Drehbuches zu identifizieren, der die Schwierigkeiten verursacht und ihn daran hindert, zu tun, was er will. (Es könnte eine Kindheits-Ich-Entscheidung der Sorte »nie wieder« sein, ein ungeeignetes Eltern-Ich-Schlagwort, das auf eine gegenwärtige Situation angewandt wurde, oder irgend etwas anderes, was in frühen Jahren ins Drehbuch aufgenommen und nie wieder geprüft wurde.) Beim Reden über Probleme fällt es auch leichter, das eigentliche Problem auszumachen und es in greifbare Einzelaspekte zu zerlegen, bevor man sich dransetzt, den Vertrag auszustellen, was zu tun ist. Das alles erreicht man am besten mit Fragen.

Außer der Dateneingabe für den Erwachsenen-Ich-Computer (der bereits erörterten Methode, um jemand ein klares Bild von sich zu geben) besteht noch eine andere, ebenso wirksame Art der Kommunikation mit einem Computer. Computer nehmen nicht nur eine Dateneingabe an, sondern geben auch Daten aus (in der Computersprache die »Druckausgabe«).

Die Datenausgabe erfolgt gewöhnlich, wenn man einem Computer eine bestimmte Frage stellt. Es gibt jedoch viele Arten, Fragen zu stellen. Die meisten Computer haben beträchtliche Datenmengen auf Abruf. Ob eine Datenausgabe geeignet ist, wird deshalb auch sehr davon beeinflußt, ob die Fragestellung sinnvoll war.

Moser, neununddreißig Jahre alt, war vor sechs Monaten zum Leiter der Immobilienabteilung einer großen Kreditgesellschaft ernannt worden. Damals schien es eine gute Wahl zu sein. Moser arbeitete hart, sah gut aus und war Fachmann in seinem Gebiet. Aber seit der Ernennung war aus dem netten Kerl ein Tyrann geworden. Seine Abteilung war zu einem wahren Unruheherd geworden, und Mosers Eignung für den Job wurde ernsthaft in Frage gestellt.

Heute war Moser mit zwei Angestellten in einen heftigen Streit geraten, der damit endete, daß Moser in Wut geriet und den beiden Angestellten sagte, sie sollen zum Teufel gehen. Frank, Mosers Chef, hatte von der Auseinandersetzung gehört und ließ Moser in sein Büro rufen. Jetzt sitzt Moser angespannt in seinem Sessel. Er weiß, er ist in Schwierigkeiten. Seine Gesichtsmuskeln sind gespannt, und sein Kinn ist abwehrend vorgestreckt. Frank, der für Mosers Beförderung in erster Linie verantwortlich war, ist mit seiner Weisheit am Ende. Frank ergreift das Wort. »Herr Moser, was ist los mit Ihnen?«

Moser weiß es nicht. Er antwortet: »Ich weiß es nicht.«

Frank ist völlig verwirrt. Mit verzweifelter Stimme fährt er fort: »Ich kann mir nicht vorstellen, was in Sie gefahren ist. Warum tun Sie so etwas?«

Moser weiß immer noch nicht weiter, und antwortet: »Ich weiß es einfach nicht!«

Diese Unterhaltung zeigt eine zwar häufig gebrauchte, aber sinnlose Art der Fragestellung. So werden nur selten nützliche Daten zutage gefördert. Rhetorische Fragen, wie »Was ist los mir dir?« und »Warum tust du so etwas?«, laden geradezu ein zu der Antwort: »Ich weiß es nicht«. Dadurch wird der Dialog natürlich immer frustrierender. Die meisten Leute wissen tatsächlich nicht, warum sie etwas tun. Solche Fragen sprechen zwar ihr Erwachsenen-Ich an, aber das ist nutzlos – ihr Erwachsenen-Ich *weiß es nicht.*

Die Unterhaltung wäre besser verlaufen, wenn Frank Moser zunächst gefragt hätte, ob er daran interessiert sei, herauszufinden, was schiefgelaufen war. Dann hätte er Fragen stellen können, um zu sehen, ob Mosers Erwachsenen-Ich sich bewußt war, was in der Gegenwart geschah. Wenn Frank so vorgegangen wäre, wäre ihre Unterhaltung vielleicht so gelaufen:

Frank: Herr Moser, in Ihrer Abteilung scheint manches schief zu laufen. Wollen Sie sehen, ob wir herausfinden können, was da eigentlich vor sich geht?

Moser: (etwas vorsichtig) Sicher.

Frank: Gut. Merken Sie, daß Ihr Kinn vorgestreckt ist und daß Ihre Gesichtsmuskeln angespannt sind? (Er hätte auch sagen können, »Merken Sie wie angespannt sie dasitzen?« oder »Haben Sie gehört, wie Ihre Stimme klang, als sie sagten: ›Sicher‹?«

Moser: Ich war mir meines Kinns nicht bewußt, aber jetzt, wo Sie es sagen, merke ich es.

Frank: Können Sie sagen, was Sie gerade fühlen?

Moser: Ja, ich fühle mich defensiv.

Diese Fragen sind, anders als die rhetorischen Fragen, vom Erwachsenen-Ich fast immer zu beantworten, auch wenn es nur mit »ja« oder »nein« ist. Sie verlangen weder lange Datenausgaben noch eine philosophische Erläuterung von Ereignissen. Sie lauten im wesentlichen, »Bekommen Sie Daten (über Ihr Eltern-Ich und Kindheits-Ich), und wenn ja, sind Sie bereit, Sie mir mitzuteilen?« Sie machen deutlich, daß das Erwachsenen-Ich angesprochen wurde und bereit ist, das Thema weiter zu verfolgen. Wäre die Unterhaltung erfolgreich bis zu diesem Punkt angelangt, hätte Frank andere Fragen anschließen können.

Frank: Weswegen fühlen Sie sich defensiv?

Moser: Ich hatte Schwierigkeiten in meiner Abteilung, deshalb habe ich das Gefühl, daß ich mich verteidigen muß.

Frank: Inwiefern hilft es Ihnen, wenn Sie sich verteidigen?

Moser: Das wird zeigen, daß meine Äußerungen gerechtfertigt waren.

Frank: Warum müssen Sie sich rechtfertigen?

Moser: Damit Sie wissen, daß ich recht hatte!

Frank: Was heißt hier »recht« und »unrecht«?

Wenn wir hier einen Moment innehalten, sehen wir, daß Frank Fragen stellt wie »Weswegen?«, »Was hilft es?« und »Warum müssen Sie. . .?« Diese Fragen erfordern mehr Nachdenken als die ersten. Sie erfordern mehr als nur einfache »Ja«- oder »Nein«-Antworten und sie sind gewissermaßen unbegrenzt. Sie folgen der Richtung, die Moser dem Gespräch gegeben hat, und helfen seinem Erwachsenen-Ich, die Motivationen des Eltern-Ichs oder Kindheits-Ichs hinter den Handlungen zu identifizieren.

Diese Art der Fragestellung kann sehr nützlich sein, wenn jemand seine Schwierigkeiten auf eine grundlegende Eltern-Ich- oder Kindheits-Ich-Erklärung reduzieren will. Viele Aufzeichnungen des Eltern-Ichs und Kindheits-Ichs sind so alt, daß wir sie, obwohl sie uns automatisch motivieren, gewisse Dinge zu tun, nur als vage, schwache und unbestimmte Impulse wahrnehmen. Die richtige Fragestellung kann jemand klären helfen, was in ihm selbst vorgeht. Dann, und nur dann, kann er die Fakten prüfen, warum er etwas tut. Nur dann kann er abschätzen, ob sie geeignet sind, und entscheiden, falls überhaupt, ob er etwas dagegen unternehmen will.

In Mosers Fall erkennen wir als Ursache seiner gegenwärtigen Schwierigkeit eine typische Eltern-Ich-Polarität – d. h. daß die Dinge entweder in die Schablone »recht« oder »unrecht« passen müssen.* Solche und andere Polaritäten (zwischen gut und böse, stark und schwach, schwarz und weiß, etc.) können äußerst störend sein. Wir können uns so sehr darin verstricken, daß unsere Aufmerksamkeit, wie in diesem Fall die von Moser, nur darauf gerichtet ist, auf der »richtigen« Seite herauszukommen, anstatt ausfindig zu machen, wie wir zu einer Überkreuz-Transaktion beigetragen haben.

Frank hätte die Unterhaltung fortsetzen können, indem er mit Moser die Ursprünge und Implikationen von Mosers Eltern-Ich-Daten über Recht und Unrecht geprüft hätte (Mosers Einverständnis vorausgesetzt). Oder Frank hätte Moser die Dinge von einem anderen Blickpunkt aus gezeigt, so daß Mosers Erwachsenen-Ich über zusätzliche Daten verfügte, wenn es die Sache neu überprüfte. Frank hätte sagen können, »Wissen Sie, Herr Moser, ich sehe die Situation etwas anders. Ich betrachte Transaktionen zwischen Leuten nicht nach dem Ge-

---

* Außerdem scheint Moser die Richterrolle (über Recht und Unrecht zu entscheiden) Frank zugewiesen zu haben. Wenn Frank die Rolle, die ihm von Mosers Kindheits-Ich zugewiesen wurde, angenommen hätte (indem er sich in das Recht/Unrecht-Spiel hätte verwickeln lassen), wäre – bis auf die Unterstützung von Mosers Drehbuch – nichts erreicht worden. Die Lernsituation wäre gleich Null gewesen.

sichtspunkt von Recht oder Unrecht. Die Dinge laufen, oder sie laufen nicht. Wenn nicht, dann ist es nützlich herauszufinden, was passiert ist. Das ist alles. . .«

Diese Methode ist besonders gut geeignet, wenn tief verwurzelte Eltern-Ich-Daten beteiligt sind. Die Leute brauchen oft Zeit, um solche Eltern-Ich-Daten neu zu überprüfen. Die neuerliche Prüfung alter Daten erfolgt nicht plötzlich oder über Nacht. Aber obwohl die oben erwähnten Worte Mosers Einstellung nicht sofort verändern, geben sie ihm vielleicht doch Anlaß zum Denken.

Wenn Frank keine besondere Veranlassung sah, die Streitfrage zu klären, die sich an dem Tag zwischen Moser und den anderen Angestellten ergeben hatte, dann hätte die Unterhaltung hier enden können. Er hatte Mosers Erwachsenen-Ich angesprochen, und sie hatten eine Ursache für Mosers Schwierigkeiten herausgefunden; nämlich seine Recht/Unrecht-Polarität, die zu seiner defensiven Haltung führte und möglicherweise seinen Wunsch gefördert hatte, mit seinen Angestellten JEHIDES zu spielen (d. h. sie zu schlagen, weil sie »unrecht« hatten). Mit der Realität er Gegenwart beginnend, war Frank bereit gewesen, sich von Moser Fragen stellen zu lassen, die ihm helfen sollten, seine Lage zu klären. Die Lernsituation war gegeben. Man hatte dazugelernt. Wenn auch die zukünftigen Unterhaltungen zwischen den beiden nach diesem Muster verlaufen würden, wäre Moser zweifellos bald ein kompetenter Manager.

Hätte Frank jedoch aus geschäftlichen Gründen den strittigen Punkt kennen müssen, dann hätte er die Unterhaltung (mit Mosers Zustimmung, das Thema weiter zu verfolgen) so fortsetzen können:

Frank: Also Herr Moser, worüber habt ihr euch eigentlich gestritten?

Moser: Na, die beiden haben nicht die Arbeit gemacht, die sie eigentlich machen sollten.

Frank: Und?

Moser: Deshalb habe ich sie beiseite genommen und es ihnen gesagt.

Frank: Und dann?

Moser: Und dann besaßen die beiden die Frechheit, mir zu sagen, ich wüßte nicht, wovon ich rede.

Frank: (Pause) Wußten Sie es?

Moser: Verdammt noch mal! Ich hab' sie in den letzten Tagen mehrere Male beim Faulenzen erwischt!

Frank: Was leisten die beiden für eine Arbeit – qualitativ und quantitativ?

Moser: (Pause) Ich weiß nicht so recht. In letzter Zeit hat sich niemand beklagt. Sie scheint ganz ordentlich zu sein.

Frank: (die Unterhaltung beendend) Gut, Herr Moser. Ich höre Sie sagen, Sie fühlen sich erst wohl, wenn alle Leute um Sie herum einen fleißigen Eindruck machen. Das heißt, Ihre Eltern-Ich-Daten sagen: Leute, die nicht fleißig aussehen, die faulenzen, und faulenzen ist schlecht. Wenn Sie jemanden beim Faulenzen erwischen, haben Sie das Gefühl, Sie müssen ihn ausschimpfen.

All die grundlegenden Eltern-Ich- oder Kindheits-Ich-Motivationen hinter Mosers Verhalten erfuhr man aus seinen eigenen Worten. Die Worte enthüllen alles. Wenn er bereit ist weiterzureden, dann kommt früher oder später alles heraus. Man muß jedoch vermeiden, sich von der scheinbaren Stichhaltigkeit seiner Eltern-Ich- oder Kindheits-Ich-Bemerkungen verlocken zu lassen. Als Moser sagte: »Sie hatten die Frechheit, mir zu sagen, ich wüßte nicht, wovon ich rede!« wäre es sinnlos gewesen zu antworten: »Ich mache Ihnen keinen Vorwurf, weil sie ärgerlich geworden sind, Herr Moser!«, um dann in das Spiel »Ist es nicht schrecklich« überzugehen oder gemeinsam über die beiden Angestellten zu schimpfen. Gleichgültig, wie vernünftig die Eltern-Ich-Daten klingen mögen – wenn man sie als etwas anderes als die offensichtliche Ursache von Mosers Verwirrung betrachtet, dann hat das eine selbstzerstörerische Wirkung.

Wie man einen Vertrag findet

Die bloße Fähigkeit zu erkennen, was jemand tut, um sich Schwierigkeiten zu bereiten, nützt nichts, wenn derjenige nicht bereit ist, einen Vertrag zu schließen, daß er es nicht mehr tun will. Den meisten fällt es schwer, so einen Vertrag zu schließen. Denn der Vertrag bedeutet gewöhnlich, daß man etwas aufgeben muß, meist ein vertrautes Gefühl oder eine Gewohnheit. Das vertraute Gefühl oder die Gewohnheit werden oft als behaglich, ja sogar als erfreulich empfunden. Typischerweise scheint es behaglicher und erfreulicher zu sein als das Gefühl, das man sich durch eine Änderung verspricht. Außerdem, wenn wir mitten in einem sich wiederholenden Verhaltensmuster stekken, bekommen wir bereits unser Streicheln oder streicheln uns selbst für das, was wir gerade tun. (Man erinnere sich: auch ein Schlag kann Streicheln sein.) Deshalb wird derjenige, der einen Vertrag schließt, oft mit der unangenehmen Aufgabe konfrontiert, sich gegen einen Aspekt seines Selbstinteresses zu entscheiden – gegen seinen bequemen Trost.

Wer vor dieser Wahl steht, braucht einen starken Grund, um sich zu ändern. Er muß es wirklich wollen. Er muß willens sein, etwas sehr Wichtiges aus seiner Vergangenheit aufzugeben. Clement, ein JEHIDES-spielender Anwalt, wollte sich im Leben so gut fühlen, daß er nicht mehr systematisch andere erniedrigen mußte, um sich von seinen schlechten Gefühlen zu befreien. Er wollte sich ganz allgemein gut fühlen. Um das zu erreichen, mußte er das zeitweilige Gefühl der Hochstimmung aufgeben, das er empfand, wenn er jemanden gedemütigt hatte. Nanny, eine »Schlag-mich«-Spielerin, wollte aufhören, sich Schläge zu holen. Aber erst mußte sie sich entschließen, ihr vertrautes Gefühl der Hilflosigkeit aufzugeben und den besonderen Trost, den sie fühlte, wenn sie sich verkroch und nichts zustande brachte.

Peter, ein junger Systemanalytiker, wollte aufhören, zuviel zu essen. Er wußte, es machte ihn träge. Um das zu schaffen, mußte er aber erst bereit sein, auf das angenehme Gefühl zu verzichten, das er jedesmal nach einer üppigen Mahlzeit empfand.

Wenn man jemandem helfen will, einen Vertrag zu machen, ist es oft nützlich festzustellen, was er aufgibt und ob er wirklich dazu bereit ist. Die Leute geben eher Dinge auf, die ihnen nicht mehr wichtig sind, als Dinge, die für sie noch Bedeutung haben. Eine nicht sehr tief verwurzelte Eltern-Ich-Aufzeichnung ist leichter aufzugeben als ein vertrautes, behagliches Drehbuch-Gefühl. Leider ist beides oft miteinander verbunden. Im vorangegangenen Beispiel hätte Moser vielleicht gern sein automatisches Vertrauen auf die Recht/Unrecht-Polarität aufgegeben – wenn das das einzige gewesen wäre. Aber seine Polarität war eng verbunden mit den Gefühlen, die er empfand, wenn er die Seite des »Rechts« verteidigte und die Person auf der Seite des »Unrechts« strafte. Wenn ihm diese Gefühle sehr wichtig waren, dann veranlaßte ihn sein Widerwillen, die Gefühle aufzugeben, vielleicht dazu, die Polarität beizubehalten.

Wenn sich jemand ändern will, muß er fest dazu entschlossen sein. Wer ihm dabei helfen will, muß versuchen, einen für ihn akzeptablen Vertrag zu finden. Ist der Vertrag definiert und aktzeptiert, dann muß er ihn einhalten, am besten durch die Fragen: »Wie hindere ich mich daran. . .«, die bereits erörtert wurden. So kann er seine Autonomie stärken und seinen Vertrag auch selbst unter Kontrolle halten.

Wie man das Beste aus einem Menschen macht (Wie man einen Menschen am besten fördert)

Bei der Leitung und Organisation von Gruppen muß vor allem der Zweck definiert werden, der diese Leute zusammenbringt. Für den reibungslosen und wirksamen Ablauf in einem System müssen unbedingt die Ziele der Organisation, d. h. der Umgebung, deutlich definiert werden. Die Leute arbeiten am besten, wenn sie nicht nur die Einstellung »Ich bin o.k. – Du bist o.k.« haben, sondern wenn sie auch mit den Unternehmenszielen übereinstimmen, d. h. wenn sie die Position »Ich bin o.k. – Du bist o. k. – und die Umgebung ist o.k.« vertreten. Sofern sich mit den allgemeinen Unternehmenszielen Konflikte ergeben, auch wenn die Leute untereinander offensichtlich o.k. sind, ist das ganze System nicht in Ordnung.

Die angemessene Definition der Unternehmensziele umfaßt nicht nur den allgemeinen Zweck des Systems (für Schulen: Kinder zu unerrichten; für Firmen: Gewinne zu erzielen etc.), sondern auch die Bedingungen, unter denen diese Ziele erreicht werden sollen. Besonders zu berücksichtigen ist dabei, auf welche Weise die Leute behandelt werden, um diese Ziele zu erreichen. Die klare Definition eines System muß auf jeden Fall Daten darüber enthalten, wie das System geführt werden soll.

In einem System, das das Beste aus den Leuten machen will, wird man ermutigt, sowohl sein natürliches Kindheits-Ich als auch seinen Erwachsenen-Computer zu verwenden. Und gerade diese beiden Aspekte einer Persönlichkeit werden am häufigsten unter Kontrolle gehalten, entmutigt, ignoriert oder vom Eltern-Ich irgendeines Verantwortlichen im System zum Gehorsam gezwungen. Diese beiden

Elemente sind für das beherrschende Eltern-Ich am bedrohlichsten. Viele Chefs stellen sich vor, daß sie Macht verlieren und die Kontrolle aufgeben, wenn sie dem Erwachsenen-Ich und Kindheits-Ich ihrer Untergebenen gestatten hervorzutreten. In gewissem Sinn ist diese Vorstellung richtig. Sie *geben* Macht und Kontrolle auf. Aber es ist nur jene Macht, die in der Vergangenheit ihr Eltern-Ich durch Manipulation und Geheimverträge aufrechterhielt. Es ist nicht die Stärke und das Verständnis, die ihnen durch ihr eigenes O.K.-Kindheits-Ich und Erwachsenen-Ich immer noch zugänglich sind. Wenn sie es jedoch nur vom Erwachsenen-Ich-Standpunkt aus betrachten, sieht es vielleicht so aus, als ob sie Macht und Kontrolle total aufgeben würden. Und das widersrebt ihnen wahrscheinlich. Das Dilemma vieler Manager besteht darin, daß sie, um das Beste aus ihren Leuten zu machen, erst bereit sein müssen, die alte Eltern-Ich-Macht aufzugeben, die Kontrolle zu verlieren (die Erwachsenen-Ich und Kindheits-Ich sowieso nicht hatten) und die gesamten Geheimverträge zunichte zu machen. Das sieht zwar riskant aus, ist aber fast immer die Sache wert.

Auf die Dauer sind nur solche Management-Techniken erfolgreich und produktionssteigernd, die den Leuten ermöglichen, wie *Menschen* zu leben und nicht wie Marionetten oder nur halb (nur mit dem Eltern-Ich oder Kindheits-Ich) oder als menschliche Maschinen. Solche Techniken erfordern, daß ein System des O.K.-Seins geschaffen wird, in dem die Menschen etwas leisten, weil sie sich selbst wohlfühlen, weil sie gern tun, was sie tun, und weil sie für ihr Tun gutes, positives Streicheln bekommen. Solche Techniken umfassen die Definition der Umgebung sowie die Durchsetzung von Übereinstimmung zwischen den Interessen der Menschen und den Unternehmenszielen. In großen Unternehmen muß daher ein beständig von oben nach unten sich erstreckender Vorgang der Kommunikation erfolgen. Viele Leute, die für die Leitung eines Systems verantwortlich sind, kennen als Vorbild nur eine Art des Systems – das traditionelle Familiensystem, in dem sie aufgewachsen sind. In diesen Systemen sind die Transaktionen häufig auf sehr begrenzten Eltern-Ich/Kindheits-Ich-Beziehungen aufgebaut. Nur selten werden Ziele deutlich ausgedrückt. Meistens bleiben sie wirr. (Die Leute heiraten aus allen möglichen, unklaren Beweggründen.) Organisationen, die wie ein Familiensystem aufgebaut sind, spiegeln oft die gleiche Verwirrung wider wie das Familienleben.

Aber in allen Systemen entwickeln sich die Leute am besten (ob Kinder oder Erwachsene), wenn man sie bewußt Situationen aussetzt, in denen sie eine eigene Wahl treffen können – wo sie den Zusammenhang verstehen und am Ausgang Anteil nehmen (wo ihre Ideen zu den Ergebnissen beitragen) und wo man ihnen erlaubt, Ideen zu erproben und mitzuteilen, ohne daß ein Urteil gefällt wird. Unter solchen Bedingungen können sie ihr Erwachsenen-Ich entwickeln und ihr Vertrauen auf die Transaktionen zwischen Eltern-Ich und Kindheits-Ich (Sag mir, wie ich's tun soll) vermindern. Solche Bedingungen gewähren, als Teil des Lernprozesses, ausdrücklich die Erlaubnis zu scheitern oder Fehler zu machen. Fehler werden nicht als Einladung für Kritik, Strafe, Beurteilung oder schlechte Gefühle betrachtet. Sie geben nur neue Daten darüber, was zu unterlassen ist. Genaugenommen ist die Erlaubnis, Fehler zu machen, die Erlaubnis, sich weiterzuentwickeln. Sie ist zur Errichtung starker Organisationen genauso wichtig wie zur Entwicklung gesunder Kinder und Erwachsener.

Literaturverzeichnis

Kapitel 2: Wie man Menschenkenntnis erwirbt

1) W. Penfield, Memory Mechanism (A. M. A. Archives of Neurology and Psychiatry, 1952), S. 67
2) Thomas A. Harris, Ich bin o.k. — Du bist o.k. (Rowohlt Verlag GmbH, Reinbek bei Hamburg, 1975), S. 33
3) Ders., S. 34
4) Ders., S. 52
5) Eric Berne, Spiele der Erwachsenen (Rowohlt, rororo Sachbuch 6735, Reinbek, 1970), S. 29
6) Thomas A. Harris, op. cit., S. 57

Kapitel 3: Wie man ein Fachmann wird

1) Thomas A. Harris, Ich bin o.k. – Du bist o.k., S. 59
2) Ders., S. 66 und 67
3) Eric Berne, Principles of Group Treatment (Oxford University Press, New York, 1966), S. 264
4) Ders., S. 269

Kapitel 4: Wie wir unsere Perspektive erweiteren können

1) Thomas A. Harris, Ich bin o.k. – Du bist o.k., S. 139
2) Eric Berne, Spiele der Erwachsenen, S. 47
3) Thomas A. Harris, op. cit., S. 140
4) Eric Berne, op. cit., S. 75
5) Eric Berne, Transactional Analysis in Psychotherapy (Grove Press, New York, 1961), S. 214

Die Auswahl der drei typischen »Geschäfts«-Drehbücher in diesem Kapitel wurde stark beeinflußt von »Besser verkaufen durch GRID«, von Robert R. Blake und Jane S. Mouton, Econ Verlag, Düsseldorf, 1972

Stichwortverzeichnis